本著作系国家自然科学基金项目“核心员工股权激励与企业创新质量：模式、途径及经济后果”（71962023）的阶段性成果

中国上市公司内部薪酬差距与创新

Internal Pay Gap and Innovation in China's Public Listed Companies

刘张发 著

中国财经出版传媒集团
中国财政经济出版社

图书在版编目（CIP）数据

中国上市公司内部薪酬差距与创新/刘张发著. --北京：中国财政经济出版社，2020.11
ISBN 978-7-5095-9987-7

Ⅰ.①中…　Ⅱ.①刘…　Ⅲ.①上市公司-工资管理-研究-中国　Ⅳ.①F279.246

中国版本图书馆 CIP 数据核字（2020）第157671号

责任编辑：刘五书　　　责任校对：徐艳丽
封面设计：楠竹文化

中国财政经济出版社 出版
URL：http：//www.cfeph.cn
E-mail：cfeph@cfemg.cn

社址：北京市海淀区阜成路甲28号　邮政编码：100142
营销中心电话：010-88191522　北京财经书店电话：64033436　84041336
三河市宏图印务有限公司印刷　各地新华书店经销
成品尺寸：170 mm × 230 mm　16开　14.25印张　224 000字
2020年11月第1版　2020年11月河北第1次印刷
定价：50.00元
ISBN 978-7-5095-9987-7
（图书出现印装问题，本社负责调换）
本社质量投诉电话：010-88190744
打击盗版举报热线：010-88191661　QQ：2242791300

摘　要

本书结合国有企业“限薪”改革、中国实施创新驱动发展战略的现实背景，利用中国沪深A股上市企业数据，考察了企业内部高管与员工薪酬差距、隐性薪酬差距对创新投入、创新效率和创新产出的影响。本书还进一步考察了：(1) 企业创新产出在内部薪酬差距影响企业价值中的中介效应。(2) 在何种监督水平下隐性薪酬差距的提高才能促进企业创新投入。(3) 隐性薪酬差距影响创新投入的机制。

首先，利用中国沪深A股上市企业数据，将样本分为中央国有企业、地方国有企业和民营企业，从创新产出对企业价值、企业价值对高管未来薪酬的影响开始研究，倒推内部薪酬差距对创新产出的影响。因创新产出由创新投入和创新效率共同决定，然后综合内部薪酬差距对创新投入和创新效率的影响来验证初始的关于内部薪酬差距影响创新产出的推断。研究发现：(1) 中央国有企业内部薪酬差距对创新产出、创新投入和创新效率未发现显著影响。(2) 地方国有企业内部薪酬差距对创新产出存在正向影响，且这种正向影响主要是由内部薪酬差距对创新投入存在正向影响导致的，而可能不是因为内部薪酬差距影响创新效率。(3) 民营企业内部薪酬差距对创新产出存在正向影响，且这种正向影响主要是由内部薪酬差距对创新效率存在正向影响导致的，而不是因为内部薪酬差距影响创新投入。(4) 在上述 (2) 和 (3) 的基础上，地方国有企业和民营企业内部薪酬差距对创新产出存在正向影响，进而对企业价值产生正向影响，其中民营企业表现更为明显。

其次，利用中国沪深A股上市企业数据，从创新产出对企业价值、企业价值对高管未来薪酬的影响开始研究，倒推隐性薪酬差距对创新产出的影响。因创新产出由创新投入和创新效率共同决定，然后综合隐性薪酬差距对创新投入和创新效率的影响来验证初始的关于隐性薪酬差距影响创新产出的推断。研究发现：(1) 中央国有企业隐性薪酬差距对创新投入主要表现为正向影响，但其对创新效率和创新产出未发现显著影响，说明中央国有企业的创新投入可能存在一定的形式主义。(2) 地方国有企业隐性薪酬差距对创新产出存在正向影响，且这种正向影响主要是由隐性薪酬差距对创新投入的正向影响导致的，而不是因为隐性薪酬差距影响创新效率。(3) 民营企业隐性薪酬差距对创新产出存在正向影响，且这种正向影响主要是因为隐性薪酬差距对创新投入的正面促进作用大于其对创新效率的负面抑制作用。

最后，利用中国沪深 A 股上市企业数据，考察了企业内外部监督指标（股权集中度、机构投资者持股比例、市场化指数）对隐性薪酬差距影响创新投入的调节作用，采用门槛回归考察了在何种监督水平下隐性薪酬差距的提高才能促进企业创新投入，同时考察了隐性薪酬差距影响创新投入的机制。研究发现：(1) 隐性薪酬差距对创新投入存在正向影响。市场化指数的提高能提升隐性薪酬差距对创新投入的促进作用。(2) 股权集中度和机构投资者持股比例是隐性薪酬差距的重要监督指标。采用面板门槛回归发现，国有企业（民营企业）股权集中度在 0.5153 至 0.6498（0.2906 至 0.3004）之间时，国有企业（民营企业）隐性薪酬差距的提高才能（才能更有效地）促进创新投入。机构投资者持股比例对国有企业隐性薪酬差距影响创新投入的调节作用不显著。机构投资者持股比例在 0.6549 至 0.6846 之间时，民营企业隐性薪酬差距的提高才能更有效地促进创新投入。(3) 因中央国有企业承担众多政府任务而明显存在过度投资，中央国有企业隐性薪酬差距的提高对过度投资产生负向影响，从而为企业争取了更多创新资源，进而对创新投入产生正向影响。

本书的主要实证结果对于不同的变量测度方法、不同的回归方法、工具变量法、双重差分法都具有良好的稳健性。本书的研究不仅丰富了企业创新影响因素、内部薪酬差距经济后果的相关文献，对于优化薪酬改革、加深认识隐性薪酬差距、实现创新驱动发展战略也具有重要的现实意义。

ABSTRACT

Based on the realistic background of the state-owned enterprises' "salary limit" reform, the China's implementation of innovation-driven development strategy, using the data of Shanghai and Shenzhen A-share listed companies, this paper investigates the impact of the enterprise internal pay gap between executives and employee, implicit pay gap on the innovation investment, the innovation efficiency and innovation output. Further, this paper also investigates: (1) the innovation output mediation effect of the internal pay gap affecting the enterprise value. (2) under what supervision level the increments of the implicit pay gap can promote enterprise innovation investment. (3) the influence mechanism of the implicit pay gap on innovation investment.

First, using the data of Shanghai and Shenzhen A-share listed companies, dividing the sample into the central state-owned enterprises, local state-owned enterprises and private enterprises, we began to study the influence of the innovation output on the enterprise value, the influence of the enterprise value on the executives compensation in the future, and retrodict the influence of the internal pay gap on innovation output. For innovation output decided by the innovation investment and innovation efficiency, integrating the influence of the internal pay gap on the innovation investment and the innovation efficiency, we verify the initial inference of the internal pay gap affecting innovation output. The results show that: (1) The correlations between the internal pay gap of the central state-owned enterprises and the innovation output, the innovation investment, the innovation efficiency are not significant. (2) The internal pay gap of local state-owned enterprises is positively correlated with the innovation output, and this positive correlation is mainly caused by the internal pay gap is positively correlated with innovation investment, maybe not because the internal pay gap affects the innovation efficiency. (3) The internal pay gap of private enterprises is positively correlated with the innovation output, and this positive correlation is mainly due to the positive correlation between the internal pay gap and the innovation efficiency, rather than the internal pay gap affects the innovation investment. (4) Based on (2) and (3), the internal pay gaps of the local state-owned enterprises and private enterprises have positive impact on the innovation output, and then have positive impact on the enterprise value, this performance of private enterprises is more obvious.

Second, using the data of Shanghai and Shenzhen A-share listed companies, we began to study the influence of the innovation output on the enterprise value, the influence of the enterprise value on the executives compensation in the future, and retrodict the influence of the implicit pay gap on innovation output. For innovation output decided by the innovation investment and innovation efficiency, integrating the influence of implicit pay gap on the innovation investment and innovation efficiency, we verify the initial inference of implicit pay gap affecting innovation output. The results show that: (1) The implicit pay gap of the central state-owned enterprises is main positively correlated with the innovation investment, the correlations between the implicit pay gap of the central state-owned enterprises and the innovation efficiency, the innovation output are not significant, it shows that the innovation investment of the central state-owned enterprises may has some formalism. (2) The implicit pay gap of the local state-owned enterprises is positively correlated with the innovation output, and this is mainly caused by the implicit pay gap is positively correlated with innovation investment, not because the implicit pay gap affects the innovation efficiency. (3) The implicit pay gap of private enterprises is positively correlated with innovation output, and this is mainly due to the promotion effect of implicit pay gap on innovation investment is greater than its inhibitory effect on the innovation efficiency.

Finally, using the data of Shanghai and Shenzhen A-share listed companies, we examines the enterprise internal and external regulatory indicators (ownership concentration, the proportion of the institutional investors share, the market-oriented index) adjustment effect of the implicit pay gap affecting the innovation investment, using threshold regression examines under what supervision level the increments of the implicit pay gap can promote enterprise innovation investment, and examines the influence mechanism of the implicit pay gap on innovation investment. The results show that: (1) The implicit pay gap is positively correlated with the innovation investment. The improvement of the market-oriented index can enhance the promotion of the implicit pay gap to innovation investment. (2) The ownership concentration and the proportion of the institutional investors share are important regulatory indicators of implicit pay gap. Using threshold regression, we find that the ownership concentration between 0.5153 and 0.6498 (between 0.2906 and 0.3004), the improving the implicit pay gap of the state-owned enterprises (private enterprises) can (can more effectively) promote innovation investment. The proportion of the institutional investors share adjustment effect of the state-owned enterprises implicit pay gap on the innovation investment is not significant. The proportion of the institutional investors share between 0.6549 and 0.6846, the private enterprises implicit pay gap can effectively promote innovation investment. (3) Because of a lot of government tasks, the central state-owned enterprises have apparent over-investment, the increments of the central state-owned enterprises implicit pay gap has a negative impact on over-investment, thus strive for more innovative resources for enterprises, and then has a positive impact on innovation investment.

The main empirical results of this paper are good robustness for different variable measure methods, different regression methods, instrumental variable methods and difference in differences methods. In this paper, the research not only enriches the relevant literature of enterprise innovation influence factors, internal pay gap economic consequences, also has important practical significance for optimizing the compensation reform, deepening the understanding of implicit pay gap, and implementing innovation-driven development strategy.

目　录

第1章 绪 论

1.1 研究背景和研究目标

创新是社会进步的灵魂，是一国经济增长和发展的动力。近年来，在中国中高速增长取代高速增长、经济结构持续转型升级、创新驱动替代要素及投资驱动已成为经济发展新常态，政府提出的“大众创业、万众创新”是主动适应、把握、引领经济发展新常态的关键之举。事实上，中国从“八五”规划到“十二五”规划就不断提升对加强技术创新、调整与升级产业结构、转变经济增长方式的论述。中央政府 2006 年颁布的《国家中长期科学和技术发展规划纲要（2006—2020）》将提高国家创新能力作为国家长期发展的目标，2010 年颁布的《中国国家专利事业发展战略（2011—2020）》明确了截至 2015 年每年专利申请量达到 200 万件、规模以上工业企业专利申请的比率达到 8% 等专利量化发展目标。国务院国有资产监督管理委员会 2006 年修订的《中央企业负责人经营业绩考核暂行办法》明确要求考核指标中考虑包括企业技术创新投入和企业创新能力在内的相关因素。2017 年 7 月 27 日，国务院发布的《关于强化实施创新驱动发展战略进一步推进大众创业万众创新深入发展的意见》要求各地区、各部门认真贯彻意见中的各项规定，逐步细化措施，增强监督，确保各项措施落实到位，推动大众创业、万众创新深入发展。党的十九大报告中，习近平总书记再次强调“创新是引领发展的第一动力，是建设现代化经济体系的战略支撑”，实施创新驱动发展战略是复兴之道、强国之举。

2003 年 11 月国务院国有资产监督管理委员会出台的《中央企业负责人经营业绩考核暂行办法》把国有企业高管薪酬与公司业绩相联系，导致国企高管员工薪酬差距逐步扩大。为了遏制2003年以来中央国有企业内部薪酬差距[①]逐年扩大的趋势，2009年9月人力资源和社会保障部等六部门联合颁布的《关于进一步规范中央企业负责人薪酬管理的指导意见》规定，中央国有企业高管薪酬不得超出员工平均薪酬的20倍；2015年1月《中央管理企业负责人薪酬制度改革方案》规定，央企负责人的总收入不超过在职员工平均工资的7—8倍。同时，各地方政府也制定了地方国有企业高管薪酬指导意见（周铭山和张倩倩，2016）。企业内部薪酬差距是社会不平衡发展的一大组成部分，因此，企业内部高管员工薪酬差距受到政府和学者的普遍关注。

企业是“万众创新”的核心主体，为促进企业创新，国家出台了专利保护、创新补贴和税收优惠等宏观层面的政策。然而，企业内部治理也是影响创新的重要因素，企业内部薪酬差距是企业内部治理的重要内容之一，那么内部薪酬差距影响企业创新吗？内部薪酬差距对不同所有权性质企业的创新产出的影响是否存在差异？

高管对企业创新的影响最为关键（周铭山和张倩倩，2016）。由于代理问题高管一般向往安逸的生活（Bertrand和Mullainathan，2003），面对短期业绩压力，不愿推动风险高、投资期限长、耗费大量个人精力的创新活动（李文贵和余明桂，2015），所以对高管的激励在影响企业创新方面起着至关重要的作用（李春涛和宋敏，2010），其中薪酬激励是激励的重要因素之一。创新活动需要高管支付高风险、持续学习掌握新技能等昂贵私人成本，同时创新活动会使原有人力资本贬值（Wright等，1996），如果高管获得的薪酬不足以弥补其开展创新活动而付出的私人成本，其将缺乏开展创新活动的动力。内部薪酬差距扩大时，因工资向下调整存在刚性，意味着高管薪酬增加或者高管和员工薪酬同时增加，即提高了对高管的激励，所以内部薪酬差距应该会影响创新。更具体而言，企业创新投入主要由高管决定，所以内部薪酬差距扩大影响创新投入。但值得注意的是，企业创新活动主要由核心高管推动，同时创新过程需要员工的参与和配合。员工包括研发部门员工和非研发部门员工，研发部门的很多基础数据、材料、基础工作等也是由非研发部门的员工完成的，非研发员工充当研发员工的后备支持人员，所以员工会影响创新的效率（Bradley等，2017）。因此，创新效率由高管和员工

① 本书的“内部高管员工薪酬差距”“内部薪酬差距”“薪酬差距”无特别说明都是指“企业内部高管与普通员工薪酬差距”，普通员工是指企业全体职工中除了高管、董事和监事，简称“员工”。

共同决定的。因企业内部薪酬差距涉及高管和员工两类主体，所以内部薪酬差距影响企业的创新效率。总之，企业内部薪酬差距即影响创新投入，也影响创新效率，从而影响企业创新产出。

对高管的激励包括显性激励和隐性激励，显性激励主要包括货币薪酬和股权（傅颀和汪祥耀，2013），隐性激励主要包括在职消费和政治晋升（王曾等，2014）。企业内部薪酬差距涉及高管的货币薪酬和股权，由于中国的国有企业高管薪酬受到管制，国有企业股权激励的推行也是如履薄冰（傅颀和汪祥耀，2013），众多学者认为在职消费隐性激励在国有企业高管激励体系中越来越重要（陈冬华等，2010），所以理论上高管在职消费影响企业对高管的激励，将对企业创新产生影响。

那么，内部薪酬差距和隐性薪酬差距[①]为什么会对企业创新产生影响，如何影响创新，初始的“限薪”政策是针对中央国有企业的，那么地方国有企业是否应该参照执行“限薪”政策？创新产出在内部薪酬差距影响企业价值中起到何种作用？

鉴于以上背景和疑问，针对不同所有权性质企业，本书的研究目的有：一是从理论和实证上考察内部薪酬差距、隐性薪酬差距是否会影响企业创新、如何影响企业创新。具体而言，考察两者对创新投入、创新效率和创新产出的影响。二是确定创新产出在内部薪酬差距影响企业价值中的作用。三是确定是否只有在适度监督下，隐性薪酬差距的提高才能（才能更有效地[②]）促进创新投入。高管在职消费包含会产生经济效益的货币薪酬补充和正常职务消费成分，也包含会发生代理成本的自娱性消费成分（孙世敏等，2016）。如果高管在职消费没有得到适度的监督，高管自娱性消费成分可能会占多数即代理成本占优势，此时在职消费总体上将表现为“代理观”，即高管在职消费（其等于高管员工隐性薪酬差距）的提高并不能促进企业创新投入。隐性薪酬差距体现了对高管的激励程度，创新投入主要由高管决定（冯根福和温军，2008）。为此，本书也考察了监督指标

① 本书没有把高管隐性薪酬在职消费纳入内部薪酬差距指标中的原因见文后 4.3.1。为使全书表述一致，本书提出了企业内部高管与普通员工隐性薪酬差距，因政治晋升无法用具体的数值来衡量，高管存在隐性薪酬在职消费，而普通员工几乎不拥有在职消费，高管与普通员工隐性薪酬差距等于高管隐性薪酬减去普通员工隐性薪酬，所以高管与普通员工隐性薪酬差距就等于高管在职消费。书中“隐性薪酬差距”“隐性高管员工薪酬差距”都是指企业内部高管与普通员工隐性薪酬差距。

② 指创新投入对隐性薪酬差距回归时（创新投入为被解释变量），隐性薪酬差距的偏系数更大。

（股权集中度、机构投资者持股比例、市场化指数）对隐性薪酬差距影响创新投入的调节效应。本书借助平衡面板门槛回归发现，只有在适度监督下，隐性薪酬差距的提高才能（才能更有效地）促进创新投入。同时，本书研究了隐性薪酬差距影响创新投入的作用机制。

1.2 研究的意义

本书以系统的文献梳理为基础，以企业创新为研究对象，利用2007—2015年[①]中国沪深A股上市企业数据，从创新产出对企业价值、企业价值对高管未来薪酬的影响开始研究，倒推内部薪酬差距、隐性薪酬差距对创新产出、创新投入和创新效率的影响。因创新产出由创新投入和创新效率共同决定，然后综合内部薪酬差距、隐性薪酬差距对创新投入和创新效率的影响来验证初始的关于内部薪酬差距、隐性薪酬差距影响创新产出的推断。利用关于内部薪酬差距影响创新产出、创新产出影响企业价值的结果为内部薪酬差距影响企业价值的机制提供了一种新的解释。同时，研究了监督指标（股权集中度、机构投资者持股比例、市场化指数）对隐性薪酬差距影响创新投入的调节效应。发现了只有在适度监督下，隐性薪酬差距的提高才能（才能更有效地）促进创新投入。另外，还考察了隐性薪酬差距影响创新投入的作用机制。

这些问题具有值得深入研究的理论意义和现实意义。

1.2.1 理论意义

（1）丰富了企业创新影响因素的相关文献

创新是一种创造性破坏，是生产要素的重新组合，创新是经济增长的原动力。自熊彼特创新理论提出以来，关于创新的影响因素的研究得到了不断的发

① 因2006年会计准则对研发会计处理和研发信息披露做了重大调整，参考周铭山和张倩倩（2016）的研究，所以本书选取了2007年及之后的上市企业数据。本书的发明专利数据来自国泰安数据库，截至2017年年底，从国泰安数据库中无法查阅到2016年及之后的发明专利数据，所以本书选取2007—2015年的上市企业数据。截至2020年2月，国泰安数据库中上市公司与子公司专利数据库还是更新至2017年。事实上，本书利用了沪深A股9年的面板数据，缺2016—2017年2年的数据并不影响推断。另外，本书的4.4部分利用了2007—2017年上市企业数据。

展。企业是创新的核心主体，关于企业的创新理论成为企业家、学者和政府普遍关注的热点。学者们研究了外部环境和内部治理对企业创新的影响，经文献梳理发现：有少量关于企业内部高管员工薪酬差距影响创新的研究，有少量关于在职消费影响企业创新的研究，但存在不少欠妥之处（具体见文献综述部分）。本书研究了企业内部高管员工薪酬差距、隐性薪酬差距对企业创新的影响，丰富了企业创新影响因素的相关文献。

（2）丰富了内部薪酬差距、隐性薪酬差距经济后果的相关文献，完善了关于内部薪酬差距影响企业价值的研究

现有文献主要研究了内部薪酬差距对企业绩效、企业投资效率和企业全要素生产率的影响，但是关于企业内部高管员工薪酬差距对企业创新影响的研究较少，而且对内部薪酬差距影响企业价值（企业价值是衡量业绩的指标之一）的机制的解释不够完善。现在文献主要从代理成本、企业业绩（企业价值）、股价暴跌风险、企业效率和资产报酬率方面考察了高管在职消费（其等于隐性薪酬差距）的经济后果，少量文献研究了在职消费对企业创新的影响，但存在不少欠妥之处（具体见文献综述部分），本书丰富了隐性薪酬差距经济后果的相关研究。

同时，本书还加深了隐性薪酬差距影响企业创新投入的研究，考察了监督指标（股权集中度、机构投资者持股比例、市场化指数）对隐性薪酬差距影响创新投入的调节效应。本书较早地发现，只有在适度监督下，隐性薪酬差距的提高才能（才能更有效地）促进创新投入。进一步的，本书考察了隐性薪酬差距影响创新投入的作用机制。

（3）完善了研究企业创新的方法

现有文献要不研究企业创新投入，要不研究企业创新产出，或者同时研究创新投入和产出，除虞义华等（2018）的研究之外，极少文献同时研究了创新投入、创新效率和创新产出。总结发现，以往文献基本上都没有详细阐述创新投入、创新效率和创新产出三者之间的逻辑关系。本书从创新产出对企业价值、企业价值对高管未来薪酬的影响开始研究，倒推内部薪酬差距、隐性薪酬差距对创新产出、创新投入和创新效率的影响。因创新产出由创新投入和创新效率共同决定，然后综合内部薪酬差距、隐性薪酬差距对创新投入和创新效率的影响来验证初始的关于内部薪酬差距、隐性薪酬差距影响创新产出的推断。

1.2.2 现实意义

针对 2003 年开始的国有企业内部高管员工薪酬差距逐步扩大，2009 年 9 月和 2015 年 1 月政府针对央企负责人提出了“限薪”政策。受国有企业“限薪”政策的影响，国有企业高管隐性激励在职消费在高管激励体系中越来越重要。同时，近年来中国创新驱动替代要素及投资驱动已成为中国经济发展新常态，为此国家鼓励“万众创新”。企业是“万众创新”的核心主体，为此企业内部薪酬差距和隐性薪酬差距是否会影响企业创新是个急需回答的现实问题。进一步的，对于不同所有权性质企业而言这种影响存在何种差异，研究结论可为薪酬改革提供更具体的差异化参考。本书发现只有在适度监督下，隐性薪酬差距的提高才能（才能更有效地）促进创新投入，并阐述了隐性薪酬差距影响创新投入的机制。这些结论有利于我们更清楚地认识和更好地管理隐性薪酬差距。厘清这些问题，对于优化薪酬改革、加深认识隐性薪酬差距、更好地促进企业创新、实现创新驱动发展战略具有重要的现实意义。

1.3 相关概念的界定

第一，企业内部高管员工薪酬差距。核心自变量为企业内部高管员工薪酬差距（*wageratio*，简写为 *wr*），考虑到物价水平会影响薪酬绝对差距（高管平均薪酬与员工平均薪酬之差）的程度，参考高良谋和卢建词（2015）、孔东民等（2017）的研究，采用高管平均薪酬与员工平均薪酬的比值来衡量企业内部高管员工薪酬差距，员工这里是指企业全体职工除了董事、监事和高管。

参考黎文靖和胡玉明（2012）、高良谋和卢建词（2015）的研究，高管平均薪酬用薪酬最高的前三名高管的平均薪酬来衡量，即年报中披露的“高管前三名薪酬总额”除以 3。高管平均薪酬用薪酬最高的前三名高管的平均薪酬来衡量的主要原因有：一是薪酬最高的前三名高管对应着核心高管，企业的创新主要受到核心高管的影响，董事监事和非核心高管对企业创新影响很有限；二是 2009 年和 2015 年薪酬管理政策主要是针对中央企业负责人的；三是黎文靖和胡玉明（2012）、高良谋和卢建词（2015）也是这样衡量高管平均薪酬，以此来构建企业内部薪酬差距的。如未作特别说明，书中的“内部薪酬差距”“薪酬差距”都是指企业内部高管员工薪酬差距。

第二，企业内部高管员工隐性薪酬差距。本书未把高管隐性薪酬在职消费纳入内部薪酬差距指标中的原因见文后 4.3.1。为使全文表述一致，本书提出了企业内部高管与普通员工隐性薪酬差距。因政治晋升无法用具体的数值来衡量，高管存在隐性薪酬在职消费，而普通员工几乎不拥有在职消费，高管与普通员工隐性薪酬差距等于高管隐性薪酬减去普通员工隐性薪酬，所以高管与普通员工隐性薪酬差距就等于高管在职消费。文中“隐性薪酬差距”“隐性高管员工薪酬差距”都是指企业内部高管与普通员工隐性薪酬差距。

第三，在职消费强度。第一种方法，高管在职消费（*npc*），参考王曾等（2014）、Chen 等（2015），采用在职消费总额经上一年的企业总资产平减来衡量在职消费，即在职消费强度等于在职消费总额与上一年总资产之比。采用大部分实证研究计算在职消费总额的方法（陈冬华等，2005；王曾等，2014），在职消费费用总额主要包括 8 类：办公费、差旅费、业务招待费、通讯费、出国培训费、董事会费、小车费和会议费。第二种方法，参考权小锋等（2010）、Luo 等（2011）、王曾等（2014）的研究，采用管理费用扣除董事、高管和监事的薪酬总额、计提的坏账准备、存货跌价准备和当年的无形资产摊销额等明显不属于隐性薪酬差距的项目后的金额来衡量在职消费总额。鉴于从 2007 年起会计准则发生变化，管理费用不再包含计提的坏账准备和存货跌价准备，所以 2007 年及之后的隐性薪酬差距总额不再减去这两项。采用此方法计算而得的在职消费总额除以上一期总资产即为替代的在职消费强度（*perksass*，其等于隐性薪酬差距）。

第四，创新投入。本书采用企业创新投入与企业营业收入之比、企业创新投入与企业总资产之比来衡量。

第五，创新产出。专利分为发明专利、实用新型专利和外观设计专利，因技术要求相对较低实用新型专利和外观设计专利较容易获得，而因技术要求较高发明专利较难获得。参考周铭山和张倩倩（2016）、江轩宇（2016）、Jia 等（2016）、余明桂等（2016）的研究，采用当年发明专利申请数来衡量创新产出。考虑到发明专利申请数据的右偏问题，参考上述文献，本书将发明专利申请数加 1 之后取自然对数，得到变量 ln*pat*，表示企业的创新产出。

第六，创新效率。创新效率指创新投入的产出水平，参考周铭山和张倩倩（2016）的研究，本书采用创新投入对创新产出的边际贡献来衡量，即被解释变量为企业创新产出时，回归方程中企业创新投入的回归系数。

1.4 限薪政策、创新政策的演变

第一，限薪政策的演变。2003 年 11 月国务院国有资产监督管理委员会实施《中央企业负责人经营业绩考核暂行办法》（高管薪酬与企业绩效挂钩）后，国有企业高管员工薪酬差距逐渐扩大。为了遏制该趋势，2009 年 9 月 16 日人力资源和社会保障部等六部门联合出台了《关于进一步规范中央企业负责人薪酬管理的指导意见》，该规定指出中央国有企业高管薪酬不得超出员工平均薪酬的 20 倍。

党的十八大后，中共中央政治局先后制定了《关于改进工作作风、密切联系群众的八项规定》、“六项禁令”、反“四风”等文件。2012 年 12 月 4 日的“八项规定”中指出，政府和国有企业要精简会议、规范出访、勤俭节约，这些规定有效地遏制了政府和国有企业高管在职消费中的会议费、业务招待费、公车费、因公出国费。

2014 年 8 月 29 日中央政治局审议通过的、2015 年 1 月 1 日开始执行的《中央管理企业负责人薪酬制度改革方案》，要求央企负责人的总收入不超过在职员工平均工资的 7—8 倍。同时，《关于合理确定并严格规范中央企业负责人履职待遇、业务支出的意见》对国有企业高管的 7 项职务行为设置了上限、禁止了 4 种公款消费。7 项职务行为包括公务用车、办公用房、培训、业务招待、国内差旅、因公临时出国（境）、通信。4 种严禁公款消费分别为：严禁公款用于个人支出；严禁按照职务设置个人定额消费；取缔用公款为负责人办理的理疗保健、运动健身和会所、俱乐部会员、高尔夫等各种消费卡；严禁用公款支付应当由个人承担的消费娱乐活动、宴请、礼品及培训等各种费用。

第二，创新政策的演变。1978 年中国科学大会的召开标志科技政策革命重新启动（杜根旺和汪涛，2015），1978 年制定了《全国科学技术发展规划纲要草案（1978—1985）》。1981 年制定了《关于我国科学技术发展方针的汇报纲要》。

因 1978 年制定的目标过于宏大，1985 年 3 月，中共中央制定了《关于科学技术体制改革的决定》。1985 年《关于科学技术体制改革的决定》的颁布，标志着有了新的政策范式（杜根旺和汪涛，2015）。20 世纪 80 年代末和 90 年代初，中国陆续制定了《高技术研究发展计划纲要（简称“863 计划”）》（1986 年）、

《中华人民共和国技术合同法》（1986 年）、科学技术白皮书《中国科学技术政策指南》（1986 年）、《国务院关于进一步推进科技体制改革的若干规定》（1987 年）、《国务院关于深化科技体制改革若干问题的决议》（1988 年）、《中华人民共和国科学技术发展十年规划和“八五”计划纲要》（1991 年）、《中华人民共和国科学技术进步法》（1993 年）、《中国 21 世纪议程》（1994 年）。期间值得关注的还有“星火计划”（1986 年）、“火炬计划”（1988 年）和“攀登计划”（1991 年）。“星火计划”具体指“中国依靠科学技术促进农村经济发展的计划”，其目的是通过科学技术的进步实施农村振兴、科学技术推广普及、农民致富，其为政府实施的第一个依靠科学技术发展农村经济的计划。“火炬计划”为推进高新技术产业发展的指导性计划，其宗旨是实施高新技术成果商品化和高新技术商品产业化。“攀登计划”为国家基础研究重大项目计划，其目的是加强基础性研究，由国家组织对全局性和带动性的重大项目开展研究。

1995 年《关于加速科学技术进步的决定》的发布，标志科教兴国战略开始实施。1997 年党的十五大正式把“科教兴国”确定为国家发展战略。1997 年、1998 年对高等院校先后实施“211 工程”“985 工程”。期间先后制定的科技政策包括：《关于“九五”期间深化科学技术体制改革的决定》（1996 年）、《中华人民共和国促进科技成果转化法》（1996 年）、《迎接知识经济新时代，建设国家创新体系》（1997 年）、《国家重点基础研究发展规划（简称“973 计划”）》（1997 年）、《关于设立中外合资研究开发机构、中外合作研究开发机构的暂行办法》（1997 年）。20 世纪 90 年代以来，地方各省级政府也相继制定了创新政策（孙蕊等，2016）。

1999 年 8 月，中共中央、国务院颁布并实施《关于加强技术创新，发展高科技，实现产业化的决定》。该政策明确指出“企业是技术创新的主体”，该决定标志着技术创新开始强调市场导向作用（马玉新等，2018）。期间先后出台了：《关于外商投资设立研发中心有关问题的通知》（2000 年）、《科研条件建设“十五”发展纲要》（2001 年）、《2004—2010 年国家科技奖基础条件平台建设纲要》（2004 年）。范柏乃等（2013）指出，该时期国家先后制定实施了《促进科学技术成果转化若干规定》《中华人民共和国专利法》《中华人民共和国科学技术知识普及法》《中华人民共和国科技成果转化法》《中华人民共和国中小企业促进法》。

2006 年国务院发布并实施《国家中长期科学和技术发展规划纲要（2006—2020）》，纲要要求把提高自主创新能力作为调整经济结构、转变增长方式、提高国家竞争力的中心环节，把建设创新型国家作为面向未来的重大战略选择，全面推进具有中国特色的国家创新体系建设。为推进该纲要的执行，2006 年中共中央、国务院出台了《关于实施科技规划纲要、增强自主创新能力的决定（2006—2020)》。同时，制定《实施〈国家中长期科学和技术发展规划纲要（2006—2020)〉的若干配套政策》。配套政策分别从科技投入、税收激励、金融支持、政府采购、引进消化吸收再创新、创造和保护知识产权、人才队伍、教育和科普、科技创新基地和平台、加强统筹协调等方面积极给予优惠政策支持和保障(范柏乃等，2013)。此外，2007 年修订了《中华人民共和国科学技术进步法》。2006 年该决定的发布，标志着科教兴国战略转变为自主创新战略。2006 年 1 月，胡锦涛在全国科学技术大会上指出：鼓励科研院所、高等院校与海外研究开发机构建立联合实验室或研究开发中心，既要支持我国企业在海外设立研究开发机构或产业化基地，也要鼓励跨国公司在华设立研究开发机构。2007 年党的十七大报告明确指出：要优化利用外资结构，创新利用外资方式，发挥利用外资在推动自主创新和产业升级等方面的积极作用。此时，创新政策主体主要包括全国人民代表大会、中共中央、国务院及各部委、高校、科研机构、企业、科技中介机构等（孙蕊等，2016)。

2012 年中共中央、国务院颁布了《关于深化科技体制改革加快国家创新体系建设的意见》，该意见指出企业技术创新主体地位尚未真正确立，需要建立以企业为主体的全面而高效的国家创新体系。同年，党的十八大明确提出“科技创新是提高社会生产力和综合国力的战略支撑，必须摆在国家发展全局的核心位置”，标志着自主创新战略转变为创新驱动发展战略（马玉新等，2018)。2012 年教育部开始实施“2011 计划”，即高管学校创新能力提升计划，其目的是推进知识创新、技术创新、区域创新的战略融合。2015 年中央深化改革领导小组发布《深化科技体制改革实施方案》，提出坚持走中国特色自主创新道路，聚焦实施创新驱动发展战略，以构建中国特色国家创新体系为目标，推动以科技创新为核心的全面创新，促进军民融合深度发展，营造有利于创新驱动发展的市场和社会环境，激发大众创业、万众创新的热情与潜力，主动适应和引领经济发展新常态，加快创新型国家建设步伐。近年来，中关村、东湖、张江和合芜蚌等国家自主创新示范区和综合试验区相继成立，并出台了资金、税收、科教金融和产业联盟等配套支持措施。此时，创新政策主体主要包括全国人民代表大会、中共中央、国务院及各部委、地方政府、高校、科研机构、企业、科技中介机构等（孙蕊等，2016）。

1.5 研究方法

本书采用了理论研究与应用研究相结合、定量研究与定性研究相结合、实证研究与规范研究相结合的研究方法，交叉运用了经济学、统计学、心理学和社会学多学科理论。运用马克思主义认识论，从现实热点提炼研究主题，采用理论分析问题，借助数据验证理论分析，得出结论并提出政策建议以回归实践。

1.5.1 实证分析与规范分析

本书通过大量的计量分析，考察了内部薪酬差距、隐性薪酬差距对企业创新投入、创新效率和创新产出的影响，通过判断回归系数的显著性和稳健性，进而对内部薪酬差距、隐性薪酬差距影响创新产出有更深的认识。同时，找出隐性薪酬差距促进或更有效地促进创新投入的条件，并试图发现内部薪酬差距影响企业价值、隐性薪酬差距影响创新投入的机制。规范分析注重“应该是什么”的价值导向，本书通过计量分析得出结论，并提出政策建议，这属于规范分析。本书通过理论分析、计量分析内部薪酬差距、隐性薪酬差距对企业创新的影响，就中国企业的薪酬差距管理、股权激励提出了政策建议。

1.5.2 横向比较法

针对中国企业具体情况，参考夏立军和方铁强（夏立军和方铁强，2005）的分类方法，根据企业的最终控制人的属性，本书把样本分为中央国有企业、地方国有企业和民营企业。本书考察了不同所有权性质企业的内部薪酬差距、隐性薪酬差距对企业创新的影响，从理论和计量横向比较了影响的差异性。

1.5.3 逆推法和正推法相结合

逆推法表现为：本书从创新产出对企业价值、企业价值对高管未来薪酬的影响开始研究，倒推内部薪酬差距、隐性薪酬差距对创新产出、创新投入和创新效率的影响。正推法表现为：综合内部薪酬差距、隐性薪酬差距对创新投入和创新效率的影响来验证初始的关于内部薪酬差距、隐性薪酬差距影响创新产出的推断。

1.5.4 具体的计量方法

（1）论文基准回归部分

第一，因很多企业某年的创新产出（发明专利申请数）为0，加1取自然对数后还是很多为0，所以采用稳健标准误差Tobit回归企业内部薪酬差距、隐性薪酬差距对创新产出、创新效率的影响。采用稳健标准误差OLS回归企业内部薪酬差距、隐性薪酬差距对创新投入的影响。第二，针对内部薪酬差距、隐性薪酬差距对企业创新的影响，本书把内部薪酬差距、隐性薪酬差距作为门槛变量，采用固定效应平衡面板门槛回归方法，试图找出内部薪酬差距、隐性薪酬差距的适度取值区间。因为在职消费包含会产生经济效益的货币薪酬补充和正常职务消费成分，也包含会发生代理成本的自娱性消费成分（孙世敏等，2016），所以只有对隐性薪酬差距（其取值等于高管在职消费）进行适度地监督，隐性薪酬差距中高管自娱性消费才能得到有效控制，隐性薪酬差距的提高才能（才能更有效地）促进创新投入。为验证以上观点，本书把监督指标（股权集中度、机构投资者持股比例）作为门槛变量，采用门槛回归考察了隐性薪酬差距对企业创新投入的影响。

（2）稳健性检验部分

第一，因发明专利申请数只能取非负整数，样本有不少发明专利申请数取值为0，而且三类企业的发明专利申请数的方差都至少超过了均值的210倍，即存在过度分散，所以采用负二项回归回归内部薪酬差距、隐性薪酬差距对创新产出的影响。第二，因本样本有不少发明专利申请数取值为0，参考江轩宇（2016）的研究，本书剔除发明专利申请数为0的观测值，采用稳健标准误差OLS方法重新回归内部薪酬差距、隐性薪酬差距对创新产出的影响。第三，内部薪酬差距、隐性薪酬差距对创新产出的影响可能存在内生性问题，本书采用工具变量法对内生性进行了处理。第四，因“限薪”政策是针对中央国有企业的，“限薪”意味着内部薪酬差距的缩小，为更好地处理内部薪酬差距对创新产出的影响可能存在的内生性问题，同时也为了验证基准回归中内部薪酬差距对中央国有企业创新产出的影响的结论，本书利用针对中央国有企业的“限薪”政策这一准自然实验，采用双重差分法考察了“限薪”（会导致内部薪酬差距变化）对中央国有企业创新产出的影响。

1.6　研究思路与本书结构

本书研究思路为：企业创新包括创新投入、创新效率和创新产出。本书利用中国沪深A股上市企业数据，从创新产出对企业价值、企业价值对高管未来薪酬的影响开始研究，倒推内部薪酬差距、隐性薪酬差距对创新产出、创新投入和创新效率的影响。因创新产出由创新投入和创新效率共同决定，然后综合内部薪酬差距、隐性薪酬差距对创新投入和创新效率的影响来验证初始的关于内部薪酬差距、隐性薪酬差距影响创新产出的推断。

本书共分为5章，具体如下：

第1章绪论。概述论文的选题背景和研究目标、研究意义、相关概念的界定、限薪和创新政策的演变、研究方法、研究思路与论文结构及创新点。

第2章文献综述。本章分为：2.1归纳和评述了国内外关于薪酬差距对企业创新值的影响研究；2.2归纳和评述了国内外关于在职消费对企业创新的影响研究；2.3归纳和评述了国内外关于高管薪酬差距对企业价值的影响研究；2.4是文献评述。

第3章内部薪酬差距与企业创新。本章分为：3.1是引言。3.2是理论框架与研究假设。阐述了企业内部薪酬差距影响企业创新的理论框架，构建了一个简单数学理论模型，推导出内部薪酬差距与企业价值之间的关系。基于产权理论、相关公司理论、经济学原理、管理学原理和现有文献的结论，针对不同所有权性质企业，提出了相应的内部薪酬差距对企业创新产出、创新投入和创新效率的影响假设。3.3是计量模型设定与变量。3.4是数据说明与描述性统计。3.5是针对不同所有权性质企业，分样本实证分析了内部薪酬差距对企业创新产出、创新效率和创新投入的影响。3.6是稳健性检验。3.7是本章小结。

第4章隐性薪酬差距与企业创新。本章分为：4.1是引言。4.2是理论分析与研究假设。基于产权理论、相关公司理论、经济学原理、管理学原理和现有文献的结论，针对不同所有权性质企业，提出了相应的隐性薪酬差距对企业创新产出、创新投入和创新效率的影响假设，同时也提出了监督指标（股权集中度、机构投资者持股比例、市场化指数）对隐性薪酬差距影响创新投入的调节效应假设。4.3是针对不同所有权性质企业，分样本实证分析了隐性薪酬差距对企业创新产出、创新效率和创新投入的影响。4.4认为股权集中度、机构投资者持股比例和市场化指数是隐性薪酬差距的重要监督指标，考察了监督指标（股权集中度、机构投资者持股比例、市场化指数）对隐性薪酬差距影响创新投入的调节效应。针对不同所有权性质企业，采用平衡面板门槛回归实证分析了只有在适度监督下，隐性薪酬差距的提高才能或才能更好地促进企业创新投入。同时，分析了隐性薪酬差距影响创新投入的作用机制。4.5 是本章小结。

第 5 章结论、政策建议和研究展望。本章分为：5.1 根据前文关于内部薪酬差距、隐性薪酬差距对企业创新影响的理论与实证分析，总结了全书的主要研究结论；5.2 对中国企业的薪酬差距管理提出了政策建议；5.3 分析了本书研究的局限性，并提出了本主题有待进一步研究的问题。

本书技术路线图如图 1－1 所示。

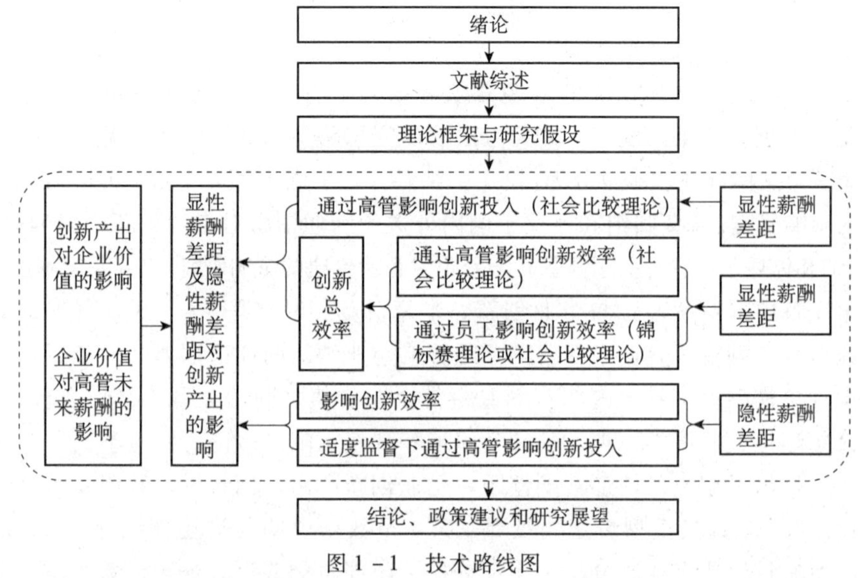

图 1－1　技术路线图

1.7　本书的创新之处

1.7.1　研究内容方面

首先，从国内外现有文献看，本书较早地研究了①企业内部高管员工薪酬差

① 本书关于内部薪酬差距影响创新产出、创新投入和创新效率的初稿完成于 2016 年 9 月。

距对创新产出、创新投入和创新效率的影响，更重要的是把创新投入、创新效率和创新产出纳入同一个框架分析。

一是部分学者研究了内部高管员工薪酬差距对创新投入的影响。解维敏（2017）利用 2007—2015 年中国沪深上市 A 股非金融类企业数据，采用负二项回归，研究发现企业内部高管员工薪酬差距与创新投入（研发投入占总资产之比）都呈倒“U”型关系。王晓云和许家云（2019）利用 2007—2017 年中国上市企业数据研究发现薪酬管制显著促进了企业创新投入，薪酬水平和薪酬差距是薪酬管制影响企业创新投入的重要渠道。

二是部分学者研究了内部高管员工薪酬差距对创新效率的影响。翟淑萍等（2017）利用 2010—2015 年中国沪深上市高新技术企业数据，采用柯布－道格拉斯生产函数，以研发投入额为资本投入、以技术人员数为人力投入，借助随机前沿模型估计创新效率，研究发现企业内部高管员工薪酬差距对创新效率存在负向影响。该文研究样本有限，未区分产权性质。更值得注意的是，以技术人员数测算而得的创新效率与企业内部高管与全体普通员工薪酬差距不对等。

三是大部分学者研究了内部高管员工薪酬差距对创新产出的影响。江轩宇（2016）借助内部薪酬差距解释了地方国有企业股权层级对创新产出的影响机理，但文中对内部薪酬差距影响创新产出问题并未深入研究。解维敏（2017）研究发现内部薪酬差距与企业创新产出（专利申请数的自然对数）呈倒“U”型关系。李文贵和邵毅平（2017）研究发现国有上市企业内部高管员工薪酬差距对创新产出（发明专利申请数）存在正向影响。孔东民等（2017）研究发现在未区分产权性质情况下，中国上市企业的内部管理层与员工薪酬差距（该文中未考虑管理层的股权薪酬）对低质量的创新产出（实用新型专利和外观设计专利之和）存在正向影响，得出管理层薪酬溢价是内部薪酬差距推动企业创新产出的主导因素。陈效东（2017）文中提到高管与核心员工薪酬差距的缩小会降低高管与核心员工之间的代理成本[①]，从而提高企业的创新产出（发明专利申请数）。江伟等（2018）研究发现国有企业高管员工薪酬差距越大，企业的创新质量（以发明专利申请数占发明专利与实用新型申请数总和的比重衡量）越差。傅沂和姚倩文（2018）研究发现当薪酬差距较低时，管理层和员工薪酬差距能促进企业创新数量（非发明专利申请量）。傅颀等（2020）利用 2012—2016 年中国 A 股上市企

① 事实上，文中并没有借助数据验证这个观点。

业数据研究发现企业内部高管员工薪酬差距对企业创新产出（发明专利申请数）存在正向影响。相对于企业处于成熟期而言，企业处于成长期时该影响更为明显。

总结发现，现有文献都没有同时研究内部薪酬差距对创新投入、创新效率和创新产出的作用，未把创新投入、创新效率、创新产出放入一个逻辑框架综合分析。

其次，现有关于内部薪酬差距对企业价值的影响机制的研究还不够完善，本书为内部薪酬差距影响企业价值的机制提供了一种新的解释。

最后，现有关于在职消费影响企业创新的研究很少（孙早和肖利平，2015；孙莹，2017），现有研究存在较多欠妥之处且研究不够深入。本书研究了隐性薪酬差距、异常隐性薪酬差距对企业创新的影响，并发现了只有在适度监督下，隐性薪酬差距（其取值等于高管在职消费）的提高才能或才能更有效地促进创新投入。本书对在职消费影响企业创新的研究起到较好的补充作用。

1.7.2 研究视角方面

企业创新包括创新投入、创新效率和创新产出。本书利用中国沪深 A 股上市企业数据，从创新产出对企业价值、企业价值对高管未来薪酬的影响开始研究，倒推内部薪酬差距、隐性薪酬差距对创新产出、创新投入和创新效率的影响。因创新产出由创新投入和创新效率共同决定，然后综合内部薪酬差距、隐性薪酬差距对创新投入和创新效率的影响来验证初始的关于内部薪酬差距、隐性薪酬差距影响创新产出的推断。

1.7.3 核心解释变量构造方面

一是有别于以往绝大部分文献，本书构建企业内部薪酬差距时考虑了薪酬存在当年应付而未付的情况。众多以往文献（如刘春和孙亮，2010；黎文靖和胡玉明，2012；高良谋和卢建词，2015）计算内部薪酬差距时都没有考虑到企业薪酬存在当年应付而未付的情况。二是不同于以往关于高管在职消费影响企业创新的研究，参考王曾等（2014）和 Chen 等（2015）、罗宏和黄文华（2008），分别对在职消费总额经上一年的企业总资产平减、经当期主营业务收入平减来衡量在职消费。孙早和肖利平（2015）研究在职消费对创新投入和创新产出的影响时，直接采用在职消费的总额。孙莹（2017）研究在职消费对企业创新投入的影响时，直接采用对数化的在职消费总额，他们都没有对在职消费总额进行平减处理。显然，如果企业总资产大或者主营业务收入高，那么在职消费总额肯定更高，所以对在职消费总额不进行平减的做法欠合理。

1.7.4　研究样本分类方面

对于所有权性质不同的企业，创新产出对企业价值的影响存在差异（刘张发和田存志，2017），本期企业价值会增加下期高管薪酬（杜兴强和王丽华，2007），高管薪酬对企业业绩的敏感性也存在差异（Zhang 等，2003；Firth 等，2006），只有创新产出的提高可使高管未来获得的薪酬增加时，内部薪酬差距的提高（因工资向下调整存在刚性，意味着高管薪酬增加）或者隐性薪酬差距的提高才能促进创新产出增加。因此，本书利用中国沪深 A 股上市企业数据，将样本分为中央国有企业、地方国有企业和民营企业，以考察内部薪酬差距、隐性薪酬差距对企业创新投入、创新效率和创新产出影响的异质性。

第2章 文献综述

2.1 关于薪酬差距影响企业创新的研究

2.1.1 企业内部高管团队薪酬差距对企业创新的影响

一是关于企业内部高管团队薪酬差距影响企业创新投入的研究。巩娜和刘清源（2015）利用手工收集的2012年中国民营企业上市企业高管薪酬数据，借助行为理论、锦标赛理论和堑壕理论，考察了企业内部高管团队薪酬差距对企业创新投入的影响，并考察了高管团队规模、控股股东对该影响的调节作用。研究发现：民营企业高管团队薪酬差距对企业研发支出存在显著的正向影响，且该正向影响受到高管团队规模及控股股东持股比例的抑制。朱琪和关希如（2019）利用2009—2013年A股上市企业数据，研究发现高管团队薪酬水平差距的提高并不能促进企业创新投入，高管股权激励能促进企业创新投入。康华等（2020）利用2007—2018年上市企业数据，考察了企业高管内部薪酬差距（CEO级与VP级高管（副总经理级））对企业创新投入的影响，研究发现：企业高管内部薪酬差距对创新投入存在显著负向影响；经营风险对内部薪酬差距影响创新投入的调节作用在国有企业和民营企业中显著不同。

二是关于企业内部高管团队薪酬差距影响企业创新效率的研究。Jia等（2016）利用美国1992—2012年上市企业数据，研究发现CEO与其他高管的薪酬差距对专利数量、专利质量、创新效率、专利的重要性和专利的新颖性产生正向影响。Shen和Zhang（2017）利用Compustat Execucomp数据库数据，研究发现CEO与其下一层级高管的薪酬差距对创新效率（每百万美元取得的专利和专利引用）产生正向影响。

三是企业内部高管团队薪酬差距影响企业创新产出的研究。Kim 和 Koo（2016）利用 1994—2006 年行政报酬数据库（ExecuComp database）数据，借助两阶段最小二乘法，考察了企业内部高管团队薪酬差距对企业专利引用的影响，研究发现企业内部高管团队薪酬差距对企业专利引用存在显著的正向影响。Jia 等（2016）利用美国 1992—2012 年上市企业数据，研究发现 CEO 与其他高管的薪酬差距对专利数量、专利质量、创新效率、专利的重要性和专利的新颖性产生正向影响。孙慧和任鸽（2020）采用 CEO 的薪酬与高管团队成员（除 CEO 外）的平均薪酬之差来衡量高管团队垂直薪酬差距，利用 2011—2016 年中国高新技术上市企业数据，研究发现高管团队垂直薪酬差距对企业创新产出（三类专利申请数之和再加 1 取自然对数）具有显著的正向影响，国际化战略在该影响中起到中介作用。组织惯性会提高高管团队垂直薪酬差距对企业创新产出的促进作用，同时也会提高国际化战略对企业创新产出的促进作用。牛建波等（2019）利用 2005—2016 年中国上市企业数据，考察了企业内部高管团队薪酬差距对企业创新产出的影响。研究发现：薪酬差距对专利授予数量存在显著的正向影响，但对企业专利申请数量的影响不显著；与发明专利授权数相比，薪酬差距对实用新型和外观设计专利授权数的影响更显著；监督型治理模式对薪酬差距影响发明专利授权数存在负向调节作用。张蕊等（2020）将薪酬排名前四的非 CEO 高管确定为关键下属高管，以 CEO 薪酬与关键下属高管薪酬均值之差的对数来衡量关键下属高管与 CEO 之间的薪酬差距，利用 2006—2016 年中国 A 股上市企业数据，研究发现关键下属高管与 CEO 薪酬差距对企业创新产出（发明专利申请数加 1 取自然对数）存在正向影响，该影响主要体现在关键下属高管晋升 CEO 的机会较大时、国有企业和技术密集型行业中，其中关键下属高管与 CEO 薪酬差距促进企业创新产出的重要作用机制是降低了代理成本。同时，还发现关键下属高管与 CEO 薪酬差距能提升企业创新产出对企业价值的促进作用。

2.1.2　企业高管外部薪酬差距对企业创新的影响

翟淑萍等（2017）以企业前三高管薪酬与同行业企业的前三高管薪酬平均值之比来衡量企业高管外部薪酬差距，利用 2010—2015 年中国沪深上市高新技术企业数据，研究发现高管外部薪酬差距能够激励企业增加创新投入，而且处于成长期的企业该影响更为明显，市场竞争程度的提高能提升高管外部薪酬差距对企业创新投入的促进作用。栾甫贵和纪亚方（2020）也以企业前三高管薪酬与同行业企业的前三高管薪酬平均值之比来衡量企业高管外部薪酬差距，以创新投入与营业收入之比来衡量企业创新投入，以发明专利除以发明专利、实用新型专利和外观设计专利之和来衡量企业创新质量。他们利用 2009—2017 年沪深 A 股上市企业数据，研究发现企业高管前三名薪酬比同行业高管前三名薪酬均值高时，外部薪酬差距能显著促进企业创新投入和创新质量，而且该促进作用在非国有企业中更为显著。公司治理水平越高，企业外部薪酬差距对企业创新投入和创新质量的促进作用越强。相反，企业高管前三名薪酬比同行业高管前三名薪酬均值低时，管理者的不公平感会抑制企业创新投入和创新质量，而且该抑制作用在非国有企业中更为显著。此时，公司治理水平越高，企业外部薪酬差距对企业创新投入和创新质量的抑制作用越强。

2.1.3 企业内部高管员工薪酬差距对企业创新的影响

根据笔者掌握的资料，国内外关于企业内部高管与普通员工薪酬差距影响创新的研究不多，主要出现在 2017 年及之后。

一是有学者研究了内部高管员工薪酬差距对创新投入的影响。解维敏（2017）利用 2007—2015 年中国沪深上市 A 股非金融类企业数据，采用负二项回归，考察了高管与员工薪酬差距对创新产出（专利申请数的自然对数）的影响，研究发现内部薪酬差距与企业创新产出、创新投入（研发投入占总资产之比）都呈倒“U”型关系。但该文中没有给出内部薪酬差距的详细计算公式，很可能未考虑到企业存在薪酬应付而未付的情况，也没有考虑到该种影响的产权异质性，文中解释变量都没有取滞后一期。专利申请数既然取了自然对数，就不应该采用负二项回归，而应该采用 Tobit 回归。专利申请数不取自然对数时才适合采用负二项回归。更重要的是，该文中有的倒“U”型曲线最高点处对应的薪酬差距取值大于样本中薪酬差距的最大值，即样本都在倒“U”型曲线对称轴的左边，说明实际上薪酬差距与创新产出正相关。王晓云和许家云（2019）利用 2007—2017 年中国上市企业数据研究发现薪酬管制显著促进了企业创新投入，薪酬水平和薪酬差距是薪酬管制影响企业创新投入的重要渠道。

二是有学者研究了内部高管员工薪酬差距对创新效率的影响。翟淑萍等（2017）利用 2010—2015 年中国沪深上市高新技术企业数据，采用柯布—道格拉斯生产函数，以研发投入额为资本投入、以技术人员数为人力投入，借助随机前沿模型估计创新效率，研究发现企业内部高管员工薪酬差距与创新效率负相关。该文研究样本范围有限，没有区分产权性质，更值得注意的是，以技术人员数测算而得的创新效率与企业内部高管与全体普通员工薪酬差距不对等。

三是大部分学者研究了内部高管员工薪酬差距对创新产出的影响。江轩宇（2016）利用2004—2012年沪深A股非金融类上市企业数据，借助内部薪酬差距解释了地方国有企业股权层级对其创新产出的影响机制，但文中对内部薪酬差距影响创新产出问题并没有深入研究。解维敏（2017）利用2007—2015年中国沪深上市A股非金融类企业数据，采用负二项回归，考察了高管与员工薪酬差距对创新产出（专利申请数的自然对数）的影响，研究发现内部薪酬差距与企业创新产出、创新投入（研发投入占总资产之比）都呈倒“U”型关系。李文贵和邵毅平（2017）利用2003—2010年中国沪深上市非金融类国有企业数据，研究发现国有上市企业内部高管员工薪酬差距与创新产出（发明专利申请数）正相关，但该文没有考虑到企业存在薪酬应付而未付的情况。孔东民等（2017）利用2000—2010年中国沪深上市非金融类企业数据，采用管理层平均薪酬与普通员工平均薪酬之比来衡量企业内部薪酬差距，研究发现在没有区分所有权性质情况下，中国上市企业的内部薪酬差距与企业低质量的创新产出（实用新型专利和外观设计专利之和）正相关，得出管理层薪酬溢价是企业内部薪酬差距推动企业创新产出的主导因素。该文中的内部薪酬差距没有纳入高管股权薪酬。陈效东（2017）利用2006—2015年A股非金融类上市企业数据，研究发现高管与核心员工薪酬差距（平均薪酬差值的对数）与企业创新产出（专利申请数）负相关，不过文中的核心员工薪酬是估算值。因工资向下调整存在刚性，企业内部薪酬差距扩大意味着高管薪酬的提高，因此可以借鉴现有关于高管薪酬对创新的影响的研究。江伟等（2018）利用2001—2010年沪深上市企业数据，研究发现国有企业高管员工薪酬差距越大，企业的创新质量（以发明专利申请数占发明专利与实用新型申请数总和的比重衡量）越差。在央企和非高新技术国有企业中，该影响更为明显。而在央企高管薪酬透明度提高后，该影响有所减弱。傅沂和姚倩文（2019）以企业前三名高管平均薪酬与员工平均薪酬之差的对数来衡量高管员工薪酬差距，利用2007—2015年中国上市企业数据，研究发现高管员工薪酬差距对企业创新数量（实用新型和外观设计专利申请量之和）和质量（发明专利申请数）都存在正向影响。当高管员工薪酬差距较低时，高管员工薪酬差距对企业创新数量和质量的影响更为显著。同时，企业融资约束对该影响起到反向调节作用。进一步分解高管员工薪酬差距后，发现高管薪酬溢价对企业创新存在正向影响，而员工薪酬溢价对企业创新质量存在正向影响的同时，对企业创新数量存在负向影响，并且该影响在非国有企业中更加显著。傅颀等（2020）利用2012—2016年中国A股上市企业数据研究发现企业内部高管员工薪酬差距对企业创新产出（发明专利申请数）存在正向影响。相对于企业处于成熟期而言，企业处于成长期时该影响更为明显。

2.1.4 企业的其他类型薪酬差距对企业创新的影响

Yanadori和Cui（2013）利用咨询公司收集的1997—2002年高科技企业数据，研究发现企业内部研发部门员工的薪酬差距与创新产出负相关。Wang等（2015）以企业普通员工薪酬的基尼系数衡量内部薪酬差距，考察了内部薪酬差距对员工参与率和离职率的影响，同时以调查问卷形式得到的每年度是否引进新产品或者新生产工艺二值变量来衡量企业创新产出，考察了员工参与率和离职率对企业创新产出的影响，该文的不足之处是以调查问卷形式得到的员工参与率和创新产出二值变量不够准确。杨婵等（2017）利用世界银行2004年对中国120座城市所做的经营环境抽样调查数据，将新创企业（寿命小于等于8年）内部薪酬差距分为高层—中层及中层—基层两个层面，研究发现高层—中层及中层—基层两个层面的薪酬差距与企业研发投入强度呈显著的倒“U”型关系。该文采用“总经理年收入比中层管理者年收入多出几倍”来衡量高层—中层薪酬差距，采用“中层管理人员年收入比普通员工年收入多出几倍”来衡量中层—基层薪酬差距。文中并没有对中层管理人员给出详细的界定，也没有给出高层—中层薪酬差距和中层—基层薪酬差距的详细计算公式。该文仅利用了2004年一年的截面数据。

2.1.5 高管薪酬对企业创新的影响

一是部分文献仅研究了高管薪酬对创新投入的影响。唐清泉和易翠（2010）利用2002—2006年沪深上市企业数据，研究发现高管持股对企业创新投入存在正向作用，该正向作用在高管持股比例很低时不显著。夏芸和唐清泉（2011）利用2002—2006年沪深上市企业数据，研究发现国有企业高管股权激励越高，高管自主创新倾向越高，私有企业高管薪酬对企业技术创新未发现显著影响。徐宁（2013）利用2007—2010年中国高科技上市企业数据，考察了高管股权激励对企业创新投入的影响，研究发现股权激励对企业创新投入存在促进作用。但高管股权激励与企业创新投入存在倒“U”型关系，股权激励增加到一定程度之后，企业创新投入将逐渐递减。

二是也有文献研究了高管薪酬对创新投入和产出的影响。Balkin 等（2000）利用来自 Forbes 数据库的 90 家高科技企业数据，研究发现 CEO 短期薪酬会对企业专利、研发投入产生影响，但 CEO 长期薪酬未表现出该影响。针对 74 家低科技企业分析得到，CEO 短期薪酬和长期薪酬对企业创新都未发现显著影响。Lin 等（2009）利用世界银行在中国 18 个城市 1088 家私营制造业企业的调查数据，考察了高管激励对企业创新的影响。研究发现：CEO 激励方案能促进企业的创新投入强度和创新业绩（采用新产品销售收入来衡量），基于销售业绩的激励方案比基于利润的激励方案更能促进企业创新。CEO 的教育水平、职业背景、政治关联对创新投入强度存在正向影响。李春涛和宋敏（2010）利用世界银行在中国 18 个城市 1483 家制造业企业的调查数据，考察了经理人薪酬对企业创新投入、创新产出的影响，研究发现 CEO 薪酬对企业创新存在正向影响，国有产权会降低 CEO 薪酬对企业创新的正向作用。其中，除李春涛和宋敏（2010）、夏芸和唐清泉（2011）外，大部分学者没有考虑到高管薪酬对不同所有权性质企业创新的影响存在异质性，现有文献也缺乏综合研究高管薪酬对创新投入、创新效率和创新产出的影响。

2.2　关于在职消费影响企业创新的研究

2.2.1　在职消费的影响因素

（1）货币薪酬与在职消费的替代关系

陈冬华等（2010）考察了市场化水平与不同激励构成的契约成本的关系，研究发现随着年份和地区市场化指数的提高，货币薪酬代替在职消费就越多。傅颀和汪祥耀（2013）利用 2007—2011 年 A 股非金融类上市企业数据，考察了高管货币薪酬对在职消费的替代关系，研究发现：国有企业相对于民营企业更倾向于采用货币薪酬替代在职消费，中央国有企业的替代意愿更强烈。蒋涛和廖歆欣（2020）考察了隐性薪酬在职消费与显性薪酬不同组成部分的关系，研究发现高管在职消费越高，其基本薪酬越低，绩效薪酬占比越小，超额薪酬也越高。与民营企业相比，国有企业中在职消费与超额薪酬的正相关性更为显著。

（2）高管在职消费的影响因素

一是从高管特征视角研究在职消费。张铁铸和沙曼（2014）利用2010—2012年沪深主板上市企业为样本，考察了管理者能力和权力对在职消费的影响。研究发现：管理层能力与在职消费负相关，管理层权力与在职消费正相关。张宏亮等（2018）利用2004—2014年上市企业数据，采用双重差分法，研究发现：国有企业高管政治晋升对高管在职消费存在负向影响；地方国有企业高管超额在职消费程度高于中央国有企业高管在职消费程度。王明虎和荣益辰（2018）利用2010—2016年中国上市企业数据，研究发现：国有企业高管政治背景级别越高，在职消费越高；“八项规定”对该影响产生了抑制作用，并且对于政治背景越高的国有企业高管，“八项规定”的抑制作用更强；进一步发现，“八项规定”的抑制作用在不同年份及对处于不同市场化程度的企业存在差异。刘艳霞和祁怀锦（2019）利用2008—2015年中国A股上市企业数据，考察了融资融券和管理者自信对在职消费的影响。研究发现：管理者自信与在职消费呈“U”型关系，融资融券降低了企业的超额在职消费水平；融资融券会降低管理者自信对在职消费总额及超额在职消费的抑制作用。张晓亮等（2020）利用2010—2016年中国沪深A股上市企业数据，考察了CEO学术经历对高管在职消费行为的影响。研究发现：CEO学术经历利于CEO强化道德自觉、提高道德自律，进而降低企业高管在职消费。该作用在自由现金流更多、董事会规模较大或独立性较低、外部审计较弱及产品市场竞争程度较低等企业内外部治理环境更差的企业中更大。杨兴全等（2020）利用2007—2017年中国A股上市企业数据，考察了CEO变更对企业现金持有的影响。研究发现CEO变更通过抑制过度投资和在职消费，进而会显著提高企业的现金持有水平。

二是从企业治理视角研究在职消费。陈晓珊（2016）研究发现：公司外部治理能显著降低高管在职消费、提高公司绩效；公司内部治理对高管在职消费和公司绩效的影响在不同所有权性质企业存在差异；高管薪酬水平对公司绩效存在正向影响。刘银国等（2016）以2006—2014年中证央企指数中的306家国有上市企业为样本，考察了企业自由现金流对在职消费的影响，研究发现现金股利的派送可降低自由现金流导致的高管在职消费。梁勇等（2017）利用2009—2013年中国沪深上市企业数据，考察了自由现金流量、机构投资者对在职消费的影响。

研究发现：自由现金流量越多，在职消费可能越多；机构投资者能一定程度上约束在职消费，即机构投资者对高管在职消费存在负向影响；不同类型的机构投资者对高管在职消费的影响存在差异。贾婧等（2017）研究发现会计稳健性的提高能降低高管的在职消费，与国有企业相比，该影响在非国有企业中更为明显。张修平和高鹏（2019）利用中国 2007—2015 年企业集团上市公司数据，考察了企业集团内部超额在职消费的传染效应。研究发现企业集团内部存在超额在职消费的传染效应，该效应主要发生在媒体监督水平较低和内部控制质量较差的企业。王化成等（2019）用 2007—2016 年中国沪深上市企业数据，研究发现企业战略对超额在职消费存在显著的正向影响，良好的企业治理机制和更好的管理者能力对该影响起到抑制作用。孔昌玲等（2019）考察了实际控制人同时控股多家上市企业对高管超额在职消费的影响，研究发现上市公司实际控制同时控股多家上市公司时，该上市公司超额在职消费水平显著高于其他上市公司，该影响在民营企业和分析师关注度较高的企业中不显著，并且媒体监督较高企业和党的十八大之后，该影响得到显著的抑制。刘超（2019）等考察了高管同姓关系对高管在职消费的影响及其作用机制，研究发现：董事长与总经理姓氏相同时，高管在职消费水平更低，该作用只体现在民营企业中，在国有企业中不明显；同姓关系通过降低管理层可自愿支配的现金持有水平和缓解企业的信息不对称程度，进而降低高管在职消费。周泽将和汪帅（2020）利用 2010—2016 年中国 A 股上市企业数据，考察了本地独立董事对国有企业高管在职消费的影响。研究发现：本地独立董事能显著抑制国有企业高管在职消费，且政治关联会弱化该影响、政府补贴会增强该影响；高管在职消费在本地独立董事提高国有企业经营绩效中起到部分中介作用。池国华和郭芮佳（2020）研究发现控股股东股权质押后，控股股东会加强对高管的监督，进而降低高管超额在职消费水平。该影响主要发生在非国有企业、企业内部控制质量较好的企业及场内标准化质押的企业。

三是从企业与政府的关系视角研究在职消费。周玮等（2011）利用沪深 A 股 2005—2007 上市企业数据，考察了政企关系网络对在职消费的影响。研究发现：国有企业的政企关系网络会导致企业更大的在职消费规模，非国有企业的政企关系网络则对在职消费水平存在显著的抑制作用。张奇峰等（2017）研究发现与无政治关联的民营企业，具有政治关联的民营企业在职消费更低。廖歆欣和刘运国（2016）利用 2008—2012 年中国 A 股上市企业数据，考察了企业避税程度对在职消费的影响。研究发现：企业激进的避税活动提高了内部人和外部股东之间的信息不对称程度，得出企业避税程度与在职消费正相关，来自企业内外部的监督力量越强，两者的正相关性越弱。蔡蕾和李心合（2016）结合2008年实施的新企业所得税，利用2004—2013年中国A股上市企业数据，考察了税率调整、公司避税与高管在职消费的关系。研究发现：公司避税对高管在职消费存在正向影响；税率提高时会增加避税行为中的在职消费，税率降低时会抑制避税行为中的在职消费。彭红星等（2020）利用2009—2014年中国A股高科技行业上市企业数据，探讨了政府创新补助对企业高管自娱性在职消费行为的影响。研究发现：政府创新补助对高管自娱性在职消费水平存在正向影响；2013年实施“后补助”政策后，在非国有企业中该影响更为显著，而在国有企业中该影响得以显著减弱。

四是从企业外部环境视角研究在职消费。王小龙和许敬轩（2017）利用中国县级财政经济统计数据，考察了财政“省直管县”改革对基层公职人员在职消费的影响，研究发现财政“省直管县”改革缩小了县域人均行政管理费用、行政管理费用支出与总财政支出的比值。杨蓉（2018）利用2009—2014年中国A股上市企业数据，考察了契约参考点、高管薪酬与超额在职消费之间的关系。研究发现：契约参考点对在职消费存在正向影响，高管薪酬对该影响存在负向调节作用，该调节作用对不同产权、不同经理人市场化程度的企业存在差异；高管薪酬对超额在职消费存在负向影响。潘越等（2020）以明清进士数量的地域分布衡量儒家文化的积淀，研究发现儒家文化越浓厚时，通过影响高管自身的节俭意识和市场的道德约束，进而降低高管的在职消费。该影响在民营企业、陷入经营困境的企业及分析师跟踪较少的企业更为明显。刘飞等（2020）利用2007—2014年中国上市企业数据，采用双重差分模型，研究发现股票卖空压力会缓解信息不对称程度和降低委托代理问题，进而抑制高管的在职消费。于双丽和权小锋（2020）利用2005—2015年中国上市企业数据，考察了空气质量对企业高管在职消费的影响及经济后果。研究发现：空气质量与对高管在职消费存在显著的负向影响；相对于国有企业，非国有企业中该影响更为显著；政策监管环境越强，空气质量对高管在职消费的负向影响更显著；市场化进程越快，空气质量对高管在职消费的负向影响更大。

（3）在职消费的监督管理

一是从企业内部治理监督视角研究在职消费。牟韶红等（2016）利用2007—2014年非金融上市企业数据、厦门大学内部控制指数，考察了上市企业内部控制对高管在职消费的影响。研究发现：高质量的内部控制能显著抑制高管的超额在职消费，并且该影响在国有企业更为明显；2009 年限薪令和 2012 年“八项规定”政策实施后，公司内部控制对高管超额在职消费的抑制作用更明显。胡明霞（2017）研究发现内部控制质量对高管在职消费存在显著的负向影响，总经理集中的结构权力对该影响存在负向调节作用。施屹舟和范黎波（2017）利用 2008—2014 年中国 A 股上市企业数据，研究发现内部控制质量水平的提高会降低企业的向上盈余管理，进而降低管理者的在职消费。代彬等（2020）把党组织嵌入分为双向进入和交叉任职，利用 2010—2017 年 A 股国有上市企业数据，研究发现：双向进入能显著遏制攫取超额薪酬、拉大薪酬差距和增加超额在职消费等 3 种自利行为，交叉任职仅仅对国企高管攫取超额薪酬存在遏制作用，高质量审计可提高党组织嵌入对国企高管攫取超额薪酬和超额在职消费的遏制作用。与中央国有企业和公益类国有企业相比，地方国有企业和商业类国有企业的党组织嵌入对国企高管自利行为的遏制作用更强。

二是从政府监督视角研究在职消费。梅洁和葛扬（2016）把国有上市企业视为处理组、把民营企业视为控制组，利用 2012 年和 2013 年两年数据（稳健性分析中利用 2012 年和 2014 年两年数据替代），采用双重差分法考察了“八项规定”政策对在职消费总额（对数形式）及其增长率、在职消费总额占主营收入比例及其增长率的影响，研究发现：该政策对在职消费总额和在职消费总额占主营收入比的影响不显著，但是对它们的增长率起到显著地抑制作用。褚剑和方军雄（2016）以 2010—2015 年审计署实施的中央企业审计事件为准自然实验，借助双重差分方法，考察了政府审计对国有企业高管超额在职消费的影响，研究发现：政府审计对央企控股上市企业高管的超额在职消费存在负向影响。上市企业公司治理越好、审计署监督力度越强，该种负向作用越大。窦祥胜等（2017）以 2012 年财政部要求上市公司分批执行内部控制规范并提供内部控制评价、内部控制审计报告的外生政策为切入点，采用双重差分模型，研究发现内部控制的执行能显著降低高管薪酬、抑制高管在职消费、提高公司业绩。郝颖等（2018）考察了规范国有企业在职消费行为的政策对企业在职消费的影响，研究发现该监管政策可有效地降低企业高管在职消费，该作用在地方国有企业表现更加明显，而且该影响在市场化程度低的地区更为突出。周军等（2018）采用双重差分模型，基于国有企业高管权力视角考察了“八项规定”对高管在职消费的影响。研究发现：“八项规定”能显著降低国有企业高管的过度在职消费；实施政策初期，该影响对于低权力高管的抑制作用更强，但后期该差异逐渐减少。林琳和潘琰（2019）利用2010—2017年中国A股上市企业数据，考察了“八项规定”对国有企业高管权力助长超额在职消费的治理作用。研究发现：四个维度的高管权力（结构权力、专家权力、所有权权力、声誉权力）均会导致高管超额的在职消费，其中结构权力和专家权力更容易发生该现象；“八项规定”的实施对结构权力引发的超额在职消费的影响不明显，但可抑制其他3种权力对超额在职消费的助推作用。杨野等（2019）利用被巡视国有企业的下属上市企业数据，采用PSM-DID的方法，考察了党的巡视对企业腐败行为的影响。研究发现：党的巡视制度能显著降低国有企业高管的超额在职消费，该影响在垄断程度较高的行业更为显著；党的巡视通过加强媒体监督、约束地方保护主义，进而降低国有企业高管的超额在职消费。池国华和朱俊卿（2020）利用2007—2016年沪深A股中央国有企业和民营上市企业数据，综合采用双重差分法和中介效应分析法，考察了2009年的《中央企业负责人经营业绩考核暂行办法》对高管超额在职消费的影响。研究发现实施该办法显著地降低了央企高管的超额在职消费，该作用主要是通过提高薪酬契约的激励效率来实现，而且该作用主要在产权保护与法律执行力度强的地区显著，在产权保护与法律执行力度弱的地区不显著。

三是从媒体监督视角研究在职消费。翟胜宝等（2015）利用2006—2010国有上市企业数据，考察了媒体监督对国有上市企业高管在职消费的影响，研究发现媒体能有效监督国有上市企业高管的在职消费。薛健等（2017）利用2008—2015年中国A股上市企业数据，借助犯罪经济学中的威慑理论，考察了曝光机制对高管超额在职消费的影响，研究发现高管腐败曝光会降低同省份或同行业企业的超额在职消费。耿云江和王海雯（2017）利用2010—2014年中国A股上市企业数据，研究发现：中国上市企业普遍存在在职消费粘性；与非国有企业相比，国有企业在职消费的粘性更高；媒体监督能降低高管在职消费的粘性程度，该影响在国有企业中更明显。

2.2.2 在职消费的经济后果

目前，学者对在职消费的经济后果存在不同的观点。

第一，部分学者认为在职消费具有负面效果。

一是在职消费对企业业绩的影响。Yermack（2006）的研究表明在职消费会增加企业的代理成本。Jensen 和 Meckling（1976）、罗宏和黄文华（2008）[①]、冯根福和赵珏航（2012）研究发现在职消费的增加会降低企业业绩。

二是在职消费对企业价值的影响。Jensen 和 Meckling（1976）、卢锐等（2008）研究发现在职消费的增加会降低企业价值。张奇峰等（2017）研究发现：民营企业在职消费对企业价值存在负向影响，政治关联会弱化该负向影响；民营企业政治关联可节约企业的交易成本、降低政府的利益侵占，进而提高企业价值；与无政治关联的民营企业，具有政治关联的民营企业在职消费更低。陈怡秀和孙世敏（2018）利用 2011—2016 年中国上市企业年报数据，研究发现：在职消费中的货币薪酬补充成分对高管存在激励作用；在职消费中的维系关系成分是一种关系资本投资，主要用于维系公司与政府关系而非客户关系；自娱性在职消费会产生代理成本，不利公司价值。

三是在职消费对其他方面的影响。Xu 等（2014）利用 2003—2010 年中国国有上市企业数据，考察了高管超额在职消费对企业股价暴跌风险的影响。研究发现：高管超额在职消费对股价暴跌风险存在正向影响，企业外部监督可降低该正向影响，高管接近退休时该正向影响表现更明显。耿云江和王明晓（2016）利用 2010—2014 年沪深 A 股主板上市非金融类企业数据，考察了高管超额在职消费对高管货币薪酬业绩敏感性的影响。研究发现：超额在职消费会显著削弱货币薪酬业绩敏感性，媒体监督会降低该影响。该影响及媒体监督的调节作用在国有企业变现更为明显。王新安和张春梅（2016）利用 2011—2014 年中国沪深 A 股 387 家上市企业数据，考察了高管在职消费对会计信息透明度的影响。研究发现：高管在职消费对会计信息透明度存在负向影响；正面报道和负面报道的增加都会降低高管在职消费对会计信息透明度的负向影响。王东清和李静（2017）利用 2012—2015 年中国沪深 A 股制造业上市企业数据，考察了正常的在职消费和超额在职消费对盈余管理的影响，研究发现：超额在职消费会引发高管盈余管理行为；与非国有企业相比，该影响在国有企业中更为显著；市场化程度的提升能降低高管超额在职消费导致的盈余管理。张洪辉和章琳一（2018）利用国有上市企业数据，研究发现：高管在职消费不能提升公司风险承担水平，高管在职消费体现了代理冲突；中央反腐败政策对该影响起到正面调节作用。

① 罗宏和黄文华（2008）发现国有企业高管在职消费对企业业绩产生负向影响，对于非国有企业这种影响并不明显。

第二，部分学者认为在职消费具有正面效果。他们认为作为高管的隐性薪酬，在职消费对高管起到正面激励。

一是在职消费对企业业绩的影响。Rajan 和 Wulf（2004）利用 1986—1999 年美国 300 家企业数据，考察了高管在职消费对企业生产效率的影响，研究发现在职消费可提高企业生产效率。李焰等（2010）利用 2003—2008 年上市企业数据，考察了高管在职消费与员工工资的关系、在职消费对企业绩效的影响。研究发现：国有企业在职消费对企业绩效具有正向激励作用，该激励作用随着员工工资的增加而显著降低；民营企业不存在该影响机制。Adithipyangkul 等（2011）利用 1999—2004 中国上市企业数据，考察了高管在职消费的决定因素、高管在职消费对企业业绩的影响。研究发现：在职消费能促进企业当期、未来资产回报率的提高，说明某些类型的在职消费可提高企业的盈利能力。孙世敏等（2016）利用 2010—2012 沪深上市非金融类企业数据，考察了在职消费的经济性质和经济效益、公司治理对在职消费的影响。研究发现：在职消费对相对净资产报酬率（净资产报酬率扣除行业平均净资产报酬率）存在显著正向影响。股权集中度、机构投资者持股比例较高的企业，在职消费表现出较强的“效率观”，而股权集中度、机构投资者持股比例较低的企业，在职消费对企业业绩未发现显著影响。陈怡秀等（2017）利用 2012—2014 年中国上市企业数据，考察了在在职消费的经济效应（企业的资产报酬率 ROA）及高管异质性对该效应的影响。研究发现：中国企业的在职消费基本表现为积极效应；与早期相比，中期时在职消费的正向作用有所提高；与非晚期相比，晚期在职消费的正向作用有所降低；学历、两职兼任、高管政府背景对在职消费的经济效应存在显著的正向调节作用，女性高管对其存在显著的负向调节作用。孙世敏等（2018）利用 2010—2016 年中国上市企业数据，研究发现高管在职消费与高管关系资源显著正相关，高管关系资源在在职消费提升公司业绩时起到中介效应。陈晓珊和刘洪铎（2019）在理论模型推导的基础上，利用 2003—2015 年中国沪深 A 股上市企业数据，研究发现：高管在职消费与产品市场竞争均能提升公司绩效，两者存在显著的替代关系；该影响在国有企业和民营企业中均存在，但仅存在于低薪酬和小规模企业中。

二是在职消费对企业价值的影响。Chen 等（2015）利用 1999—2010 年中国国有上市企业数据，考察了在职消费对企业价值的影响。研究发现：对于现金流、经济租金、成长性较高的企业而言，高管与员工相对薪酬偏低时，企业高管在职消费表现明显。高管在职消费对企业价值存在显著正向影响，该正向影响小于货币薪酬的正向影响。廖歆欣等（2019）利用2003—2014年中国A股上市企业数据，考察了在职消费通过彰显“地位”“威望”等对企业高管产生的激励作用。研究发现：民营企业中在职消费更可能发挥精神层面的激励作用；在货币薪酬等物质激励得到相对满足的情况下，体现“地位”“威望”等精神因素的激励契约具有更高的激励相容性，能提高内部资源配置效率，进而提升股东价值。

第三，也有学者认为在职消费具有双面效果。陈晓珊（2017）考察了高管在职消费与货币薪酬的治理效应，研究发现：高管在职消费与企业绩效呈倒“U”型关系，体现了高管在职消费具有“代理观”与“效率观”的双重属性；高管货币薪酬促进企业绩效的边际效应远大于在职消费的边际效应。

第四，在职消费对企业创新的影响。上述众多学者对在职消费的经济后果做了研究，根据笔者掌握的资料，国内外关于在职消费影响企业创新的研究较少。其中，孙早和肖利平（2015）利用2010—2012年战略性新兴产业A股上市企业数据，考察了产业特征、公司治理对企业研发投入的影响，经验研究发现非国有企业高管在职消费额与研发强度、人均授权专利数都负相关，对于国有企业这种相关性并不存在，该文的欠妥之处有：时间跨度短、样本范围有限、在职消费既没有对数化也没有经总资产或主营业务收入平减处理、人均授权专利存在滞后性；如果在国家知识产权网没有查询到企业的专利授权，则认为该企业的专利授权为0，这种做法也欠合理，因为现实中有的企业实际上有技术创新，但可能不会去申请专利，这种情况应把该企业的专利视为缺漏值。孙莹（2017）利用1038家战略性新兴产业上市企业2013—2015年的数据，考察了公司治理、研发投入与企业绩效的关系。研究表明对数化的在职消费额与企业研发投入强度正相关，该文也存在时间跨度短、样本范围有限、未考察不同所有权性质企业的异质性等欠妥之处。刘张发和田存志（2017）利用2007—2015年沪深A股非金融类上市企业数据，把样本细分为中央国有企业、地方国有企业和民营企业，研究了在职消费强度对创新的影响。张文婷和郭淑娟（2017）利用2011—2015年中国上市高科技企业数据，考察了在职消费对创新投入的影响。研究发现：隐性薪酬在职消费对创新投入存在显著的正向影响，高管权力会弱化该影响；相对与高科技非国有企业，在高科技国有企业中该影响更为明显。谷丰等（2018）利用2009—2016年创业板上市企业数据，基于企业生命周期视角考察了高管薪酬对企业创新投资的影响。研究发现：高管在职消费强度与企业创新投入（研发投入占总资产之比、研发投入占营业收入之比）正相关，不过文中的在职消费强度只是以管理费用与年末主营业务收入之比来衡量，同时也没有考察该影响的产权异质性。李追阳和余明桂（2018）利用中国沪深A股上市企业数据，考察了“双重管制”（2012年的反腐败运动及2014年的央企薪酬改革）对企业创新的影响。研究发现：“双重管制”提高了国有企业创新投入（研发投资与总资产之比）和创新产出（企业获得的专利总数），还显著提高了国有企业创新效率（专利获得数与专利申请数之比）；该影响的作用机制是在“双重管制”下，公司治理得到优化和高管政治晋升偏好增加。杨继伟和臧嘉琳（2018）利用2014—2016年中国沪深A股上市企业数据，研究发现薪酬激励、在职消费及期权激励都能显著地促进企业创新投入。霍晓萍等（2019）利用2009—2016年沪深A股上市企业数据，考察了三种不同的高管薪酬表现形式（高管货币薪酬、股权薪酬和在职消费）对企业创新投入的影响。研究发现三者均对创新投入存在正向影响，国有资本控股对该影响发挥正向调节作用。

2.3 关于薪酬差距影响企业价值的研究

2.3.1 内部薪酬差距的经济后果

关于内部薪酬差距经济结果的研究比较多，本书回顾了其中的代表性文献。

第一，关于企业内部高管团队薪酬差距的经济后果。杨志强和王华（2014）利用2002—2011年中国上市企业数据，考察了企业内部高管团队薪酬差距对盈余管理程度的影响，研究发现企业内部高管团队薪酬差距，股权集中企业相对于股权分散或存在股权制衡的企业而言，该种正向影响更明显。缪毅和胡奕明（2014）利用手工收集的2005—2010年A股上市企业数据，考察了企业内部高管团队薪酬差距对晋升的影响，研究发现企业内部高管团队薪酬差距对竞争者人数及经营风险存在显著的正向影响，该种影响在民营企业中表现更为突出。雷霆和周嘉南（2014）利用2007—2012年上市企业数据，考察了企业内部高管团队薪酬差距对权益资本成本的影响，研究发现在股权激励作用下，企业内部高管团队薪酬差距对企业权益资本成本存在正向影响，相对于非国有企业，国有企业股权激励与高管团队内部薪酬差距的交互作用对权益资本成本的影响更强。夏宁和董艳（2014）利用深市中小板非金融类上市企业2007—2011年数据，考察了企业内部高管团队薪酬差距对企业成长性的影响，研究发现企业内部高管团队相对薪酬差距对企业成长性得分存在负向影响。张兴亮和夏成才（2016）利用 2007—2014 年 A 股制造业上市企业数据，考察了高管水平薪酬差距、垂直薪酬差距对非 CEO 高管离职的影响。研究发现：非 CEO 高管水平薪酬差距（非 CEO 高管薪酬标准差与非 CEO 高管薪酬均值之比）对非 CEO 高管离职概率存在正向影响，但垂直薪酬差距（CEO 薪酬与非 CEO 平均薪酬之差的自然对数）并不会显著提高非 CEO 高管离职概率。刘思彤等（2018）利用 2012—2015 年沪深两市 A 股上市企业数据，考察了企业内部高管团队薪酬差距对企业风险承担的影响，研究发现：企业内部高管团队薪酬差距对企业风险承担存在显著的负向影响，管理者能力对这种负向影响起到改善作用。

第二，关于企业高管外部薪酬差距的经济后果。张蕊和管考磊（2016）利用手工收集的 1991 年以来的上市公司高管侵占型职务犯罪信息，考察了企业高管外部薪酬差距对高管侵占型职务犯罪的影响。研究发现：如果所处地区法治水平更低及自由现金流更高，则高管外部薪酬差距对高管侵占型职务犯罪存在正向影响。

第三，关于企业内部高管员工薪酬差距的经济后果。Kini 和 Williams（2012）利用美国上市企业数据，考察了企业内部高管员工薪酬差距对企业风险的影响，研究发现锦标激励（企业内部高管员工薪酬差距）对企业风险存在显著正向影响。杨志强和王华（2014）利用 2002—2011 年中国上市企业数据，考察了企业内部高管员工薪酬差距对盈余管理程度的影响，研究发现企业内部高管员工薪酬差距对盈余管理程度存在正向影响，股权集中企业相对于股权分散或存在股权制衡的企业而言，该种正向影响更明显。Connelly 等（2014）研究发现企业内部高管员工薪酬差距会引发盈余管理。夏宁和董艳（2014）利用深市中小板非金融类上市企业 2007—2011 年数据，考察了企业高管与员工薪酬差距对企业成长性的影响，研究发现企业内部高管与员工相对薪酬差距对企业成长性得分存在负向影响。张蕊和管考磊（2016）利用手工收集的 1991 年以来的上市公司高管侵占型职务犯罪信息，考察了企业内部高管员工薪酬差距对高管侵占型职务犯罪的影响。研究发现：如果所处地区法治水平更低及自由现金流更高，则企业内部高管员工薪酬差距对高管侵占型职务犯罪的可能性存在负向影响。缪毅和胡奕明（2016）利用 2003—2012 年 A 股上市企业数据，考察了企业内部高管员工薪酬差距对高管薪酬辩护的影响，研究发现：企业内部高管与员工相对薪酬差距过大时，高管人员会做出种种薪酬辩护行为。杨薇和孔东民（2019）考察了企业内部高管员工薪酬差距对企业内部人力资本结构的影响，研究发现：内部薪酬差距的扩大显著降低了大学学历员工的比例，提升了高中及以下学历人员的比例；内部薪酬差距水平较高时，薪酬差距的扩大能显著吸引了高学历人员；内部薪酬差距水平较低时，薪酬差距的扩大显著提高了高中及以下学历人员的比例。

部分学者考察了企业内部高管员工薪酬差距对全要素生产率、生产效率的影响。黎文靖和胡玉明（2012）利用中国制造业2003—2010年国有上市企业数据，针对全样本分年度分行业回归，将回归残差作为企业全要素生产率。研究发现：企业内部薪酬差距对全要素生产率存在正向影响，该正向影响仅在薪酬差距较低样本中显著。Faleye等（2013）利用标准普尔行政报酬数据库（Standard & Poor' ExecuComp Database）1993—2006年企业数据，针对全样本分行业回归，即假定行业生产函数在整个研究期间不变，将回归残差作为企业全要素生产率。研究发现：企业内部高管员工薪酬差距对职工全要素生产率未发现显著负向影响，较少数职工消息灵通时，企业内部高管员工薪酬差距对全要素生产率存在正向影响，同时也发现企业内部高管员工薪酬差距对企业价值、企业经营业绩存在正向影响。Firth等（2015）利用2001—2012年中国沪深上市非金融类企业数据，针对全样本分年度分行业回归，将回归残差作为企业全要素生产率。研究发现：企业内部高管员工薪酬差距对企业全要素生产率存在显著负向影响，该影响在劳动密集型企业表现更加明显，说明企业内部高管员工薪酬差距扩大疏远了员工，导致更低的全要素生产率。高良谋和卢建词（2015）利用中国制造业2004—2013年348家上市企业平衡面板数据，针对全样本分行业回归，即假定行业生产函数在整个研究期间不变，将回归残差作为企业全要素生产率，借助门限面板模型考察了企业内部高管员工薪酬差距对企业绩效的非对称激励效应，研究发现：企业内部高管员工薪酬差距与企业绩效间存在倒“U”型关系，其中正向影响部分存在显著的门限特征。企业内部高管员工薪酬差距小于临界值（5.978）时，其对企业绩效的正向影响更强，此时企业投资效率和全要素生产率也显著增加。刘张发等（2017）利用中国2007—2015年沪深A股制造业上市企业数据，借助随机前沿模型测度企业生产效率，考察了企业内部高管员工薪酬差距对企业生产效率的影响。研究发现：国有企业内部薪酬差距扩大不利于提升生产效率，其扩大对中央国有企业生产效率的负面作用大于对地方国有企业的；2009年的“限薪”政策作用并不明显，2015年的“限薪”政策较明显地降低了国有企业内部薪酬差距。黄贤环和王瑶（2020）利用 2007—2017 年中国沪深上市企业数据，采用双重差分法，考察了 2009 年“限薪令”、2012 年“八项规定”、2014 年“限薪令”对国有企业全要素生产率的影响。研究发现：三次限薪政策都显著降低了国有企业全要素生产率；该影响对于不同规模、不同成长性的国有企业的影响存在差异。

2.3.2 薪酬差距与企业业绩

第一，企业内部高管团队薪酬差距对企业业绩的影响。林浚清等（2003）利用 1999—2000 年上市企业数据，考察了企业内部高管团队薪酬差距对公司绩效和治理结构的影响，研究发现高管团队内部薪酬差距对企业未来绩效存在正向影响。陈震和张鸣（2006）利用 2004 年上市企业数据，考察了企业内部高管团队薪酬差距对企业市场业绩的影响。研究发现：高成长企业的高管团队内部薪酬差距对企业市场业绩存在正向影响，低成长企业的高管团队内部薪酬差距对企业每股收益指标存在正向影响。张正堂（2008）利用 2001—2005 年上市企业数据，考察了企业内部高管团队薪酬差距对企业未来 *roa* 的影响。研究发现：高管团队内部薪酬差距对企业未来绩效 *roa* 存在负向影响。国企企业内部高管员工薪酬差距对未来绩效 *roa* 产生负向影响。李绍龙等（2012）利用 2008—2009 年沪深 A 股上市企业数据，考察了企业内部高管团队垂直薪酬差距、水平薪酬差距对企业绩效的影响。研究发现：高管团队垂直薪酬差距对企业绩效存在正向影响，高管团队之间的垂直薪酬差距和水平差距对企业绩效的影响存在交互作用。陈丁等（2019）以 CEO 薪酬与高管团队其他成员平均薪酬之比、以 CEO 薪酬与高管团队最低薪酬之比来衡量高管团队薪酬差距，利用 2016 年 1906 家中国上市企业数据，基于分位数回归研究发现薪酬差距与企业绩效（每股净收益）之间存在显著的倒“U”型关系。孙凯等（2019）利用 2012—2014 年部分创业板上市企业数据，研究发现高管团队薪酬差距对创业企业绩效具有正向影响。

第二，企业高管外部薪酬差距对企业业绩的影响。黎文靖等（2014）利用 2005—2012 年中国 A 股上市企业数据，考察了国有企业内部高管员工薪酬差距对高管、员工的激励作用，同时考虑了企业内部高管员工薪酬差距对企业业绩的影响。研究发现：非国有企业高管外部薪酬差距对企业业绩产生正向影响，但国有企业高管外部薪酬差距对企业业绩的影响不显著。

第三，企业内部高管员工薪酬差距对企业业绩的影响。关于企业内部高管员工薪酬差距的业绩激励效应，存在“锦标赛理论”（Lazear 和 Rosen，1981；Rosen，1985）和“社会比较理论”（Williams 等，2006）两种竞争性的理论解释。

一是部分学者认为企业内部高管员工薪酬差距对企业业绩存在正向影响。企业存在内部薪酬差距时，职工晋升意味着将获得更多薪酬。内部薪酬差距越大，则晋升后获得的薪酬就越多，这对职工的激励效果也就越大，从而更能增加职工的积极性，因此企业内部薪酬差距对企业业绩存在正向影响（Lambert 和 Larcker，1993；Main 等，1993；Eriksson，1999；刘春和孙亮，2010；黎文靖和胡玉明，2012）。黎文靖和胡玉明（2012）利用中国制造业 2003—2010 年国有上市企业数据，以内部薪酬差距对企业投资效率的影响来反映其对高管的激励效果，以内部薪酬差距对企业全要素生产率的影响来反映其对职工的激励效果，他们综合这两种影响来解释内部薪酬差距对企业价值的影响，然而，正如他们自己提到全要素生产率不能完全分离高管的影响。事实上，该文中的投资效率也不能完全分离职工的影响。本书并不分离来自高管和职工方面的影响，而是尝试从中介变量企业创新产出来解释内部薪酬差距对企业价值的影响机制。梁上坤等（2019）利用 2005—2014 年沪深 A 股上市企业数据，从企业生命周期视角考察了企业内部管理层（董事、监事及高管）薪酬与普通员工薪酬差距对企业价值的影响。研究发现：内部薪酬差距对企业价值存在正向影响；该影响在成长期最强、在衰退期最弱，即伴随生命周期的演进，薪酬差距对企业价值的促进作用在逐步降低。

二是部分学者则认为企业内部高管员工薪酬差距对企业业绩存在负向影响。在缺乏客观公正的评价标准时，人们往往通过与组织内部其他人员的比较来感知自己获得的满意度，从而影响自己的工作积极性。内部薪酬差距扩大时，职工的相对收入降低，职工获得的满意度和幸福感也降低，从而挫伤职工的工作积极性，因此企业内部薪酬差距对企业业绩存在负向影响（Siegel 和 Hambrick，1996）。

三是还有学者实证得出企业内部薪酬差距与业绩呈倒“U”型关系（高良谋和卢建词，2015）。蔡芸等（2019）利用 2006—2017 年中国制造业国有上市企业数据，采用面板固定效应和面板门限回归模型考察了企业内部高管员工薪酬差距对企业绩效的影响。研究发现：薪酬差距与企业绩效之间存在倒“U”型关系；在薪酬差距的正向作用范围内存在显著的门槛特征，小于门槛值时，其正向作用更强，大于门槛值时其正向作用减弱。

四是少数学者发现企业内部高管员工薪酬差距对企业业绩的影响不显著。张正堂（2008）利用 2001—2005 年上市企业数据，考察了企业内部高管员工薪酬差距对企业未来 *roa* 的影响，研究发现企业内部高管员工薪酬差距对未来绩效 *roa* 的影响不显著。

总之，关于内部薪酬差距与企业业绩的相关性，现有文献的研究结论并不一致，很大的可能是因为研究样本不同，没有对样本进行分类研究。

2.4　文献评述

现有文献为本书研究内部薪酬差距、隐性薪酬差距对创新的影响提供了研究基础，但存在以下不足：一是现有研究结论并没有回答内部薪酬差距是否影响中央国有企业创新、地方国有企业是否应该参照执行“限薪”政策、民营企业如何对待内部薪酬差距等问题。二是企业内部薪酬差距影响创新投入、创新效率的研究不完善，都没有把创新投入、创新效率、创新产出放入一个框架综合分析，也没有回答内部薪酬差距对创新产出的影响是企业通过影响创新投入，还是通过影响创新效率来实现的。三是关于内部薪酬差距对企业价值的影响机制的研究还不够完善。四是鲜有关于异常在职消费对企业创新影响的研究。在职消费中即包括正常的部分，也包括异常的部分（Xu 等，2014；王曾等，2014；耿云江和王明晓，2016；孙世敏等，2016），正常的在职消费是高管履职过程中工作需要的消费，异常的在职消费是需要重点监督的部分。五是现有研究并没有回答在何种监督水平下隐性薪酬差距的提高（体现为在职消费的提高）才能或才能更有效地促进企业创新。在职消费包含会产生经济效益的货币薪酬补充和正常职务消费成分，也包含会发生代理成本的自娱性消费成分（孙世敏等，2016）。如果高管的在职消费没有得到适度地监督，高管自娱性消费成分可能会占多数即代理成本占优势，此时在职消费总体上将表现为“代理观”，即隐性薪酬差距的提高并不能促进企业创新。六是现有文献没有分析隐性薪酬差距（其取值等于在职消费）影响创新投入的作用机制。

值得强调的是，企业创新包括创新投入、创新效率和创新产出，本书把创新投入、创新效率、创新产出放入一个框架综合分析，试图回答内部薪酬差距影响创新产出时，是通过影响创新投入还是通过影响创新效率来实现的。本书利用中国沪深 A 股上市企业数据，从创新产出对企业价值、企业价值对高管未来薪酬的影响开始研究，倒推内部薪酬差距、隐性薪酬差距对创新产出的影响。因创新产出由创新投入和创新效率共同决定，然后综合内部薪酬差距、隐性薪酬差距对创新投入和创新效率的影响来验证初始的关于内部薪酬差距影响、隐性薪酬差距创新产出的推断，同时借助前文结论对内部薪酬差距如何影响企业价值提供了一种新的解释。

鉴于创新产出容易受到外生因素的影响，较少受到管理层的控制（David 等，2001），创新效率不仅受高管的影响，也受到员工（包括研发人员）的影响，创新投入主要由高管决定（冯根福和温军，2008），同时在职消费主要也是针对高管的激励，所以本书利用中国沪深 A 股非金融类上市企业数据，研究了隐性薪酬差距对企业创新投入的影响，并利用门槛效应回归发现了企业监督指标（股权集中度、机构投资者持股比例）适度时，隐性薪酬差距的提高才能或才能更有效地促进创新投入。同时，本书研究了隐性薪酬差距影响创新投入的作用机制，发现中央国有企业的过度投资在隐性薪酬差距影响创新投入中存在显著的中介效应。

第3章　内部薪酬差距与企业创新

3.1　引　　言

创新驱动替代要素及投资驱动已成为中国经济发展新常态，为主动适应、把握、引领该经济发展新常态，为实现创新驱动发展战略，国家鼓励“万众创新”。企业是“万众创新”的核心主体，研究企业创新具有重要的现实意义。为促进企业创新，国家出台了专利保护、创新补贴和税收优惠等宏观层面的政策。然而，企业内部治理也是影响创新的重要因素，其中企业内部高管员工薪酬差距受到政府和学者的普遍关注。2003 年 11 月国务院国有资产监督管理委员会出台的《中央企业负责人经营业绩考核暂行办法》把国有企业高管薪酬与公司业绩相联系，导致国有企业内部薪酬差距逐步扩大。为了遏制 2003 年以来中央国有企业内部薪酬差距逐年扩大的趋势，2009 年人力资源和社会保障部等六部门联合颁布的《关于进一步规范中央企业负责人薪酬管理的指导意见》要求中央国有企业高管薪酬不准超出普通员工平均薪酬的 20 倍，2015 年《中央管理企业负责人薪酬制度改革方案》规定央企负责人的总收入不超过在职普通员工平均工资的 7—8 倍。同时，各地方政府也制定了地方国有企业高管薪酬指导意见（周铭山和张倩倩，2016）。那么，内部薪酬差距影响中央国有企业创新投入、创新效率和创新产出吗？地方国有企业是否应该参照执行“限薪”政策？民营企业如何对待内部薪酬差距问题？创新产出在内部薪酬差距影响企业价值中起到何种作用？本章就以上问题展开了研究。

本章余下内容的结构安排如下：3.2 理论框架与研究假设；3.3 计量模型设定与变量；3.4 数据说明与描述性统计；3.5 考察了不同所有权性质企业内部薪

酬差距对企业创新产出、创新投入和创新效率的影响；3.6 稳健性检验；3.7 最后对本章的主要发现做一个简要的总结。

3.2 理论框架与研究假设

3.2.1 理论框架

(1) 内部薪酬差距对企业创新的影响

相对于企业内部其他人员，核心高管对创新起到主导作用（周铭山和张倩倩，2016）。一是因委托代理问题，企业高管往往追求无压力的工作状态（Bertrand 和 Mullainathan，2003）；二是高管常常面临短期绩效的考核；三是企业创新具有风险高、时间长等特点（李文贵和余明桂，2015）。因此，为促进企业创新，对高管的激励非常关键（李春涛和宋敏，2010），其中薪酬激励是激励的重要内容之一。为开展企业创新，高管必须付出高额的私人成本，随之高管的人力资本价值也会下降（Wright 等，1996）。因此，为鼓励高管积极地开展创新，对高管的薪酬激励必须大于其开展创新而付出的私人成本。

因工资向下调整存在刚性，内部薪酬差距扩大时体现出高管薪酬增加，可能会提高高管开展创新活动的积极性，从而创新产出可能会增加。虽然现有研究发现创新产出将提高高管下一期的收入（Eisfeldt 和 Papanikolaou，2013；卢锐，2014）[①]、创新产出使企业价值增加（徐欣和唐清泉，2010；Krusinskas 等，2015）、当期企业价值的增加将提升高管下一期的收入（杜兴强和王丽华，2007），但值得注意的是，对于不同产权性质企业，创新产出对企业价值的作用不一致（刘张发和田存志，2017），当期企业价值对高管下一期收入的作用也不一致（Zhang 等，2003；Firth 等，2006）。因此，唯有企业的创新产出能够提高高管下一期的收入时，薪酬差距增大方能实际地提高企业创新产出。

内部薪酬差距不仅影响企业创新投入，也影响企业创新效率。一方面，内部薪酬差距扩大通过核心高管影响企业创新投入。社会比较理论（Williams 等，2006）指出，工作人员常常同本组织的其他工作人员作比较，以此评价自我的满

① 他们没有考察这种影响对于不同所有权性质企业的异质性。

意度，满意度的提高可提升工作人员的积极性（Adams，1963）。相对收入理论认为，相对收入会对工作人员的满意度（Firth 等，2015）、幸福感（Ferrer-i-Carbonell 和 Frijters，2004）产生重要的作用。随着高管员工薪酬差距的增大，相对于员工而言高管的相对收入提高，高管工作的满意度和幸福感因此而提升，此时高管开展创新的积极性也许会增强①。企业创新投入主要由核心高管决定，所以此时企业创新投入很可能增加。当然，创新投入也可能不增加，但不会减少，这与企业产权性质有关，具体见下文假设。

另一方面，内部薪酬差距扩大通过影响高管和普通员工的创新积极性共同影响创新效率。企业创新活动主要由核心高管推动，同时创新过程需要普通员工的参与和配合，普通员工包括研发部门员工和非研发部门员工，研发部门的很多基础数据、材料、基础工作等也是由非研发部门的员工完成的，非研发员工充当研发员工的后备支持人员。有的企业并没有成立专门的研发部门，而是全体员工都可以有发明专利。现实中，不少企业的发明专利是来自一线员工（孔东民等，2017）。员工也会影响创新效率（Bradley 等，2017），所以创新效率是由高管和员工共同决定的。首先，来自高管方面的影响。在社会比较理论的作用下，内部薪酬差距扩大时，高管的相对收入增加，高管的满意度（Firth 等，2015）和幸福感（Ferrer-i-Carbonell 和 Frijters，2004）提高，从而增加了高管对研发资源优化配置的积极性，避免无效或低效的创新，所以高管的创新效率可能提高；其次，来自员工方面的影响，内部薪酬差距扩大时，员工的创新效率可能提高也可能降低，存在两种可能。第一种可能，高管员工薪酬差距增大时，那么员工如果晋升后可得到的收入就越高，根据锦标赛理论（Lazear 和 Rosen，1981；Rosen，1985），此时对员工产生的激励作用就越强，提高了员工参与企业创新的积极性，所以员工的创新效率也许会提升，此时锦标赛理论占主导；第二种可能，内部薪酬差距扩大时，薪酬不均更严重，员工越觉得自己的获得少于应得，更加感觉自己被剥削了（Crosby，1984）。相对于高管而言，此时员工的相对收入变小，根据社会比较理论（Williams 等，2006），员工的满意度和幸福感随之下降，所以员工参与创新的积极性下降，甚至还可能引发员工离职，从而可能会降低员工的

① 从本书结论看，地方国有企业高管推动创新活动的积极性提高主要体现为企业创新投入的增加，民营企业高管推动创新活动的积极性提高主要体现为企业创新效率的提高，结果都是提高了创新产出。Aledena（2018）也研究发现职工工作满意度对产品和服务创新存在正向影响。

创新效率，此时社会比较理论占主导。总之，内部薪酬差距扩大时，员工的创新效率是提高、降低，还是变化并不显著，这取决于中国传统文化和企业产权性质所塑造的企业文化，下文假设部分将做具体分析。

（2）内部薪酬差距对企业价值的影响

国有企业通常要承担一定的政府任务，同时作为市场经济主体的一部分也参与市场竞争，所以国有企业同时进行政策性生产和经营性生产，政策性生产是指为维持就业、提供正外部性产品等而进行的生产，经营性生产是指为参与市场竞争、获取盈利而进行的生产。假设两种生产的目标相互独立，政府风险中性，政府具有公平分配偏好，政府厌恶不平等分配。

拓展王晓文和魏建（2014）的研究后，则政府的期望效用水平（Eu_g）为：

$$Eu_g = \kappa E(y_s) + (1-\kappa)E(y_m) - Ew - \rho[E(w_m) - f] - b(y_s + y_m) \tag{3-1}$$

公式（3-1）中，$E(\cdot)$ 表示期望函数，κ、$1-\kappa$ 分别表示政府对政策性生产、经营性生产的偏好程度，y_s、y_m 分别表示政策性生产产出、经营性生产产出，w 是政府支付给高管的总薪酬，是政府公平分配偏好系数，ρ 越大表示公平分配偏好程度越高，w_m 是政府支付给高管的经营性生产薪酬，f 为给定的群众可以接纳的高管经营性薪酬水平。其中，$w_m \geqslant f$ 时，$\rho > 0$；$w_m < f$ 时，$\rho = 0$。为问题简单化，假设生产总成本为总产出的线性函数，不妨设总成本为 $b(y_s + y_m)$，创新需要一定的时间，所以这里视为长期生产活动，从而无固定成本项。实际上，如果视为短期生产活动即加入不变成本项，文后的结论不变。

高管的努力包括政策性努力水平 e_s 和经营性努力水平 e_m，假设高管为风险中性，企业产出水平是努力水平的简单线性函数：

$$y_s = e_s + \xi_1 \tag{3-2}$$

$$y_m = e_m + \xi_2 \tag{3-3}$$

其中，ξ_1、ξ_2 为随机干扰项，ξ_1、ξ_2 的期望为 0，则高管获得的期望总薪酬 Ew 等于政策性努力获得的期望货币化薪酬加上经营性努力获得的期望薪酬，政策性努力一般以政治晋升来体现回报，Ew 具体为：

$$Ew = E(w_s) + E(w_m) = \lambda_s E(y_s) + [a + \lambda_m E(y_m)] = \lambda_s e_s + a + \lambda_m e_m \tag{3-4}$$

其中，λ_s 为政策性产出的提成比例，λ_m 为经营性产出的提成比例，a 为固定薪酬。高管政策性努力成本和经营性努力成本分别为其努力的凸函数，并假设为：

$$C_S = \frac{\chi_s e_s^2}{2} \tag{3-5}$$

$$C_m = \frac{\chi_m e_m^2}{2} \tag{3-6}$$

其中，χ_s、χ_m 分别为政策性努力成本系数和经营性努力成本系数，视为已知。高管付出的总成本为：

$$C = C_S + C_m \tag{3-7}$$

综上可知，高管获得的期望效用为：

$$Eu = Ew - C = \lambda_s e_s + a + \lambda_m e_m - \frac{\chi_s e_s^2}{2} - \frac{\chi_m e_m^2}{2} \tag{3-8}$$

政府薪酬调控的目标是追求政府效用最大化，约束条件是高管接受调控并继续组织和管理生产的同时使自己获得的期望效用最大化，具体可用以下方程表示：

$$\begin{cases} \max\limits_{\lambda_s,\lambda_m} Eu_g = \kappa E(y_s) + (1-\kappa)E(y_m) - (\lambda_s e_s + a + \lambda_m e_m) \\ \qquad - \rho[a + \lambda_m e_m - f] - b(y_s + y_m) \\ s.t.\ (1)\ (e_s, e_m) \in \arg\max\limits_{e_s, e_m} \lambda_s e_s + a + \lambda_m e_m - \frac{\chi_s e_s^2}{2} - \frac{\chi_m e_m^2}{2} \\ \quad (2)\ E(w_m) - C_m \geqslant w_0 \end{cases} \tag{3-9}$$

其中，w_0 为高管的保留工资。求解上述（3-9）最优化问题，其均衡解为：

$$\lambda_s = \frac{(\kappa - b)}{2} \tag{3-10}$$

$$\lambda_m = \frac{(1 - \kappa - b)}{2 + 2\rho} \tag{3-11}$$

$$e_s = \frac{(\kappa - b)}{2\chi_s} \tag{3-12}$$

$$e_m = \frac{(1 - \kappa - b)}{\chi_m(2 + 2\rho)} \tag{3-13}$$

由 $e_m = \frac{(1-\kappa-b)}{\chi_m\ (2+2\rho)}$ 可知，政府公平分配偏好系数 ρ 与高管的经营性努力水平 e_m 负相关。政府公平分配偏好系数 ρ 越大，意味着政府薪酬管制越严格，即企业薪酬差距越小。高管的经营性努力越低，即企业价值（绩效）越低。因此，薪酬差距越小，企业价值越小，薪酬差距与企业价值正相关。

因民营企业通常不承担政府任务，几乎没有政策性生产，本文假设民营企业政策性生产活动非常少，即假设上述的 $\kappa=0$。

政府期望效用为：

$$Eu_g = E(y_m) - Ew - \rho[E(w_m) - f] - by_m \tag{3-14}$$

高管的期望薪酬为：

$$Ew = E(w_m) = a + \lambda_m E(y_m) = a + \lambda_m e_m \tag{3-15}$$

高管的期望效用为：

$$Eu = Ew - C_m = a + \lambda_m e_m - \frac{\chi_m e_m^2}{2} \tag{3-16}$$

按照同样的思路解得：

$$\lambda_m = \frac{(1-b)}{2+2\rho} \tag{3-17}$$

$$e_m = \frac{(1-b)}{\chi_m(2+2\rho)} \tag{3-18}$$

可见政府公平分配偏好系数 ρ 与民营企业高管的经营性努力水平也是负相关。同理可得，民营企业薪酬差距与企业价值正相关。

总之，国有企业和民营企业薪酬差距与企业价值整体上都表现为正相关。

3.2.2 研究假设

（1）中央国有企业薪酬差距扩大与企业创新

第一，薪酬差距与创新产出的关系①。国有企业常常要承担来自政府的经济增长、控制失业率等负担（Bai 和 Xu，2005；张洪辉等，2010），往往不能一味地追求经营业绩，更重要的是要顺利完成政府分派的目标（Zhang 等，2003），完成政府目标的情况对国企高管晋升具有重要的影响（周铭山和张倩倩，2016），其中中央国有企业更为明显，所以中央国有企业价值独立性很强，中央国有企业创新产出对其企业价值的影响不显著（刘张发和田存志，2017）。同时，国有企

① 本书在分析三种类型企业内部薪酬差距对创新产出的影响时，好像都忽略了员工在其中的作用。首先，因创新产出由创新投入和创新效率共同决定，所以员工和高管是先影响创新效率，进而影响创新产出，即员工对创新产出是间接的影响；其次，创新投入主要由高管决定，员工和高管共同影响创新效率，创新投入和创新效率共同影响创新产出。高管对员工的管理方式、高管引进高技术员工等都直接影响了员工的创新效率，即高管对员工创新效率的影响很大。因此，高管对创新产出具有很强的主动性，高管的利益基本上决定了创新产出的情况。

业价值对高管未来薪酬的影响较弱（Firth 等，2006；杜兴强和王丽华，2007），即企业价值的提高对高管未来薪酬的提升作用很有限。因此，中央国有企业创新产出对高管未来薪酬的影响不显著，中央国有企业高管对企业的创新产出很可能并不在意，从而内部薪酬差距扩大体现出来的高管薪酬增加并不能真正地促进企业创新产出。

第二，薪酬差距与创新投入的关系。一是由前一段可知，中央国有企业内部薪酬差距扩大时，高管很可能并不在意创新产出，那高管自然也没有动力去增加创新投入；二是企业创新投入主要由高管决定，然而，中央国有企业高管薪酬对创新计划的影响有限，政府当局的制度导向反而对创新计划有重要的影响（夏芸和唐清泉，2011），中央国有企业需要承担较多的社会责任，所以中央国有企业内部薪酬差距对创新投入的影响不显著；三是即使《中央企业负责人经营业绩考核暂行办法》将考核企业创新投入及创新能力，但中央国有企业的首要目标还是完成政府下达的任务，这更关系到高管是否晋升（周铭山和张倩倩，2016）。鉴于以上三点，中央国有企业内部薪酬差距对创新投入的影响也并不显著，即内部薪酬差距的扩大并不能提高创新投入。

第三，薪酬差距与创新效率的关系。一方面，内部薪酬差距通过影响高管的创新积极性而对创新效率产生作用。高管员工薪酬差距增大时，高管的相对收入提高，满意度（Firth 等，2015）和幸福感（Ferrer-i-Carbonell 和 Frijters，2004）提高，从而增加了高管对研发资源优化配置的积极性，所以提高了高管的创新效率。

另一方面，内部薪酬差距通过影响员工的创新积极性而对创新效率产生作用。在中国，员工往往“患不均，不患寡”，“均等”的儒家文化影响深远（黎文靖和胡玉明，2012）。国有企业内部员工具有较深的“均等”思想，实际生活中国有企业往往要体现“兼顾公平”。国有企业内部薪酬差距扩大，薪酬不均更严重，员工更加感觉自己被剥削了（Crosby，1984），员工相对收入进一步降低，满意度和幸福感也进一步降低，此时相对剥削理论（Crosby，1984）和社会比较理论（Williams 等，2006）占主导，从而导致员工参与创新活动的积极性降低，国有企业职工人数较大，创新积极性下降的累积效果就越多，因此导致员工的创新效率下降。综合以上两方面，当高管员工薪酬差距增大，来自高管的对创新效率的提高作用与来自员工的对创新效率的降低作用可能相差并不明显，因此中央国有企业薪酬差距增大对创新效率的作用可能并不显著。

第四，结合高管员工薪酬差距增大对创新投入、创新效率的影响，验证其增大对创新产出产生的作用。由前文可知，中央国有企业内部薪酬差距对创新投入、创新效率的影响都不显著，创新投入和创新效率共同影响创新产出，所以内部薪酬差距对创新产出的影响也不显著。这与前文的中央国有企业薪酬差距对创新产出的影响结论相同。综上，推出假设 1a。

假设 1a：中央国有企业内部薪酬差距对创新产出、创新投入和创新效率的影响都不显著。

（2）地方国有企业薪酬差距扩大与企业创新

第一，薪酬差距与创新产出的关系。首先，地方国有企业创新产出对企业价值存在正向影响（刘张发和田存志，2017），国有企业价值对高管未来薪酬的影响较弱（Firth 等，2006；杜兴强和王丽华，2007），所以地方国有企业创新产出对高管未来薪酬存在弱正向影响，高管为未来获得更高的薪酬，内部薪酬差距扩大体现出来的高管激励增加时，高管会追求更多的创新产出；其次，地方国有企业创新产出可提高企业价值（刘张发和田存志，2017），企业价值对高管晋升存在显著的正向影响（王曾等，2014），所以内部薪酬差距扩大时，也会激励高管增加创新产出。

第二，薪酬差距与创新投入的关系。一是根据前一段分析，地方国有企业内部薪酬差距扩大时，高管会追求更多的创新产出，可能首先考虑的是增加创新投入。如果地方国有企业高管增加创新投入，从而导致企业支出增加，企业业绩将降低，但国有企业业绩对高管未来薪酬的影响较弱（Firth 等，2006；薛云奎和白云霞，2008），即企业业绩下降对高管下一期收入产生的作用较弱，因此，高管将如实地提高创新投入；二是《中央企业负责人经营业绩考核暂行办法》考核企业创新投入及创新能力，地方国有企业参照实施，为了可能的政治晋升，同时相对中央国有企业，地方国有企业政府施加的任务要少，地方国有企业高管应该会提高创新投入；三是国有企业在信贷和股权市场面临的融资约束较低（Wong，2016；周煜皓，2017），这为地方国有企业高管提高创新投入提供了较好的前提。综合以上三点，内部薪酬差距扩大时，地方国有企业高管会增加创新投入。

第三，薪酬差距与创新效率的关系。首先，内部薪酬差距通过影响高管的创新积极性来影响创新效率。因地方国有企业创新产出与企业价值正相关（刘张发和田存志，2017），企业价值的提高会增加高管的未来薪酬（杜兴强和王丽华，2007），所以内部薪酬差距扩大时，与中央国有企业相比，来自高管的对企业创新效率的提高作用更强；其次，内部薪酬差距通过影响员工的创新积极性来影响创新效率。与中央国有企业相比，地方国有企业的市场化程度更高，员工的“均平”观念相对更弱，相对剥削理论和社会比较理论对员工创新效率的降低作用相对更弱。综合以上两点，内部薪酬差距扩大时，可能会一定程度上提高创新效率。假设中央国有企业和地方国有企业员工的“均平”观念没有本质的差异，即来自员工的对创新效率的降低作用基本不变，但地方国有企业内部薪酬差距扩大时，来自高管的对创新效率的提高作用更强，所以综合来自高管和员工的影响，地方国有企业内部薪酬差距扩大可能也会一定程度上提高创新效率。

第四，综合内部薪酬差距扩大对创新投入、创新效率的影响，检验其扩大对创新产出的影响。根据前两段，内部薪酬差距扩大时，地方国有企业的创新投入增加，创新效率可能也有一定程度的增加，所以其创新产出也会有一定程度的提高。此结论同前文的地方国有企业薪酬差距对创新产出的影响结论相同。综上，推出假设 2a。

假设 2a：地方国有企业内部薪酬差距对创新产出存在正向影响，对创新投入、创新效率也存在正向影响。

（3）民营企业薪酬差距扩大与企业创新

第一，薪酬差距与创新产出的关系。民营企业创新产出对企业价值存在正向影响（刘张发和田存志，2017），民营企业价值对高管未来薪酬存在较强的正向影响，所以民营企业创新产出对高管未来薪酬存在正向影响。因此，为提高下一期收入水平，内部薪酬差距增大时，高管将竭力提升创新产出，即内部薪酬差距对创新产出存在正向影响；其次，民营企业创新产出可提高企业价值（刘张发和田存志，2017），符合民营企业利益最大化目标，企业业绩对高管是否留任具有重要的影响，企业价值对高管晋升存在显著的正向影响（王曾等，2014），所以内部薪酬差距扩大时体现出高管薪酬增加，会激励高管增加创新产出。

第二，薪酬差距与创新投入的关系。一是为使创新产出增加，高管首先想到的是增加创新投入，但民营企业高管很清楚地知道，企业业绩对自己未来获得的薪酬具有较强的影响。若提高创新投入，企业费用将提高，企业业绩将下降，这将降低高管下一期的收入水平。因此，高管并不会借助提高创新投入实现创新产出的提升，而是将提高自我创新效率和监督员工提高创新效率从而提升创新产出；二是与国有企业相比，民营企业在信贷和股权市场上面临较强的融资约束（Wong，2016；周煜皓，2017），因此，为提升创新产出，高管并不倾向于借助提高创新投入，而是倾向于提高创新效率；三是创新活动风险高、投资期限长、耗费大量个人精力（李文贵和余明桂，2015），创新收益水平将影响民营企业高管是否留任，创新也可能失败，面对短期业绩压力，民营企业高管不会轻易地增加创新投入。夏芸和唐清泉（2011）也发现民营企业高管薪酬对创新投入的影响并不显著。

第三，薪酬差距与创新效率的关系。一方面，薪酬差距对高管创新积极性产生作用从而影响创新效率。薪酬差距增大意味着高管收入增加，相对于员工而言高管相对收入提高，满意度（Firth 等，2015）和幸福感（Ferrer-i-Carbonell 和 Frijters，2004）提高，从而提高了高管对研发资源优化配置的积极性。在民营企业创新产出对企业价值的影响较强、企业价值对高管未来薪酬的影响较强的情况下，高管会大幅度提高自身的创新效率；另一方面，内部薪酬差距通过影响员工的创新积极性来影响创新效率。民营企业市场化程度最高，民营企业员工“均平”思想很弱，员工竞争思想很强，此时锦标赛理论起主要作用，薪酬差距增大将提高员工参与创新的积极性，因此提高员工的创新效率。内部薪酬差距扩大，即使民营企业员工还是存在一定的“均平”的思想，员工方面还是相对剥削理论和社会比较理论占主导，但是这种“均平”思想肯定很弱，从而员工的创新效率下降很少，而此时高管的创新效率提高较明显，所以总的创新效率还是会提高。综合以上两方面，民营内部薪酬差距扩大将较明显地提高创新效率。

第四，综合内部薪酬差距扩大对创新投入、创新效率的影响，检验其扩大对创新产出的影响。由前两段可知，内部薪酬差距扩大，高管对创新的投入可能并不增加，但高管和员工的创新效率增加明显，所以此时创新产出也是增加的。此结论同前文的民营企业薪酬差距对创新产出的影响结论相同。综上，推出假设 3a。

假设 3a：民营企业内部薪酬差距对创新产出存在正向影响、对创新投入的影响不显著，但对创新效率存在正向影响。

3.3　计量模型设定与变量

3.3.1　内部薪酬差距与创新产出

综合已有关于企业创新产出的研究文献，构建如下计量模型[①]：

$$\ln pat_{it} = \gamma_0 + \gamma_1 wr_{it} + \gamma_2 \ln age_{it} + \gamma'_3 X_{it-1} + \varepsilon_{it} \qquad (3-19)$$

专利分为发明专利、实用新型专利和外观设计专利，因技术要求相对较低实用新型专利和外观设计专利较容易获得，而因技术要求较高发明专利较难获得。参考周铭山和张倩倩（2016）、江轩宇（2016）、Jia 等（2016）、余明桂等（2016）的研究，采用当年发明专利申请数来衡量创新产出。考虑到发明专利申请数据的右偏问题，参考上述文献，本书将发明专利申请数加 1 之后取自然对数，得到变量 ln*pat*，表示企业的创新产出。

核心自变量为企业内部高管员工薪酬差距（*wageratio*，简写为 *wr*），考虑到物价水平会影响薪酬绝对差距（高管平均薪酬与员工平均薪酬之差）的程度，参考高良谋和卢建词（2015）、孔东民等（2017）的研究，采用高管平均薪酬与员工平均薪酬的比值来衡量企业内部高管员工薪酬差距，员工这里是指企业全体职工除了董事、监事和高管。

参考黎文靖和胡玉明（2012）、高良谋和卢建词（2015）的研究，高管平均薪酬用薪酬最高的前三名高管的平均薪酬来衡量，即年报中披露的“高管前三名薪酬总额”除以 3。高管平均薪酬用薪酬最高的前三名高管的平均薪酬来衡量的主要原因有：一是薪酬最高的前三名高管对应着核心高管，企业的创新主要受到核心高管的影响，董事监事和非核心高管对企业创新影响很有限；二是 2009 年和 2015 年薪酬管理政策主要是针对中央企业负责人的；三是黎文靖和胡玉明（2012）、高良谋和卢建词（2015）也是这样衡量高管平均薪酬，以此来构建企

---

① 研发投入一般是年初决策（党力等，2015），因此本年初的研发投入是根据上年度末的企业内部指标决定；高管和员工薪酬合约年初就确定了，所以本年度薪酬差距决定高管的本年度的研发投入、创新效率和创新产出。本书也尝试了计量模型（3－19）中的薪酬差距也取滞后一期，但结果发现地方国有企业和民营企业的内部薪酬差距对创新产出的影响显著性降低。参考周铭山和张倩倩（2016）的研究，本书关于创新的计量模型中的企业成立年限没有取滞后一期。

业内部薪酬差距的。

高管持股数量少，持股比例偏低，不少行业高管持股比例为零，高管薪酬包含现金薪酬和股权激励，但还是现金薪酬占比较大（刘春和孙亮，2010），Bryson 等（2014）也指出中国企业的股权支付范围和支付比例均比较小。参照高良谋和卢建词（2015）、孔东民等（2017）的研究，本书没有把高管股权纳入内部薪酬差距，因此在控制变量中加入了董监高持股比例（*msh*）①。

$$员工平均薪酬 = 员工薪酬总额 \div (企业总职工人数 - 董监高人数) \tag{3-20}$$

$$内部薪酬差距(wr) = (高管前三名薪酬总额/3) \div 员工平均薪酬 \tag{3-21}$$

以往文献员工薪酬总额以现金流量表中“支付给职工以及为职工所支付的现金”减去“董事、监事及高管年度薪酬总额”来衡量，但是现金流量表中是实际支付的金额，企业薪酬存在应付而未付的情况，所以本书以“应付职工（财务报表中这里的职工是指企业全体员职工含董监高）薪酬总额”变化值加上“支付给职工以及为职工支付的现金”再减去“董事、监事及高管年度薪酬总额”来衡量员工薪酬总额。

控制变量：根据以往文献（Krusinskas 等，2015；余明桂等，2016；周铭山和张倩倩，2016），本书加入如下控制变量：企业成立年限（ln*age*），以统计当年年份减去企业成立年份加 1 得到，并对数化。X_{it} 是其他控制变量构成的向量，包括总资产收益率（*roa*）、资产负债率（*lev*）、总资产的自然对数（ln*asset*）、主营业务收入的自然对数（ln*rev*）、第一大股东持股比例（*cr*1）、董事会人数的自然对数（ln*dsrs*）、独立董事占比（*ddzb*）、董监高持股比例（*msh*）、董事长与总经理是否兼任（*dual*）。董事长与总经理是否兼任（*dual*）为虚拟变量，两职兼任时为 1，分离时为 0。此外，参考周铭山和张倩倩（2016）、余明桂等（2016），还控制了年度和行业效应②。

如 γ_1 显著为正，则企业内部薪酬差距对创新产出存在正向影响；如 γ_1 显著为负，则企业内部薪酬差距对创新产出存在负向影响；如 γ_1 不显著，则企业内部

① 参考黎文靖和胡玉明（2012）的研究，在稳健性检验部分也构建了包含高管货币薪酬和股权薪酬的内部高管员工薪酬差距（*wr*2）。

② 他们的研究都没有控制省份固定效应。如无特别说明，本章文后的计量模型都控制了年度和行业效应。

薪酬差距对创新产出的影响不显著。

3.3.2　内部薪酬差距与创新投入

综合已有关于企业创新投入的文献，构建如下计量模型：

$$resass_{it}(resrev_{it}) = \alpha_0 + \alpha_1 wr_{it} + \alpha_2 \ln age_{it} + \alpha_3' X_{it-1} + \varepsilon_{it} \quad (3-22)$$

因变量为创新投入（*resass*、*resrev*），参考余明桂等（2016）的研究，用企业当年的研发支出与总资产之比、研发支出与营业收入之比来衡量。其他控制变量与前文一致。如 α_1 显著为正，则内部薪酬差距对创新投入存在正向影响；如 α_1 显著为负，则内部薪酬差距对创新投入存在负向影响；如 α_1 不显著，则内部薪酬差距对创新投入的影响不显著。

3.3.3　内部薪酬差距与创新效率

参考周铭山和张倩倩（2016）的关于企业创新投入的产出水平（创新效率）的研究，构建如下计量模型：

$$\ln pat_{it} = \beta_0 + \beta_1 wr_{it} + \beta_2 resass_{it-1} + \beta_3 wr_{it} \times resass_{it-1} + \beta_4 \ln age_{it} + \beta_5' X_{it-1} + \varepsilon_{it} \quad (3-23)$$

$$\ln pat_{it} = \beta_0 + \beta_1 wr_{it} + \beta_2 resrev_{it-1} + \beta_3 wr_{it} \times resrev_{it-1} + \beta_4 \ln age_{it} + \beta_5' X_{it-1} + \varepsilon_{it} \quad (3-24)$$

变量设置与前文一致，其中 β_2 反映创新投入的产出水平（创新效率），交乘项 $wr_{it} \times resass_{it-1}$ 的系数反映创新投入的产出水平（创新效率）的变化，根据假设，如 β_3 显著为正，则内部薪酬差距扩大会提高创新投入的产出水平（创新效率）；如 β_3 显著为负，则内部薪酬差距扩大会降低创新投入的产出水平（创新效率）；如 β_3 不显著，则内部薪酬差距扩大对创新投入的产出水平（创新效率）的影响并不显著。

3.3.4　创新产出在薪酬差距影响企业价值中的中介效应

综合现有相关文献，构建如下计量模型：

$$\ln pat_{it} = \gamma_0 + \gamma_1 wr_{it} + \gamma_2 \ln age_{it} + \gamma_3' X_{it-1} + \varepsilon_{it} \quad (3-19)$$

$$tobinq_{it} = \phi_0 + \phi_1 wr_{it} + \phi_2 \ln age_{it} + \phi_3' X_{it} + \phi_4 tobinq_{it-1} + \varepsilon_{it} \quad (3-25)$$

$$tobinq_{it} = \varphi_0 + \varphi_1 wr_{it} + \varphi_2 \ln pat_{it} + \varphi_3 \ln age_{it} + \varphi_4' X_{it} + \varphi_5 tobinq_{it-1+} \varepsilon_{it} \quad (3-26)$$

企业价值（*tobinq*），参考周铭山和张倩倩（2016）、余明桂等（2016）的研究，采用 *tobinq* 值来衡量企业价值。其中：

$$tobinq = (\text{年末流通股数} \times \text{年末股价} + \text{年末非流通股数} \times \text{每股净资产} + \text{年末负责总额}) \div \text{年末总资产} \quad (3-27)$$

变量设置与前文一致，其中计量模型（3－25）用于考察内部薪酬差距对企业价值的影响。参考 Baron 和 Kenny（1986）、温忠麟等（2004），计量模型（3－19）、（3－25）、（3－26）在回归样本相同时，在内部薪酬差距影响企业价值的前提下即 ϕ_1 显著，如果 γ_1 和 φ_2 都显著，则创新产出在内部薪酬差距影响企业价值中存在中介效应。具体而言，如 φ_1 不显著，则创新产出存在完全中介效应，原因是内部薪酬差距对企业价值的作用效果完全地被中介变量创新产出所吸收；如 φ_1 显著且 $|\varphi_1| < |\phi_1|$，则创新产出存在部分中介效应，原因是内部薪酬差距对企业价值的作用效果部分地被中介变量创新产出所吸收。

3.4 数据说明与描述性统计

3.4.1 数据说明

本书选取 2007—2015 年沪深 A 股非金融类上市企业作为研究样本。样本选取主要基于以下考虑：一是因金融类企业经营的特殊性，其财务指标缺乏可比性（周铭山和张倩倩，2016），所以剔除金融类上市企业①；二是 2006 年新会计准则对研发会计处理和研发信息披露做了重大调整。企业研发支出数据来源于万德数据库，其他相关数据来源于国泰安数据库，部分经整理计算而得。为了消除极端值的影响，本书针对连续变量的 1% 和 99% 百分位进行了缩尾处理，以下的描述性统计及实证结果均是基于处理后的数据结果。为考察不同所有权结构下在职消费强度对企业创新的影响的异质性，参考夏立军和方铁强（2005）的分类方法，根据企业的最终控制人的属性，把样本分为中央国有企业、地方国有企业和民营企业。

---

① 因周铭山和张倩倩（2016）、孔东民等（2107）研究企业创新产出时都没有剔除 ST 类企业，所以本书也参照了他们的做法并没有剔除 ST 类企业。

3.4.2　描述性统计

表 3－1 为主要变量的描述性统计。由表 3－1 可知，本样本内部薪酬差距的最小值约为 1.0203，最大值为 31.4764，标准差为 4.7968，说明不同企业的内部薪酬差距差异较大。从内部薪酬差距的均值看，三类企业的相差不大。样本中每年发明专利申请数的均值为 19.6296，最小值为 0，最大值为 5787，75% 的企业的发明专利申请数为 10 以下。平均而言，中央国有企业的专利申请数最多，其取值为 26.6689；地方国有企业的次之，其取值为 25.0688；民营企业的最少，其取值为 15.5681。平均而言，民营企业研发投入占总资产的比重最大，其取值为 2.14%；中央国有企业的次之，其取值为 1.74%；地方国有企业的最低，其取值为 1.28%。民营企业研发投入占营业收入的比重最大，其取值为 4.47%；中央国有企业的次之，其取值为 2.96%；地方国有企业的最低，其取值为 1.97%。

表 3－1　主要变量的描述性统计[①]

Variables	N	Mean	SD	Min	P25	P50	P75	Max
全样本								
pat	7186	19.6296	151.3256	0.0000	1.0000	4.0000	10.0000	5787.0000
lnpat	7186	1.7262	1.2309	0.0000	0.6931	1.6094	2.3979	8.6635
wr	7186	5.4646	4.7968	1.0203	2.4680	4.0321	6.6435	31.4764
lnage	7186	1.8883	0.7322	0.0000	1.3863	1.9459	2.5649	3.2581
roa	7186	0.0469	0.0522	－0.3272	0.0190	0.0442	0.0723	0.2046
lev	7186	0.4040	0.2083	0.0495	0.2364	0.3970	0.5616	0.9731
lnasset	7186	21.6961	1.1759	19.0392	20.8599	21.4904	22.2694	25.6602
lnrev	7186	21.1650	1.3808	17.6159	20.1697	20.9879	21.9464	25.1914
cr1	7186	0.3591	0.1418	0.0889	0.2461	0.3452	0.4573	0.7519

① 本书专利申请数（*pat*）、研发支出强度（*resrev* 和 *resass*）本来不是每个企业每年都存在数据，存在不少缺漏值。文中有多个不同的回归方程，如果让样本中每个变量的观测值完全相等，那么在有的回归方程中将损失大量的观测值。因此，本书并没有让每个变量的观测值完全相等，类似的例子可见周铭山和张倩倩（2016）文中的描述性统计表。按照现在计量的普遍做法，为了消除极端值的影响，通常会对连续型变量进行两端缩尾，缩尾后两端的很多取值会相等，所以某些连续性变量有可能三个子样本中的最小值和最大值与全样本的相等。类似的例子可见傅颀和汪祥耀（2013）文中的描述性统计表。5787 为中兴通讯的发明专利申请数，数据来源于国泰安数据库，因学术界一般只对连续型变量进行缩尾，所以发明专利申请数及对数都没有进行缩尾，参照余明桂等（2016）的做法，保留了发明专利申请数很大的数据。

续表

Variables	N	Mean	SD	Min	P25	P50	P75	Max
lndsrs	7186	2.1688	0.1913	1.0986	2.0794	2.1972	2.1972	2.8904
ddzb	7186	0.3678	0.0508	0.0909	0.3333	0.3333	0.4000	0.5556
msh	7186	0.1649	0.2262	0.0000	0.0000	0.0058	0.3492	0.6750
dual	7186	0.2751	0.4466	0.0000	0.0000	0.0000	1.0000	1.0000
resass	9469	0.0186	0.0171	0.0001	0.0056	0.0153	0.0259	0.0884
resrev	9469	0.0361	0.0397	0.0001	0.0090	0.0301	0.0450	0.2420
tobinq	15003	2.1833	1.4986	0.8717	1.2816	1.6863	2.4748	9.8654
				中央国有企业				
pat	1199	26.6689	78.1186	0.0000	2.0000	6.0000	17.0000	1244.0000
lnpat	1199	2.0947	1.4034	0.0000	1.0986	1.9459	2.8904	7.1269
wr	1199	5.1220	4.6832	1.0203	2.3418	3.8273	6.0386	31.4764
resass	1530	0.0174	0.0175	0.0001	0.0040	0.0124	0.0250	0.0884
resrev	1530	0.0296	0.0356	0.0001	0.0051	0.0209	0.0396	0.2420
tobinq	2540	2.0553	1.3634	0.8717	1.1971	1.6128	2.3484	9.8654
				地方国有企业				
pat	1671	25.0688	139.2961	0.0000	1.0000	4.0000	10.0000	3181.0000
lnpat	1671	1.7718	1.3281	0.0000	0.6931	1.6094	2.3979	8.0653
wr	1671	5.6969	5.5609	1.0203	2.3723	3.8289	6.7107	31.4764
resass	2319	0.0128	0.0148	0.0001	0.0015	0.0076	0.0198	0.0884
resrev	2319	0.0197	0.0238	0.0001	0.0024	0.0112	0.0315	0.2420
tobinq	4985	1.8671	1.1801	0.8717	1.1832	1.5132	2.0919	9.8654
				民营企业				
pat	4316	15.5681	169.9552	0.0000	1.0000	4.0000	9.0000	5787.0000
lnpat	4316	1.6062	1.1137	0.0000	0.6931	1.6094	2.3026	8.6635
wr	4316	5.4697	4.4947	1.0203	2.5461	4.2217	6.8196	31.4764
resass	5620	0.0214	0.0172	0.0001	0.0098	0.0182	0.0281	0.0884
resrev	5620	0.0447	0.0434	0.0001	0.0196	0.0346	0.0521	0.2420
tobinq	7478	2.4376	1.6761	0.8717	1.3956	1.8676	2.7997	9.8654

图3－1展示了中央国有企业、地方国有企业和民营企业内部薪酬差距（*wr*）每年均值的变化情况。由图3－1可知，2009年9月和2015年1月针对中央国有企业的“限薪”政策在短期内并没有对内部薪酬差距产生影响。由图3－1可知，2014年三类企业的内部薪酬差距较往年存在明显地下降，可能的原因是：2009年针对中央国有企业的“限薪”政策可能并没有严格地落实，从2012年年底以

习近平总书记为核心的新一届领导开始执政，经过 2013 年一年的顺利过渡，2014 年各项工作得到有力推进和落实，因 2009 年后各地方政府也制定了地方国有企业高管薪酬指导意见（周铭山和张倩倩，2016），同时中央和地方国有企业内部薪酬差距的下降会对民营产生示范和影响，所以 2014 年三类企业的内部薪酬差距明显下降。

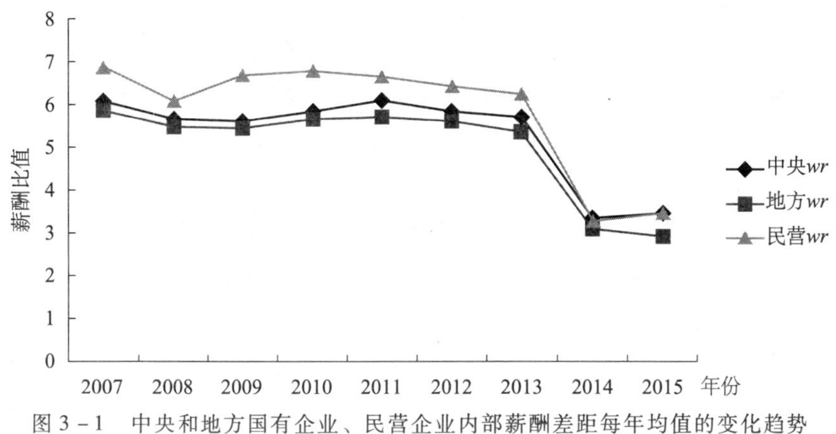

图 3－1　中央和地方国有企业、民营企业内部薪酬差距每年均值的变化趋势

3.5　计量结果与分析

3.5.1　内部薪酬差距对创新产出的影响

（1）企业内部薪酬差距对创新产出的影响

采用稳健标准误差 Tobit 回归①计量模型（3－19）②，回归结果见表 3－2、表

① 因很多企业的某年的发明专利申请数为 0，加 1 取自然对数后还是很多为 0，所以本书所有模型中如因变量为创新产出，都采用稳健标准误差 Tobit 回归。本书也尝试以内部薪酬差距为门槛变量，考察了内部薪酬差距与企业创新产出是否存在“N”或“M”型关系，结果发现不存在。

② 计量模型（3－19）可能存在不随时间变化的个体异质性遗漏变量，估计时应采用固定效应或者随机效应模型。本书所有模型都加入了行业和年度虚拟变量，即控制了年度和行业固定效应，其中制造业 C 门类还细分到次类，所以存在不随时间变化的个体异质性遗漏变量的可能性大大减弱。为了提高稳健性，本书经过引入 n－1 个公司虚拟变量进行 LSDV 检验，发现很多公司的截距项在 5% 水平上不显著，所以可认为计量模型（3－19）不存在不随时间变化的个体异质性遗漏变量或者可认为这种影响并不明显。文后的计量模型包括稳健性部分也都经过了这样的检验。

3－3和表3－4。中央国有企业方面，由表3－2列（1）—（2）可知，仅加入内部薪酬差距一次项、同时加入内部薪酬差距一次项和二次项时，中央国有企业内部薪酬差距的系数并不显著，即其内部薪酬差距对创新产出的影响并不显著。由前文可知中央国有企业创新产出对企业价值的影响不显著，企业价值对高管未来薪酬存在正向影响，即创新产出不能增加高管的未来薪酬，所以中央国有企业内部薪酬差距对创新产出的影响不显著。

地方国有企业方面，表3－2列（3）内部薪酬差距的p为0.116（n＝1671），即边际显著为正，地方国有企业创新产出对企业价值存在正向影响，地方国有企业高管的未来薪酬对企业价值的业绩敏感性较低，所以内部薪酬差距扩大时，会稍微激励高管追求更多的创新产出。表3－2列（4）加入薪酬差距平方后，薪酬差距一次项和二次项都变为不显著，说明“U”型关系不显著。

民营企业方面，表3－2列（5）中，内部薪酬差距在5%的显著水平下显著为正，列（6）加入内部薪酬差距平方后，内部薪酬差距一次项和二次项都变为不显著，说明内部薪酬差距对民营企业创新产出存在正向影响，创新产出对企业价值存在正向影响、企业价值对高管未来薪酬的正向影响较强，所以民营企业内部薪酬差距扩大，激励高管开展创新活动，提高了创新产出。以上验证了前3个假设中关于内部薪酬差距与创新产出关系的假设。

表3－3为当期内部薪酬差距对滞后一期创新产出的影响回归结果。表3－3中显示，中央国有企业内部薪酬差距对创新产出的影响不显著，地方国有企业内部薪酬差距与创新产出在5%的显著水平下显著正相关。表3－3列（5）中，内部薪酬差距与创新产出在5%的显著水平下显著正相关，表3－3列（6）中，显示薪酬差距与创新产出呈倒“U”关系，其对称轴处内部薪酬差距为18.2000，但民营企业内部薪酬差距的95%分位数为13.9635，说明至少95%的样本在对称轴左边，所以可以认为内部薪酬差距对创新产出存在正向影响。可见表3－3与表3－2的结论基本一致。这也验证了前3个假设中关于内部薪酬差距与创新产出关系的假设。

表3－4为当期内部薪酬差距对滞后二期创新产出的影响回归结果。表3－4列（1）、（2）中，中央国有企业内部薪酬差距的系数不显著，说明中央国有企业内部薪酬差距对创新产出的影响不显著。表3－4列（3）中内部薪酬差距系数在10%显著水平下显著为正，说明地方国有企业内部薪酬差距对创新产出存在正向影响。表3－4列（5）中，内部薪酬差距与创新产出在10%显著水平下显

著正相关，表 3－4 列（6）中，显示内部薪酬差距与创新产出呈倒“U”关系，其对称轴处内部薪酬差距为 15.2500，但民营企业内部薪酬差距的 95% 分位数为 13.9635，说明至少 95% 的样本在对称轴左边，所以也可认为民营内部薪酬差距对创新产出存在正向影响。由表 3－4 可知，中央国有企业内部薪酬差距对创新产出的影响不显著，地方国有企业和民营内部薪酬差距对创新产出存在正向影响。即表 3－4 与表 3－2、表 3－3 的结论基本一致。这同样验证了前 3 个假设中关于内部薪酬差距与创新产出关系的假设。

（2）地方国有企业和民营企业内部薪酬差距对创新产出的分位数回归

由表 3－4 可知，地方国有企业和民营企业内部薪酬差距对创新产出存在正向影响，为此本书借助分位数回归进一步考察两类企业内部薪酬差距对不同创新产出量的企业的影响，回归结果见表 3－5。由表 3－5 可知，内部薪酬差距主要是对创新产出量高的企业起到促进创新产出的作用。科技企业相对于非科技企业的创新产出量更高，所以这里创新产出量高的企业对应科技企业。

表 3－2　　内部薪酬差距对创新产出的影响

	(1)	(2)	(3)	(4)	(5)	(6)
Variables	$lnpat_{t+1}$	$lnpat_{t+1}$	$lnpat_{t+1}$	$lnpat_{t+1}$	$lnpat_{t+1}$	$lnpat_{t+1}$
	中央国有企业	中央国有企业	地方国有企业	地方国有企业	民营企业	民营企业
wr_{t+1}	－0.0170	－0.0350	0.0113	0.0037	0.0105**	0.0093
	(－1.1026)	(－1.5021)	(1.5718)	(0.2094)	(2.2605)	(0.7993)
${wr_{t+1}}^2$		0.0007		0.0003		0.0000
		(0.8646)		(0.4216)		(0.1101)
$lnage_{t+1}$	－0.2601*	－0.2686***	－0.2375***	－0.2387***	0.0039	0.0038
	(－1.6789)	(－3.1044)	(－3.7402)	(－3.7627)	(0.1001)	(0.0971)
roa	2.3966**	2.4685***	0.9462	0.9715	2.7459***	2.7491***
	(2.3654)	(3.3668)	(1.4335)	(1.4575)	(6.3403)	(6.3534)
lev	－0.7925*	－0.7989***	－0.1098	－0.1128	0.1459	0.1462
	(－1.8668)	(－3.1507)	(－0.5134)	(－0.5290)	(1.0950)	(1.0972)
lnasset	0.6052***	0.6007***	0.2966***	0.2957***	0.3952***	0.3950***
	(3.9698)	(7.0093)	(4.3238)	(4.3115)	(7.8760)	(7.8536)
lnrev	－0.0213	－0.0147	0.3045***	0.3064***	0.0795*	0.0799*
	(－0.1518)	(－0.1835)	(5.0328)	(5.0630)	(1.8247)	(1.8238)
cr1	－0.2793	－0.3085	－0.5638**	－0.5736**	－0.1308	－0.1309
	(－0.4751)	(－0.9651)	(－2.3096)	(－2.3508)	(－0.9284)	(－0.9291)

续表

Variables	(1)	(2)	(3)	(4)	(5)	(6)
	$lnpat_{t+1}$	$lnpat_{t+1}$	$lnpat_{t+1}$	$lnpat_{t+1}$	$lnpat_{t+1}$	$lnpat_{t+1}$
	中央国有企业	中央国有企业	地方国有企业	地方国有企业	民营企业	民营企业
lndsrs	0.6367	0.6469 ***	-0.4119 **	-0.4086 **	0.4585 ***	0.4585 ***
	(1.3162)	(2.6200)	(-2.3670)	(-2.3629)	(3.4491)	(3.4492)
ddzb	1.2294	1.2253	-0.9944	-0.9793	1.2240 ***	1.2230 ***
	(1.0038)	(1.5301)	(-1.5230)	(-1.4984)	(2.7035)	(2.7004)
msh	0.5053	0.5294	0.2229	0.2116	0.2785 ***	0.2783 ***
	(0.3034)	(0.4797)	(0.2109)	(0.2002)	(3.1823)	(3.1747)
dual	0.3441	0.3502 ***	0.1630	0.1633	0.1647 ***	0.1648 ***
	(1.5759)	(2.5987)	(1.5857)	(1.5897)	(4.4858)	(4.4853)
constant	-11.6473 ***	-11.6260 ***	-10.8756 ***	-10.8641 ***	-11.2955 ***	-11.2945 ***
	(-5.8373)	(-11.7872)	(-10.7857)	(-10.7363)	(-12.2656)	(-12.2592)
industry	yes	yes	yes	yes	yes	yes
year	yes	yes	yes	yes	yes	yes
N	1199	1199	1671	1671	4316	4316
Pseudo R^2	0.1097	0.1099	0.1159	0.1160	0.0684	0.0684

注：***、**、*分别表示在1%、5%、10%水平上显著。如无特别说明，后文各表中的星号相同。

表3-3　内部薪酬差距对滞后一期创新产出的影响

Variables	(1)	(2)	(3)	(4)	(5)	(6)
	$lnpat_{t+2}$	$lnpat_{t+2}$	$lnpat_{t+2}$	$lnpat_{t+2}$	$lnpat_{t+2}$	$lnpat_{t+2}$
	中央国有企业	中央国有企业	地方国有企业	地方国有企业	民营企业	民营企业
wr_{t+1}	-0.0069	-0.0110	0.0140 **	0.0040	0.0114 **	0.0364 ***
	(-0.6809)	(-0.4452)	(1.9863)	(0.2267)	(2.1870)	(2.8401)
${wr_{t+1}}^2$		0.0002		0.0004		-0.0010 **
		(0.1815)		(0.5471)		(-2.0169)
$lnage_{t+1}$	-0.2965 ***	-0.2982 ***	-0.2565 ***	-0.2584 ***	-0.0031	-0.0001
	(-3.3431)	(-3.3383)	(-3.7314)	(-3.7713)	(-0.0734)	(-0.0033)
roa	2.1628 ***	2.1831 ***	0.7145	0.7401	3.1608 ***	3.0904 ***
	(2.7409)	(2.7472)	(1.0324)	(1.0681)	(6.0987)	(5.9782)
lev	-0.8470 ***	-0.8481 ***	-0.1721	-0.1770	0.3169 **	0.3084 **
	(-3.1226)	(-3.1238)	(-0.7295)	(-0.7526)	(2.0896)	(2.0350)
lnasset	0.6013 ***	0.6000 ***	0.2642 ***	0.2626 ***	0.3119 ***	0.3183 ***
	(6.5283)	(6.4472)	(3.4718)	(3.4501)	(5.4562)	(5.5749)
lnrev	-0.0151	-0.0135	0.3674 ***	0.3705 ***	0.1336 ***	0.1250 **
	(-0.1730)	(-0.1526)	(5.4856)	(5.5213)	(2.7016)	(2.5272)

续表

Variables	(1) $lnpat_{t+2}$ 中央国有企业	(2) $lnpat_{t+2}$ 中央国有企业	(3) $lnpat_{t+2}$ 地方国有企业	(4) $lnpat_{t+2}$ 地方国有企业	(5) $lnpat_{t+2}$ 民营企业	(6) $lnpat_{t+2}$ 民营企业
cr1	-0.1317	-0.1385	-0.6704 **	-0.6818 **	-0.0919	-0.0861
	(-0.3949)	(-0.4137)	(-2.5205)	(-2.5657)	(-0.5706)	(-0.5334)
lndsrs	0.6223 **	0.6256 **	-0.5721 ***	-0.5691 ***	0.5246 ***	0.5227 ***
	(2.3238)	(2.3189)	(-3.1122)	(-3.1095)	(3.5473)	(3.5354)
ddzb	0.8561	0.8588	-1.2378 *	-1.2179 *	1.4424 ***	1.4514 ***
	(0.9716)	(0.9737)	(-1.6905)	(-1.6618)	(2.8136)	(2.8299)
msh	0.3660	0.3724	-0.2962	-0.3149	0.3397 ***	0.3438 ***
	(0.3194)	(0.3253)	(-0.2943)	(-0.3130)	(3.4716)	(3.5127)
dual	0.2657 *	0.2672 *	0.1236	0.1251	0.1763 ***	0.1732 ***
	(1.7906)	(1.7908)	(1.1650)	(1.1776)	(4.2115)	(4.1388)
constant	-11.5397 ***	-11.5358 ***	-10.4616 ***	-10.4454 ***	-10.8697 ***	-10.8566 ***
	(-10.9750)	(-10.9693)	(-10.6475)	(-10.6109)	(-10.7626)	(-10.7946)
industry	yes	yes	yes	yes	yes	yes
year	yes	yes	yes	yes	yes	yes
N	1033	1033	1474	1474	3545	3545
Pseudo R^2	0.1056	0.1056	0.1148	0.1148	0.0671	0.0676

表 3-4 内部薪酬差距对滞后二期创新产出的影响

Variables	(1) $lnpat_{t+3}$ 中央国有企业	(2) $lnpat_{t+3}$ 中央国有企业	(3) $lnpat_{t+3}$ 地方国有企业	(4) $lnpat_{t+3}$ 地方国有企业	(5) $lnpat_{t+3}$ 民营企业	(6) $lnpat_{t+3}$ 民营企业
wr_{t+1}	-0.0062	-0.0001	0.0134 *	0.0006	0.0094 *	0.0427 ***
	(-0.5058)	(-0.0023)	(1.7933)	(0.0334)	(1.7217)	(3.1500)
wr_{t+1}^2		-0.0002		0.0005		-0.0014 ***
		(-0.2334)		(0.6794)		(-2.6618)
$lnage_{t+1}$	-0.3176 ***	-0.3153 ***	-0.2321 ***	-0.2342 ***	-0.0364	-0.0333
	(-3.2032)	(-3.1691)	(-3.1377)	(-3.1700)	(-0.7952)	(-0.7229)
roa	1.8042 *	1.7753 *	-0.1585	-0.1186	2.5729 ***	2.4748 ***
	(1.9108)	(1.8863)	(-0.2171)	(-0.1619)	(4.2064)	(4.0663)
lev	-0.7501 **	-0.7485 **	-0.4879 *	-0.4901 *	0.3976 **	0.3818 **
	(-2.3095)	(-2.3016)	(-1.8122)	(-1.8226)	(2.1958)	(2.1069)
lnasset	0.5904 ***	0.5929 ***	0.2318 ***	0.2294 ***	0.2936 ***	0.3022 ***
	(5.4729)	(5.4366)	(2.6498)	(2.6215)	(4.4666)	(4.6073)

续表

Variables	(1)	(2)	(3)	(4)	(5)	(6)
	$lnpat_{t+3}$	$lnpat_{t+3}$	$lnpat_{t+3}$	$lnpat_{t+3}$	$lnpat_{t+3}$	$lnpat_{t+3}$
	中央国有企业	中央国有企业	地方国有企业	地方国有企业	民营企业	民营企业
lnrev	-0.0267	-0.0294	0.4407 ***	0.4440 ***	0.1606 ***	0.1507 ***
	(-0.2622)	(-0.2854)	(5.8354)	(5.8723)	(2.7560)	(2.5944)
cr1	-0.1365	-0.1256	-0.7662 ***	-0.7787 ***	-0.0364	-0.0263
	(-0.3671)	(-0.3389)	(-2.6138)	(-2.6594)	(-0.1956)	(-0.1414)
lndsrs	0.6944 **	0.6896 **	-0.6322 ***	-0.6291 ***	0.4836 ***	0.4801 ***
	(2.3140)	(2.2895)	(-3.2292)	(-3.2234)	(2.9688)	(2.9590)
ddzb	1.7857 *	1.7764 *	-1.3793 *	-1.3550 *	1.5197 ***	1.5068 ***
	(1.8305)	(1.8158)	(-1.7994)	(-1.7731)	(2.7361)	(2.7133)
msh	-0.1412	-0.1537	-0.1201	-0.1541	0.4320 ***	0.4363 ***
	(-0.0982)	(-0.1066)	(-0.0963)	(-0.1235)	(3.7881)	(3.8290)
dual	0.5041 ***	0.5017 ***	0.0799	0.0837	0.1203 **	0.1162 **
	(3.2127)	(3.1894)	(0.7020)	(0.7337)	(2.4723)	(2.3881)
constant	-11.7757 ***	-11.7914 ***	-10.8767 ***	-10.8278 ***	-10.8213 ***	-10.8715 ***
	(-10.2242)	(-10.2133)	(-10.3695)	(-10.2783)	(-9.6550)	(-9.7071)
industry	yes	yes	yes	yes	yes	yes
year	yes	yes	yes	yes	yes	yes
N	867	867	1277	1277	2735	2735
Pseudo R^2	0.0981	0.0981	0.1152	0.1153	0.0638	0.0646

表 3-5 地方国有企业和民营企业内部薪酬差距对滞后一期创新产出的分位数回归

Variables	(1)	(2)	(3)	(4)
	$lnpat_{t+1}$	$lnpat_{t+1}$	$lnpat_{t+1}$	$lnpat_{t+1}$
	OLS	QR_ 10	QR_ 50	QR_ 90
wr_{t+1}	0.0128 ***	0.0113	0.0130 ***	0.0166 ***
	(3.4457)	(1.5128)	(3.0050)	(2.7896)
$lnage_{t+1}$	-0.0765 ***	-0.0601	-0.0563	-0.0907 *
	(-2.8146)	(-0.9441)	(-1.5252)	(-1.7846)
roa	1.7780 ***	1.2298 *	1.6741 ***	1.7344 ***
	(5.7017)	(1.6509)	(3.8751)	(2.9161)
lev	0.0023	-0.0161	-0.0809	0.0599
	(0.0234)	(-0.0703)	(-0.6103)	(0.3285)
lnasset	0.3360 ***	0.1909 **	0.3088 ***	0.3573 ***
	(9.3187)	(2.4937)	(6.9556)	(5.8453)

续表

Variables	(1) $lnpat_{t+1}$ OLS	(2) $lnpat_{t+1}$ QR_ 10	(3) $lnpat_{t+1}$ QR_ 50	(4) $lnpat_{t+1}$ QR_ 90
lnrev	0.1602***	0.0085	0.1248***	0.3128***
	(5.2047)	(0.1262)	(3.1892)	(5.8086)
cr1	-0.3489***	-0.3157	-0.2096	-0.0025
	(-3.2234)	(-1.3198)	(-1.5110)	(-0.0134)
lndsrs	0.1000	-0.0234	-0.0357	0.3716**
	(1.0790)	(-0.1206)	(-0.3176)	(2.3979)
ddzb	0.6420**	-0.5175	0.0212	1.4666***
	(1.9758)	(-0.7596)	(0.0538)	(2.6963)
msh	0.2208***	-0.0270	0.1349	0.4215***
	(3.0116)	(-0.1531)	(1.3199)	(2.9955)
dual	0.1390***	0.0434	0.1469***	0.1992***
	(4.5636)	(0.6132)	(3.5825)	(3.5272)
constant	-10.4111***	-3.9830***	-8.6034***	-13.8810***
	(-18.9034)	(-3.4362)	(-12.7988)	(-14.9987)
industry	yes	yes	yes	yes
year	yes	yes	yes	yes
N	5987	5987	5987	5987

（3）地方国有企业和民营企业内部薪酬差距对创新产出影响的差异

在地方国有企业和民营企业样本中，在内部薪酬差距影响创新产出的计量模型中引入内部薪酬差距（*wr*）与虚拟变量（*difang*）的交乘项，具体见计量模型（3-27）。如果样本企业为地方国有企业，则虚拟变量（*difang*）取值为1，否则取值为0，回归结果见表3-6。表3-6列（4），因内部薪酬差距（*wr*）与虚拟变量（*difang*）的交乘项的系数不显著，可知地方国有企业和民营企业内部薪酬差距对创新产出影响没有显著的差异。

$$\ln pat_{it} = \kappa_0 + \kappa_1 wr_{it} + \kappa_2 wr_{it} \times difang_{it} + \kappa_3 \ln age_{it} + \kappa_4' X_{it-1} + \varepsilon_{it} \quad (3-28)$$

（4）三类企业内部薪酬差距对企业低质量的创新产出的影响

参考孔东民等（2017）的研究，企业低质量的创新产出（ln*pat*23）采用企业实用新型专利和外观设计专利之和来衡量，回归结果见表3-6。由表3-6列

(1)—(3)，可知中央国有企业和地方国有企业内部薪酬差距对企业低质量的创新产出的影响不显著，只有民营企业内部薪酬差距对企业低质量的创新产出的影响在 1% 的显著水平下显著为正。

表 3-6　　内部薪酬差距对滞后一期低质量的创新产出的影响

Variables	(1)	(2)	(3)	(4)
	$lnpat23_{t+1}$	$lnpat23_{t+1}$	$lnpat23_{t+1}$	$lnpat1_{t+1}$
	中央国企	地方国企	民营企业	地方国企和民营企业
wr_{t+1}	0.0083	-0.0081	0.0215***	0.0125***
	(0.8011)	(-0.9516)	(3.8010)	(2.9392)
$wr_{t+1} \times difang$				0.0009
				(0.1490)
$lnage_{t+1}$	-0.1764**	-0.0828	-0.0395	-0.0909***
	(-1.9624)	(-1.0499)	(-0.8131)	(-2.8540)
roa	1.3883	2.4473***	0.0561	1.9785***
	(1.4960)	(2.7510)	(0.1053)	(5.5133)
lev	-0.7783***	-0.3768	-0.2387	0.0243
	(-2.7383)	(-1.4219)	(-1.4283)	(0.2162)
lnasset	0.3637***	0.0378	0.1418**	0.3701***
	(3.8135)	(0.4403)	(2.4318)	(9.0476)
lnrev	0.1921**	0.5973***	0.3111***	0.1659***
	(2.1426)	(7.7612)	(6.1773)	(4.6714)
cr1	0.4272	-0.0870	0.3355**	-0.4040***
	(1.2182)	(-0.2999)	(1.9852)	(-3.3046)
lndsrs	0.2910	-0.5247**	-0.0905	0.0853
	(1.0640)	(-2.4648)	(-0.5962)	(0.8212)
ddzb	1.4430	0.1963	1.2293**	0.5031
	(1.4126)	(0.2692)	(2.3309)	(1.3713)
msh	-3.0490**	1.6136	0.2461**	0.2395***
	(-2.1567)	(0.9808)	(2.1935)	(2.8173)
dual	0.1594	-0.1075	0.0817*	0.1546***
	(1.0307)	(-0.8784)	(1.7913)	(4.4539)
constant	-12.2915***	-11.3918***	-8.9321***	-11.2897***
	(-9.5730)	(-9.9670)	(-6.6912)	(-16.6676)
industry	yes	yes	yes	yes
year	yes	yes	yes	yes
N	1199	1671	4316	5987
Pseudo R^2	0.1235	0.1275	0.0941	0.0757

3.5.2　内部薪酬差距对创新投入的影响

采用稳健标准误差回归计量模型（3－22），回归结果见表 3－7。第一，中央国有企业方面。由表 3－7 列（1）、（4）可知，中央国有企业内部薪酬差距的系数并不显著，中央国有企业高管不是基于自己的薪酬来制定创新决策，而是更多地受到政府政策的影响，所以中央国有企业内部薪酬差距对创新投入的影响并不显著。第二，地方国有企业方面。由表 3－7 列（2）、（5）可知，地方国有企业内部薪酬差距在 1% 的显著水平下显著为正，内部薪酬差距扩大时，高管想追求更多的创新产出，可能首先考虑的是增加创新投入。因融资约束较低，同时更是为了应付政府对其创新投入和能力的考核，所以高管真的会提高创新投入，即地方国有企业内部薪酬差距对创新投入存在正向影响。第三，民营企业方面。由表 3－7 列（3）、（6）可知，民营企业内部薪酬差距的系数并不显著，即民营企业内部薪酬差距对创新投入的影响并不显著。说明因在信贷和股权市场上的融资约束较强、增加创新投入将增加企业支出影响企业业绩，民营企业并不是通过提高创新投入来实现创新产出的增加。以上验证了前 3 个假设中关于内部薪酬差距与创新投入的关系的假设。

3.5.3　内部薪酬差距对创新效率的影响

采用稳健标准误差 Tobit 回归计量模型（3－23）、（3－24），回归结果见表 3－8。第一，中央国有企业方面。由表 3－8 列（1）、（4）可知，中央国有企业内部薪酬差距与创新投入的交乘项的系数并不显著，中央国有企业内部薪酬差距扩大时，来自高管的对创新效率的提高作用与来自职工的对创新效率的降低作用相差不大，所以内部薪酬差距的扩大并不能促进或者降低创新效率，这点验证了假设 1a 中关于薪酬差距与创新效率的关系的假设。第二，地方国有企业方面。表 3－8 列（2）地方国有企业内部薪酬差距与创新投入的交乘项的系数并不显著，即内部薪酬差距对创新效率的影响不显著；表 3－8 列（5）地方国有企业内部薪酬差距与创新投入交乘项的系数在 5% 的显著水平下显著为正，即内部薪酬差距对创新效率存在正向影响；说明内部薪酬差距的扩大对创新效率的影响并不很确定，这点与假设 2a 中关于薪酬差距与创新效率的关系的假设不完全吻合。第三，民营企业方面。由表 3－8 列（3）、（6）可知，民营企业内部薪酬差距与创新投入的交乘项的系数至少在 5% 的显著水平下都显著为正，一方面，内部薪酬差距扩大即高管薪酬提高，高管的相对收入增加，其满意度和幸福度提高，高管会增加开展创新活动的积极性，在创新产出与企业价值正相关和高管未来薪酬与企业价值正相关性较强情况下，高管会大幅度提高来自高管自己的创新效率；另一方面，民营企业市场化程度最高，其职工“均平”思想很弱、竞争思想很强，此时很可能锦标赛理论占主导，内部薪酬差距扩大将会激发职工参与创新活动的积极性，从而职工对创新效率起到提高作用。综合以上两点可知，民营内部薪酬差距扩大将促进创新投入的总产出水平，提高了民营企业创新效率，这点验证了假设 3a 中关于薪酬差距与创新效率的关系的假设。

表 3-7　内部薪酬差距对创新投入的影响

Variables	(1)	(2)	(3)	(4)	(5)	(6)
	$resass_{t+1}$	$resass_{t+1}$	$resass_{t+1}$	$resrev_{t+1}$	$resrev_{t+1}$	$resrev_{t+1}$
	中央国有企业	地方国有企业	民营国有企业	中央国有企业	地方企业	民营企业
wr_{t+1}	0.0000	0.0003***	0.0000	-0.0001	0.0003***	-0.0001
	(0.4073)	(5.0234)	(0.8434)	(-0.6932)	(3.8171)	(-0.6758)
$lnage_{t+1}$	-0.0064***	-0.0024***	-0.0002	-0.0141***	-0.0048***	-0.0026***
	(-7.6024)	(-3.4521)	(-0.3809)	(-8.4371)	(-3.7487)	(-2.9568)
roa	0.0318***	0.0150***	0.0238***	0.0370**	0.0070	0.0730***
	(4.6990)	(2.7445)	(4.9716)	(2.4921)	(0.6694)	(7.0415)
lev	0.0007	-0.0118***	-0.0164***	-0.0124***	-0.0239***	-0.0349***
	(0.3244)	(-6.9787)	(-11.7803)	(-2.7860)	(-8.1935)	(-12.0391)
lnasset	-0.0044***	-0.0067***	-0.0074***	0.0127***	0.0025***	0.0172***
	(-5.6644)	(-12.0272)	(-14.0996)	(5.4531)	(3.0779)	(14.8856)
lnrev	0.0029***	0.0059***	0.0078***	-0.0145***	-0.0034***	-0.0185***
	(3.9221)	(11.6029)	(17.1783)	(-6.5383)	(-4.1458)	(-18.2549)
cr1	0.0022	0.0037**	-0.0047***	-0.0030	0.0023	-0.0125***
	(0.8129)	(2.0083)	(-3.2748)	(-0.5774)	(0.8228)	(-3.7592)
lndsrs	0.0040*	-0.0014	0.0025*	0.0031	0.0014	0.0082***
	(1.7328)	(-0.8932)	(1.7856)	(0.6878)	(0.5913)	(2.5928)
ddzb	-0.0013	-0.0161***	0.0168***	0.0062	-0.0223***	0.0400***
	(-0.1654)	(-3.5766)	(3.6774)	(0.4104)	(-2.9970)	(3.8870)
msh	0.0324*	0.0488***	0.0012	0.0877**	0.1965***	-0.0008
	(1.8034)	(2.7325)	(1.2002)	(2.1074)	(3.9574)	(-0.3246)
dual	0.0006	0.0018**	0.0014***	-0.0011	0.0035***	0.0024**
	(0.3517)	(2.3891)	(3.4401)	(-0.3586)	(2.8024)	(2.5459)

续表

Variables	(1) resass$_{t+1}$ 中央国有企业	(2) resass$_{t+1}$ 地方国有企业	(3) resass$_{t+1}$ 民营国有企业	(4) resrev$_{t+1}$ 中央国有企业	(5) resrev$_{t+1}$ 地方企业	(6) resrev$_{t+1}$ 民营企业
constant	0.0080	0.0174 ***	-0.0105	0.0335 **	0.0108	-0.0252 *
	(1.1433)	(2.7604)	(-1.5381)	(2.4416)	(0.9327)	(-1.9002)
industry	yes	yes	yes	yes	yes	yes
year	yes	yes	yes	yes	yes	yes
N	1530	2319	5620	1530	2319	5620
R^2	0.4147	0.3866	0.3272	0.4530	0.4262	0.4450

表 3-8 企业内部薪酬差距对创新投入的产出水平（创新效率）的影响

Variables	(1) lnpat$_{t+1}$ 中央国有企业	(2) lnpat$_{t+1}$ 地方国有企业	(3) lnpat$_{t+1}$ 民营国有企业	(4) lnpat$_{t+1}$ 中央国有企业	(5) lnpat$_{t+1}$ 地方企业	(6) lnpat$_{t+1}$ 民营企业
wr_{t+1}	-0.0004	-0.0070	-0.0099	-0.0031	-0.0191 *	-0.0182 **
	(-0.0366)	(-0.5879)	(-1.2388)	(-0.2563)	(-1.8075)	(-2.5027)
resass	17.8909 ***	11.5398 **	16.7850 ***			
	(4.0133)	(2.5375)	(8.5217)			
wr_{t+1} * *resass*	-0.2556	0.1517	0.6207 **			
	(-0.4446)	(0.2914)	(2.1526)			
resrev				7.3996 ***	5.1553 **	5.0387 ***
				(2.9050)	(2.4272)	(6.4277)
wr_{t+1} * *resrev*				0.0147	0.6343 **	0.6517 ***
				(0.0362)	(2.4168)	(4.6243)
$lnage_{t+1}$	-0.1581	-0.2160 ***	0.0123	-0.1595	-0.2021 ***	0.0116
	(-1.6426)	(-2.9377)	(0.2945)	(-1.5877)	(-2.7811)	(0.2764)
roa	2.4400 ***	1.6169 **	1.6866 ***	2.8197 ***	1.8361 **	2.2257 ***
	(2.9553)	(2.0370)	(3.9945)	(3.3919)	(2.3328)	(5.1669)
lev	-0.3860	0.1602	0.2378 *	-0.3081	0.2307	0.3162 **
	(-1.3757)	(0.6383)	(1.7430)	(-1.0861)	(0.9304)	(2.3027)
lnasset	0.7326 ***	0.3636 ***	0.6508 ***	0.5296 ***	0.1832 **	0.2627 ***
	(7.3083)	(4.3567)	(11.7996)	(5.6413)	(2.2108)	(5.0892)
lnrev	-0.1648 *	0.2319 ***	-0.1259 ***	0.0206	0.4002 ***	0.2528 ***
	(-1.7824)	(3.0792)	(-2.6711)	(0.2332)	(5.1465)	(5.4099)
cr1	-0.6292 *	-0.6405 **	-0.0052	-0.5655	-0.6563 **	-0.0147
	(-1.8424)	(-2.2299)	(-0.0365)	(-1.6422)	(-2.2857)	(-0.1021)

续表

Variables	(1)	(2)	(3)	(4)	(5)	(6)
	$lnpat_{t+1}$	$lnpat_{t+1}$	$lnpat_{t+1}$	$lnpat_{t+1}$	$lnpat_{t+1}$	$lnpat_{t+1}$
	中央国有企业	地方国有企业	民营国有企业	中央国有企业	地方企业	民营企业
lndsrs	0.3626	-0.1131	0.3894***	0.3621	-0.1419	0.3771***
	(1.2865)	(-0.5605)	(2.9327)	(1.2680)	(-0.6924)	(2.7978)
ddzb	-0.8479	0.6729	0.9397**	-0.7454	0.6816	1.0024**
	(-0.9137)	(0.8648)	(2.0802)	(-0.8057)	(0.8769)	(2.1903)
msh	-0.2439	-0.2625	0.2955***	-0.5495	-1.7797	0.3183***
	(-0.2027)	(-0.2324)	(3.3702)	(-0.4387)	(-1.4195)	(3.5979)
dual	0.3839**	0.1111	0.1383***	0.3961***	0.1039	0.1441***
	(2.5179)	(0.9700)	(3.7535)	(2.6013)	(0.9009)	(3.8816)
constant	-12.3740***	-12.5092***	-12.4760***	-11.8979***	-11.9688***	-11.7955***
	(-11.2439)	(-10.5089)	(-13.8639)	(-10.7773)	(-9.8829)	(-12.5024)
industry	yes	yes	yes	yes	yes	yes
year	yes	yes	yes	yes	yes	yes
N	959	1233	3922	959	1233	3922
Pseudo R^2	0.1058	0.1105	0.0869	0.1030	0.1118	0.0825

3.5.4 创新产出的中介效应

(1) 内部薪酬差距对企业价值的影响

为更准确地确定企业内部薪酬差距对企业价值的影响、使用更多的样本观测值，本书首先单独用计量模型（3-25）分别针对三类企业采用稳健标准误差回归，回归结果见表3-9。由表3-9列（5）—（8）可知，国有企业和民营企业内部薪酬差距都与企业价值至少在5%的显著水平下显著正相关，验证了前文中的关于内部薪酬差距与企业价值的理论框架。具体而言，中央国有企业内部薪酬差距对企业价值的影响不显著，地方国有企业和民营企业内部薪酬差距对企业价值存在显著的正向影响。同时根据前文理论假设和实证结果可知，地方国有企业和民营企业内部薪酬差距对创新产出存在显著的正向影响、创新产出对企业价值存在显著的正向影响（刘张发和田存志，2017），所以可以认为创新产出在地方国有企业和民营企业内部薪酬差距对企业价值的影响中存在中介传导作用。

(2) 创新产出在内部薪酬差距影响企业价值中的中介效应

为更加严格地检验中介效应，在保证相同的回归样本观测值下，分别采用稳健标准误差回归计量模型（3－19）、（3－25）和（3－26），回归结果见表 3－10。因中央国有企业内部薪酬差距对企业价值的影响不显著，所以本书不讨论创新产出在中央国有企业内部薪酬差距影响企业价值中的中介效应。地方国有企业方面，由表 3－10 列（2）、（3）可知，地方国有企业内部薪酬差距对企业价值的影响不显著，与表 3－9 结果不一致，可能是表 3－10 回归时样本观测值少了很多的原因，再由前文表 3－2 可知，地方国有企业当期内部薪酬差距对当期创新产出的影响只是边际显著为正，所以表 3－10 中地方国有企业创新产出的中介效应并没有明显地表现出来。

民营企业方面，由表 3－10 列（5）、（6）、（8）可知，内部薪酬差距的 γ_1、ϕ_1、φ_1 系数都是在 5% 的水平下显著为正，而且满足 $\phi_1 > \varphi_1$，即 $0.0064 > 0.0061$，也即创新产出在民营企业内部薪酬影响企业价值中起到部分中介效应，表明民营企业内部薪酬差距的扩大通过提高创新产出，进而提高企业价值。为稳健起见，本书采用 Sobel（Sobel，1982）检验方法计算其 z 值，$z = \gamma_1\varphi_2 / \sqrt{{\gamma_1}^2{\sigma_{\varphi_2}}^2 + {\varphi_2}^2{\sigma_{\gamma_1}}^2}$，$\gamma_1$ 是计量模型（3－19）中核心解释变量内部薪酬差距的系数，σ_{γ_1} 是 γ_1 的标准误，φ_2 是计量模型（4.3－8）中中介变量创新产出的系数，σ_{φ_2} 是 φ_2 的标准误，经计算得 $z = 1.6489$（$p < 0.05$）①，再次验证了创新产出在民营企业内部薪酬影响企业价值中起到部分中介效应。以上结论为内部薪酬差距影响企业价值的作用机制提供了一种新的解释。

表 3－9　　内部薪酬差距对企业价值的影响②

Variables	(1)	(2)	(3)	(4)	(5)	(6)	(7)	(8)
	tobinq	tobinq	tobinq	tobinq	tobinq	tobinq	tobinq	tobinq
	中央国有企业	中央国有企业	地方国有企业	地方国有企业	国有企业	国有企业	民营企业	民营企业
wr	0.0038	−0.0100	0.0051 **	−0.0057	0.0042 **	−0.0071	0.0139 ***	−0.0066
	(1.1459)	(−1.0476)	(2.1836)	(−0.9627)	(2.3187)	(−1.4255)	(5.1296)	(−1.0090)
wr^2		0.0005 *		0.0004 *		0.0004 **		0.0008 ***
		(1.7895)		(1.9064)		(2.5336)		(3.6189)
lnage	−0.1314 ***	−0.1356 ***	0.0467 *	0.0465 *	−0.0300	−0.0316	0.0422 *	0.0398 *
	(−3.8893)	(−3.9994)	(1.9569)	(1.9434)	(−1.5246)	(−1.6081)	(1.7597)	(1.6631)
roa	−0.0936	−0.0497	0.4736	0.5061	0.1467	0.1819	1.1415 ***	1.1717 ***
	(−0.1754)	(−0.0926)	(1.2447)	(1.3241)	(0.4826)	(0.5956)	(3.1195)	(3.2034)

① 温忠麟等（2004）的文中提到 z 值显著性水平 0.05 对应的临界值是 0.97，而不是通常的 1.96。

② 因描述性统计表 3－1 是基于主要回归结果表 3－2、表 3－7、表 3－8 而得，表 3－9 的回归中没有包含缺失相对较多的变量创新产出、创新投入，所以表 3－9 中的观测值明显增加。

续表

Variables	(1)	(2)	(3)	(4)	(5)	(6)	(7)	(8)
	tobinq	tobinq	tobinq	tobinq	tobinq	tobinq	tobinq	tobinq
	中央国有企业	中央国有企业	地方国有企业	地方国有企业	国有企业	国有企业	民营企业	民营企业
lev	-0.0095	-0.0116	0.0448	0.0418	-0.0299	-0.0313	0.2827 ***	0.2842 ***
	(-0.0697)	(-0.0857)	(0.4973)	(0.4644)	(-0.3835)	(-0.4017)	(2.8974)	(2.9180)
lnasset	-0.3232 ***	-0.3225 ***	-0.2270 ***	-0.2292 ***	-0.2459 ***	-0.2471 ***	-0.5509 ***	-0.5522 ***
	(-7.6744)	(-7.6690)	(-9.8374)	(-9.9175)	(-11.6606)	(-11.7116)	(-18.0104)	(-18.0854)
lnrev	0.0602 *	0.0616 *	-0.0495 **	-0.0466 **	-0.0117	-0.0094	0.0246	0.0297
	(1.7740)	(1.8146)	(-2.3987)	(-2.2631)	(-0.6569)	(-0.5291)	(1.0533)	(1.2715)
crl	0.0511	0.0390	0.1272	0.1148	0.0565	0.0454	0.1581 *	0.1585 *
	(0.4120)	(0.3160)	(1.4180)	(1.2656)	(0.7938)	(0.6349)	(1.6935)	(1.6977)
lndsrs	0.1049	0.1052	0.0176	0.0178	0.0511	0.0517	0.2366 ***	0.2427 ***
	(1.1287)	(1.1305)	(0.3152)	(0.3191)	(1.0749)	(1.0881)	(3.2748)	(3.3549)
ddzb	0.7763 **	0.7738 **	0.5710 **	0.5669 **	0.6493 ***	0.6506 ***	1.0637 ***	1.0643 ***
	(2.2095)	(2.2025)	(2.3830)	(2.3645)	(3.3179)	(3.3205)	(4.0774)	(4.0819)
msh	-0.0960	-0.0334	2.2038 *	2.2160 *	0.9643	0.9980	-0.4604 ***	-0.4618 ***
	(-0.1333)	(-0.0463)	(1.8145)	(1.8239)	(1.4778)	(1.5314)	(-7.1978)	(-7.2295)
dual	-0.0984	-0.0928	0.0040	0.0027	-0.0350	-0.0343	-0.0283	-0.0265
	(-1.3563)	(-1.2777)	(0.1227)	(0.0843)	(-1.1353)	(-1.1136)	(-1.1311)	(-1.0591)
lagtobinq	0.6876 ***	0.6876 ***	0.6195 ***	0.6180 ***	0.6564 ***	0.6553 ***	0.6623 ***	0.6619 ***
	(17.9369)	(17.9563)	(16.3495)	(16.2991)	(22.9750)	(22.9518)	(30.8631)	(30.8628)
constant	8.1929 ***	8.1983 ***	6.4295 ***	6.4525 ***	6.7632 ***	6.7687 ***	10.9681 ***	10.9605 ***
	(8.0145)	(8.0347)	(11.8589)	(11.8112)	(17.4481)	(17.4418)	(13.8088)	(13.7519)
industry	yes	yes	yes	yes	yes	yes	yes	yes
year	yes	yes	yes	yes	yes	yes	yes	yes
N	2540	2540	4985	4985	7525	7525	7478	7478
R^2	0.6322	0.6326	0.6161	0.6163	0.6130	0.6133	0.6617	0.6622

表 3-10　　创新产出在内部薪酬差距影响企业价值中的中介效应

Variables	(1)	(2)	(3)	(4)	(5)	(6)	(7)	(8)
	lnpat	tobinq	tobinq	tobinq	lnpat	tobinq	tobinq	tobinq
	地方国有企业	地方国有企业	地方国有企业	地方国有企业	民营企业	民营企业	民营企业	民营企业
wr	0.0123 *	0.0009	-0.0004	0.0006	0.0111 **	0.0064 **	-0.0054	0.0061 **
	(1.6905)	(0.2792)	(-0.0485)	(0.1864)	(2.3738)	(2.1811)	(-0.7330)	(2.1039)
wr^2			0.0000				0.0005 *	
			(0.1669)				(1.9535)	
lnpat				0.0353 **				0.0263 **
				(2.5456)				(2.2924)
lnage	-0.2397 ***	0.0025	0.0024	0.0107	-0.0181	0.0510 *	0.0496 *	0.0518 *
	(-3.6593)	(0.0717)	(0.0686)	(0.2991)	(-0.4248)	(1.7976)	(1.7531)	(1.8259)

续表

	(1)	(2)	(3)	(4)	(5)	(6)	(7)	(8)
	lnpat	tobinq	tobinq	tobinq	lnpat	tobinq	tobinq	tobinq
Variables	地方国有企业	地方国有企业	地方国有企业	地方国有企业	民营企业	民营企业	民营企业	民营企业
lagroa	0.9142				2.9938 ***			
	(1.3555)				(6.3258)			
laglev	-0.1636				0.2129			
	(-0.7383)				(1.4283)			
laglnasset	0.3078 ***				0.3943 ***			
	(4.3569)				(7.5409)			
laglnrev	0.3127 ***				0.0752 *			
	(5.0062)				(1.6935)			
lagcr1	-0.5975 **				-0.1592			
	(-2.3776)				(-1.1039)			
laglndsrs	-0.4649 **				0.4392 ***			
	(-2.5666)				(3.2522)			
lagddzb	-1.1301 *				1.1915 ***			
	(-1.6590)				(2.5893)			
lagmsh	0.5265				0.2579 ***			
	(0.5965)				(2.9009)			
lagdual	0.1512				0.1755 ***			
	(1.4158)				(4.7026)			
roa		2.2317 ***	2.2367 ***	2.2280 ***		3.0686 ***	3.0928 ***	3.0377 ***
		(4.2539)	(4.2510)	(4.2506)		(5.9999)	(6.0418)	(5.9375)
lev		0.1313	0.1306	0.1408		0.1530	0.1548	0.1560
		(1.2761)	(1.2705)	(1.3710)		(1.4359)	(1.4527)	(1.4637)
lnasset		-0.2198 ***	-0.2200 ***	-0.2307 ***		-0.4362 ***	-0.4380 ***	-0.4454 ***
		(-6.9904)	(-6.9603)	(-7.1928)		(-13.1128)	(-13.1489)	(-13.2386)
lnrev		0.0318	0.0322	0.0209		0.0467 *	0.0503 *	0.0436 *
		(1.0326)	(1.0326)	(0.6688)		(1.7684)	(1.8898)	(1.6535)
cr1		0.2790 *	0.2774 *	0.2997 **		0.1689	0.1688	0.1710
		(1.8409)	(1.8106)	(1.9665)		(1.5837)	(1.5832)	(1.6038)
lndsrs		-0.1118	-0.1110	-0.0963		0.1404 *	0.1409 *	0.1279 *
		(-1.3761)	(-1.3642)	(-1.2066)		(1.9006)	(1.9030)	(1.7300)
ddzb		0.0139	0.0163	0.0312		0.7421 ***	0.7287 **	0.7035 **
		(0.0419)	(0.0493)	(0.0942)		(2.5854)	(2.5416)	(2.4499)
msh		2.4840 **	2.4840 **	2.5004 **		-0.3290 ***	-0.3303 ***	-0.3358 ***
		(2.4086)	(2.4079)	(2.4189)		(-4.9948)	(-5.0226)	(-5.0966)
dual		-0.0493	-0.0492	-0.0584		-0.0358	-0.0343	-0.0393
		(-0.9811)	(-0.9769)	(-1.1642)		(-1.3813)	(-1.3241)	(-1.5154)

续表

Variables	(1) lnpat 地方国有企业	(2) tobinq 地方国有企业	(3) tobinq 地方国有企业	(4) tobinq 地方国有企业	(5) lnpat 民营企业	(6) tobinq 民营企业	(7) tobinq 民营企业	(8) tobinq 民营企业
lagtobinq		0.6538***	0.6536***	0.6486***		0.7101***	0.7112***	0.7085***
		(16.1974)	(16.1239)	(15.9629)		(25.6554)	(25.6974)	(25.5952)
constant	-10.6487***	3.6151***	3.6165***	4.0000***	-11.2056***	8.6097***	8.5997***	8.8811***
	(-11.3777)	(6.4979)	(6.4909)	(6.5220)	(-11.4689)	(13.0559)	(13.0305)	(13.2366)
industry	yes	yes	yes	yes	yes	yes	yes	yes
year	yes	yes	yes	yes	yes	yes	yes	yes
N	1570	1570	1570	1570	4193	4193	4193	4193
R^2		0.6708	0.6708	0.6722		0.6515	0.6517	0.6519
Pseudo R^2	0.1161				0.0688			

3.6 稳健性检验

3.6.1 采用负二项回归和零膨胀负二项回归

因发明专利申请数只能取非负整数，本样本有不少发明专利申请数取值为0，而且三类企业的发明专利申请数的方差都超过了均值的210倍，即存在过度分散，所以采用负二项回归如下计量模型：

$$pat_{it} = \lambda_0 + \lambda_1 wr_{it} + \lambda_2 \ln ageit + \lambda'_3 X_{it-1} + \varepsilon_{it} \qquad (3-29)$$

采用稳健标准误差负二项回归计量模型（3－29），回归结果见表3－11列（1）。鉴于本样本有不少发明专利申请数取值为0，本书还采用零膨胀负二项回归了计量模型（3－29），回归结果见表3－11列（2）。因中央国有企业内部薪酬差距对创新产出的影响不显著，地方国有企业内部薪酬差距对创新产出的影响边际正显著，所以本书只针对民营企业内部薪酬差距对创新产出的影响做了稳健性回归分析。表3－11列（1）、（2）内部薪酬差距系数的p值都为0.109，系数都边际显著为正，即民营企业内部薪酬差距对创新产出存在正向影响。

3.6.2 采用OLS回归

因本样本有不少发明专利申请数取值为0，参考江轩宇（2016）的研究，本书剔除发明专利申请数为 0 的观测值，采用稳健标准误差 OLS 方法重新回归民营内部薪酬差距对创新产出的影响，回归结果见表 3－11 列（3），可知民营企业薪酬差距系数显著为正，即民营企业内部薪酬差距对创新产出存在正向影响。

表 3－11　　　　内部薪酬差距对创新产出影响的稳健性检验

	(1)	(2)	(3)	(4)	(5)
Variables	pat_{t+1}	pat_{t+1}	$lnpat_{t+1}$	$lnpat_{t+1}$	wr_{t+1}
估计方法	负二项	零膨胀负二项	OLS	IVTobit	OLS
wr_{t+1}	0.0085	0.0085	0.0079*	0.4796***	
	(1.6027)	(1.6028)	(1.7912)	(16.6340)	
$wrnew_{t+1}$					−0.4002***
					(−3.2275)
$lnage_{t+1}$	−0.0095	−0.0095	0.0058	0.1288*	0.0253
	(−0.2145)	(−0.2146)	(0.1584)	(1.6931)	(1.4772)
roa	2.4167***	2.4168***	2.1762***	−0.6330	8.3681***
	(5.0246)	(5.0246)	(5.6086)	(−0.7119)	(4.4592)
lev	0.1145	0.1145	0.0728	1.1641***	−1.6554***
	(0.7652)	(0.7653)	(0.5997)	(4.6460)	(−2.8431)
lnasset	0.5225***	0.5225***	0.3205***	−0.1552**	0.8464***
	(9.9546)	(9.9546)	(6.8357)	(−1.9679)	(3.9696)
lnrev	0.1980***	0.1980***	0.1229***	−0.4336***	1.0929***
	(4.2042)	(4.2041)	(3.0882)	(−5.8532)	(6.5659)
cr1	−0.0421	−0.0421	−0.1465	−0.0439	−0.8761
	(−0.2810)	(−0.2811)	(−1.1245)	(−0.1686)	(−1.5404)
lndsrs	0.9595***	0.9595***	0.5325***	−0.6499***	1.0595*
	(7.4216)	(7.4214)	(4.3611)	(−2.7145)	(1.7684)
ddzb	2.3848***	2.3848***	1.8152***	−3.9983***	7.2126***
	(5.2236)	(5.2234)	(4.4020)	(−5.0737)	(3.6735)
msh	0.5160***	0.5160***	0.1950**	0.2655*	−0.7724**
	(5.2540)	(5.2539)	(2.4301)	(1.7698)	(−2.2217)
dual	0.1628***	0.1628***	0.1633***	−0.0211	0.6182***
	(4.0770)	(4.0770)	(4.7930)	(−0.3161)	(4.0823)
constant	−17.6809***	−19.6056	−9.8484***	15.4632	−27.6181***
	(−23.8398)	(−0.0349)	(−12.7353)	(.)	(−15.3707)
industry	yes	yes	yes	yes	yes
year	yes	yes	yes	yes	yes
N	4316	4316	3823	4316	7151

注：***、**、*分别表示 1%、5%、10% 的显著水平，列（1）、（2）、（4）括号中为 *z* 值，列（3）、（5）括号中为稳健标准误下的 *t* 值。

3.6.3 内部薪酬差距的内生性分析

计量模型（3－19）中，创新产出增加很可能会导致企业利润增加，利润增加导致高管和员工的薪酬增加不同步，因尺蠖效应（方军雄，2011）高管薪酬的增幅大于员工薪酬增幅，进而导致内部薪酬差距扩大，即薪酬差距与创新产出可能存在互为因果关系，也可能存在某些同时影响创新产出和薪酬差距的遗漏变量，这些都可能会引发内生性问题。首先本书考虑采用省级最低工资作为工具变量，但最低工资对上市企业员工薪酬的影响极其有限，即对上市企业高管员工薪酬差距的影响很有限。同时，最低工资也会增加企业生产成本而导致企业创新增强（李钢等，2009；林炜，2013），不满足工具变量外生性的要求。因此，本书参考李春涛和宋敏（李春涛和宋敏，2010；江轩宇，2016）的研究，选取同一行业（因制造业企业很多，所以本书制造业C门类细分到了次类，其他行业主要以门类区分）中其他企业的薪酬差距平均值作为该企业的内部薪酬差距的工具变量。某企业的内部薪酬差距水平会参考同行业其他企业的内部薪酬差距水平，同时其他企业的内部薪酬差距难以对本企业的创新产出产生直接影响，也就是同行业其他企业内部薪酬差距平均值这个工具变量与内生变量薪酬差距相关，但与该企业的创新产出不相关，满足工具变量的相关性和外生性要求。

为增强该工具变量（*wrnew*）的代表性，若某一行业排除目标企业后剩余企业数目小于等于3家，予以剔除，所以工具变量回归中样本数相对于前文有所减少。Tobit工具变量的回归结果见表3－11列（4），可见民营企业薪酬差距对创新产出存在正向影响。表3－11列（5）为工具变量（*wrnew*）对内生变量（内部薪酬差距）的影响回归，可知工具变量（*wrnew*）对内生变量（内部薪酬差距*wr*）存在影响，所以该工具变量满足相关性要求。

3.6.4 基于双重差分法的内生性分析

余明桂等（2016）以2009年国有资产监督管理委员会修订《中央企业负责人经营业绩考核暂行办法》为自然实验，以中央国有企业为实验组、以民营企业为控制组，采用双重差分法研究发现这一政策促进了企业发明专利申请数，原因是这一政策影响了企业的经济增加（*EVA*），进而促进企业创新。因此，本研究主体部分没有采用双重差分法来研究2009年出台的《关于进一步规范中央企业负责人薪酬管理的指导意见》对企业创新的影响，以免与2009年修订的《中央企业负责人经营业绩考核暂行办法》对创新的影响混淆而难以分辨。其实，采用双重差分法也无法回答前文所提到的“内部高管员工薪酬差距对创新产出的影响”。不过，为使前文得出的中央国有企业内部薪酬差距对创新产出的影响不显著的结论更稳健，为分离业绩考核政策对企业创新产出的影响，本书在控制经济增加值变动比例①（*evacha*）的情况下，分别针对 2007—2014 年、2007—2012 年②的中央国有企业和民营企业样本构建如下双重差分模型。

$$\ln pat_{it} = \delta_0 + \delta_1 yangqi_{it} + \delta_2 policy_{it} + \delta_3 policy_{it} \times yangqi_{it} + \delta_4 evacha + \delta_5 \ln age_{it} + \delta_6' X_{it-1} + \varepsilon_{it} \tag{3-30}$$

其中 *yangqi* 为中央国有企业虚拟变量，企业为实验组中央国有企业时取 1，否则取 0，控制组为民营企业。*policy* 为 2009 年“限薪”政策实施前后的时间虚拟变量，2010 年及以后为 1，否则为 0。其他变量与前文一致。δ_3 反映 2009 年“限薪”政策实施前后中央国有企业与民营企业创新产出变化的差异，如 δ_3 显著为正，则 2009“限薪”政策显著地促进了中央国有企业的创新产出；如 δ_3 显著为负，则 2009“限薪”政策显著地抑制了中央国有企业的创新产出；如 δ_3 不显著，则 2009“限薪”政策对中央国有企业创新产出的影响不显著，即中央国有企业内部薪酬差距对创新产出的影响不显著。

采用稳健标准误差 Tobit 回归计量模型（3-30），回归结果见表 3-12。由表 3-12 列（1）、（2）、（5）、（6）可知，在不控制经济增加值变动比例的情况下，因此时 $policy_{it} \times yangqi_{it}$ 的系数都显著为正，所以业绩考核政策确实显著地促进了中央国有企业的当期和下一期创新产出，与余明桂等（2016）的结论一致。控制经济增加值变动比例以分离 2009 年业绩考核政策对企业创新产出的影响，此时 δ_3 反映的是 2009 年“限薪”政策对中央国有企业创新产出的影响。由表 3-12 列（3）、（4）、（7）、（8）可知，因此时 $policy_{it} \times yangqi_{it}$ 的系数都不显著，所以“限薪”政策对中央国有企业创新产出的影响不显著，即可认为中央国有企业内部薪酬差距对创新产出的影响不显著，再次验证了前文假设 1a 中关于内部薪酬差距与创新产出的关系的假设。

为提高计量模型（3-30）回归结果的可靠性，本书检验了“限薪”之前中

---

① 经济增加值变动比例 = 本年数据 ÷ 上年数据 - 1，此处的经济增加值数据来源于国泰安中考虑了研究开发费用调整项的经济增加值。

② 设为 2007—2014 年是因为 2015 年又实施了一次“限薪”，2007—2012 年是为了设置为 2009 年“限薪”政策的前三年和后三年。

央国有企业和民营企业的创新产出是否满足平行趋势，参考 Bertrand 和 Mullainathan（2003）的研究，构建如下模型：

$$\ln pat_{it} = \rho_0 + \rho_1 before2_{it} + \rho_2 before1_{it} + \rho_3 treat_{it} + \rho_4 after1_{it} + \rho_5 after2_{it} + \rho_6 after3_{it} + \rho_7 after4_{it} + \rho_8 after5_{it} + \rho_9 after6_{it} + \rho'_{10} X_{it-1} + \varepsilon_{it} \tag{3-31}$$

在中央国有企业和民营企业组成的样本（2007—2015 年）中，如观测值是中央国有企业在“限薪”（2009 年）前的第 2 年、第 1 年的数据，*before*2、*before*1 分别取 1，否则取 0；如观测值是中央国有企业在“限薪”实施当年（2009 年）的数据，*treat* 取 1，否则取 0；如观测值是中央国有企业“限薪”后的第 1、2、3、4、5、6 年的数据，*after*1、*after*2、*after*3、*after*4、*after*5、*after*6 分别取 1，否则取 0。如果中央国有企业和民营企业创新产出在“限薪”前变化趋势一致，则 *before*2、*before*1 的估计系数均不显著。此外，本书对计量模型（4－11）进行了安慰剂检验，假设“限薪”发生在 2008 年初，即把计量模型（3－30）中的 *policy*2010 设置为 *policy*2008，设置方法类似。

由表 3－13 列（1）、（2）可知，*before*2、*before*1 的估计系数均不显著，说明中央国有企业和民营企业创新产出在“限薪”前变化趋势一致，满足平行趋势假设。由表 3－13 列（3）—（6）可知，无论是否加入 *evacha*，*policy*2008 × *yangqi* 的系数都不显著，进一步说明 2009 年国资委修订《中央企业负责人经营业绩考核暂行办法》促进了中央国有企业创新产出，但是 2009 年的“限薪”政策对中央国有企业创新产出的影响不显著。

由图 3－1 可知，2009 年 9 月和 2015 年 1 月针对中央国有企业的“限薪”政策并没有使内部薪酬差距缩小，2014 年的内部薪酬差距存在明显的下降，因此本书假设 2009 年 9 月和 2015 年 1 月分别实施了两次名义上的“限薪”政策，2014 年初实施了一次实际上的“限薪”政策，构建“限薪”政策多次实施的双重差分模型，具体模型如下：

$$\ln pat_{it} = \eta_0 + \eta_1 yangqi_{it} + \eta_2 policy2010_{it} + \eta_3 policy2010_{it} \times yangqi_{it} + \eta_4 policy2014_{it} + \eta_5 policy2014_{it} \times yangqi_{it} + \eta_6 policy2015_{it} + \eta_7 policy2015_{it} \times yangqi_{it} + \eta_8 evacha + \eta_9 lnage_{it} + \eta'_{10} X_{it-1} + \varepsilon_{it} \tag{3-32}$$

其中 $policy2010_{it}$ 和 $policy2015_{it}$、$policy2014_{it}$ 分别为 2009 年 9 月和 2015 年 1 月名义上“限薪”政策实施、2014 年初实际上“限薪”政策实施前后的时间虚拟

变量，分别对应是 2010 年和 2015 年及以后、2014 年及以后为 1，否则为 0。其他变量与前文一致。η_3、η_5、η_7分别表示 2009 年 9 月名义上"限薪"政策实施、2014 年初实际上"限薪"政策实施、2015 年 1 月名义上"限薪"政策实施对创新产出的影响。回归结果见表 3－14。由表 3－14 列（1）、（2）可知，在没有控制经济增加值变动比例（*evacha*）时，因此时 $policy2010_{it} \times yangqi_{it}$的系数都至少在 5% 的显著水平下显著为正，说明 2009 年的业绩考核政策确实显著地促进了中央国有企业下一期和当期创新产出，与余明桂等（2016）的结论一致。由表 3－14 列（3）、（4）可知，控制经济增加值变动比例以分离 2009 年业绩考核政策对创新产出的影响，三个交乘项系数都不显著，可知"限薪"政策（内部薪酬差距）对中央国有企业创新产出的影响不显著，再一次验证了前文假设 1a 中关于内部薪酬差距与创新产出的关系的假设。

表 3－12　2009 年 9 月针对中央国有企业的"限薪"政策对创新产出的影响

	(1)	(2)	(3)	(4)	(5)	(6)	(7)	(8)
Variables	$lnpat_{t+1}$	lnpat	$lnpat_{t+1}$	lnpat	$lnpat_{t+1}$	lnpat	$lnpat_{t+1}$	lnpat
	2007—2014 年样本				2007—2012 年样本			
yangqi	0.0834	0.0622	0.0419	0.1165	0.0568	0.0429	0.0230	0.0798
	(0.9245)	(0.6504)	(0.3337)	(0.8908)	(0.6144)	(0.4872)	(0.1796)	(0.5956)
policy	−0.2142 ***	0.0583	−0.1365	0.0141	0.0438	0.1636 **	0.0194	0.0496
	(−2.7544)	(0.7339)	(−1.2515)	(0.1292)	(0.5885)	(2.1218)	(0.1844)	(0.4684)
policy × yangqi	0.2274 **	0.2304 **	0.1797	0.1469	0.2959 ***	0.1960 *	0.2348	0.1036
	(2.3446)	(2.2677)	(1.3138)	(1.0489)	(2.8764)	(1.9404)	(1.6274)	(0.6928)
evacha			−0.0085	−0.0044			−0.0046	−0.0042
			(−1.4985)	(−0.7298)			(−0.6680)	(−0.5765)
$lnage_{t+1}$	−0.0673 *		−0.0518		−0.0900 **		−0.1006	
	(−1.8861)		(−0.9101)		(−2.2040)		(−1.4967)	
lnage		−0.0348		−0.0881 *		−0.0482		−0.1112 *
		(−1.1796)		(−1.8425)		(−1.4410)		(−1.8743)
roa	2.9737 ***	2.1172 ***	4.1513 ***	2.8054 ***	2.7295 ***	2.0123 ***	4.0560 ***	2.7200 ***
	(7.9537)	(5.4437)	(6.1147)	(4.4405)	(6.1138)	(4.0729)	(4.9713)	(3.4691)
lev	−0.0660	−0.2062	0.2528	−0.0620	−0.0675	−0.0939	0.3257	−0.0566
	(−0.5567)	(−1.6172)	(1.3723)	(−0.3401)	(−0.4654)	(−0.5864)	(1.4864)	(−0.2519)
lnasset	0.4815 ***	0.4743 ***	0.5094 ***	0.5459 ***	0.5384 ***	0.5392 ***	0.5999 ***	0.6334 ***
	(11.3734)	(11.1577)	(8.2304)	(8.9155)	(10.5783)	(10.6559)	(7.9536)	(8.1431)
lnrev	0.0436	0.0664 *	0.0037	0.0283	0.0168	0.0127	−0.0730	−0.0646
	(1.1711)	(1.8176)	(0.0694)	(0.5360)	(0.3685)	(0.2826)	(−1.1260)	(−0.9637)
cr1	−0.2444 *	−0.1954	−0.1389	−0.1104	−0.2903 *	−0.2741 *	−0.2369	−0.1590
	(−1.8825)	(−1.4979)	(−0.8039)	(−0.6494)	(−1.8295)	(−1.7287)	(−1.1064)	(−0.7294)

续表

	(1)	(2)	(3)	(4)	(5)	(6)	(7)	(8)
Variables	$lnpat_{t+1}$	lnpat	$lnpat_{t+1}$	lnpat	$lnpat_{t+1}$	lnpat	$lnpat_{t+1}$	lnpat
	2007—2014 年样本				2007—2012 年样本			
lndsrs	0.4233 ***	0.4400 ***	0.8152 ***	0.6619 ***	0.5185 ***	0.5302 ***	1.0169 ***	0.8565 ***
	(3.6654)	(3.8046)	(5.0909)	(4.3496)	(3.8224)	(4.0224)	(5.4364)	(4.6132)
ddzb	1.2746 ***	1.1961 ***	2.3276 ***	1.7224 ***	1.3700 ***	1.2521 ***	3.0685 ***	2.3130 ***
	(3.3155)	(3.0746)	(4.5211)	(3.3781)	(2.9103)	(2.7099)	(4.8690)	(3.5946)
msh	0.1579 *	0.1546 *	0.1705	0.1413	0.0782	0.0297	0.0522	-0.1179
	(1.8405)	(1.7885)	(1.4581)	(1.2403)	(0.7430)	(0.2620)	(0.3557)	(-0.7919)
dual	0.1644 ***	0.1675 ***	0.2103 ***	0.2007 ***	0.1904 ***	0.1867 ***	0.2289 ***	0.1979 ***
	(4.6190)	(4.6909)	(4.3619)	(4.3149)	(4.3679)	(3.9971)	(3.7774)	(3.3079)
constant	-11.6457 ***	-12.0766 ***	-13.5867 ***	-14.1910 ***	-12.7038 ***	-12.5706 ***	-14.6128 ***	-14.7534 ***
	(-17.6908)	(-17.6631)	(-15.1288)	(-15.7200)	(-16.4273)	(-18.3545)	(-13.5100)	(-13.0670)
industry	yes	yes	yes	yes	yes	yes	yes	yes
year	yes	yes	yes	yes	yes	yes	yes	yes
N	5538	5431	3124	3096	3684	3458	2055	1983
Pseudo R^2	0.0775	0.0825	0.0852	0.0948	0.0887	0.0888	0.0979	0.0970

表 3-13　“限薪”政策前中央国有企业和民营企业创新产出平行趋势及安慰剂检验

	(1)	(2)	(3)	(4)	(5)	(6)
Variables	$lnpat_{t+1}$	lnpat	$lnpat_{t+1}$	lnpat	$lnpat_{t+1}$	lnpat
before2	0.0080	0.2154				
	(0.0449)	(1.2252)				
before1	0.0721	-0.0575				
	(0.4789)	(-0.3368)				
treat	0.1400	0.0906				
	(1.1100)	(0.6784)				
after1	0.2654 **	0.2661 **				
	(2.2947)	(2.2602)				
after2	0.3708 ***	0.2709 **				
	(3.5727)	(2.4453)				
after3	0.4548 ***	0.2843 ***				
	(4.3254)	(2.8457)				
after4	0.2930 **	0.4404 ***				
	(2.5590)	(4.1418)				
after5	0.1433	0.2578 **				
	(1.1013)	(2.2238)				

续表

	(1)	(2)	(3)	(4)	(5)	(6)
Variables	$lnpat_{t+1}$	lnpat	$lnpat_{t+1}$	lnpat	$lnpat_{t+1}$	lnpat
*after*6	0.0000	0.2044				
	(.)	(1.5695)				
yangqi			0.0096	0.2087	0.0024	0.3291
			(0.0535)	(1.1848)	(0.0085)	(1.2816)
*policy*2008			-0.1092	0.2446 **	0.0407	0.2453
			(-0.9494)	(2.0133)	(0.2440)	(1.5803)
*policy*2008 × *yangqi*			0.2580	0.0291	0.1801	-0.1103
			(1.4191)	(0.1632)	(0.6335)	(-0.4225)
evacha					-0.0086	-0.0047
					(-1.5043)	(-0.7654)
control	yes	yes	yes	yes	yes	yes
constant	-11.8444 ***	-11.8763 ***	-11.7246 ***	-12.2083 ***	-13.6985 ***	-14.3513 ***
	(-17.6708)	(-18.1014)	(-17.7978)	(-17.8116)	(-14.9308)	(-15.5993)
industry	yes	yes	yes	yes	yes	yes
year	yes	yes	yes	yes	yes	yes
N	5538	6310	5538	5431	3124	3096
Pseudo R^2	0.0778	0.0772	0.0773	0.0821	0.0851	0.0947

表 3-14　三次针对中央国有企业的“限薪”政策对创新产出的影响

	(1)	(2)	(3)	(4)
Variables	$lnpat_{t+1}$	lnpat	$lnpat_{t+1}$	lnpat
yangqi	0.0843	0.0744	0.0419	0.1108
	(0.9347)	(0.7830)	(0.3344)	(0.8477)
*policy*2010	0.0320	0.1083	0.0172	0.0677
	(0.4252)	(1.3937)	(0.1626)	(0.6457)
*policy*2010 × *yangqi*	0.2657 ***	0.2451 **	0.2247	0.1154
	(2.6920)	(2.3609)	(1.6254)	(0.8040)
*policy*2014	-0.2166 ***	-0.0346	-0.1213	-0.0642
	(-3.7211)	(-0.6159)	(-1.5959)	(-0.8771)
*policy*2014 × *yangqi*	-0.2075	-0.0607	-0.2526	0.1116
	(-1.5138)	(-0.4901)	(-1.3204)	(0.7051)
*policy*2015	0.0000	-0.2563 ***	0.0000	-0.2539 ***
	(.)	(-4.2434)	(.)	(-3.1374)

续表

	(1)	(2)	(3)	(4)
Variables	$lnpat_{t+1}$	lnpat	$lnpat_{t+1}$	lnpat
policy2015 × yangqi	0.0000	-0.0535	0.0000	-0.1869
	(.)	(-0.3147)	(.)	(-0.8081)
evacha			-0.0088	-0.0050
			(-1.5432)	(-0.9192)
$lnage_{t+1}$	-0.0698*		-0.0529	
	(-1.9542)		(-0.9316)	
lnage		-0.0329		-0.0530
		(-1.1552)		(-1.1543)
roa	2.9686***	1.9578***	4.1449***	2.8513***
	(7.9466)	(5.4213)	(6.1166)	(4.7279)
lev	-0.0697	-0.2551**	0.2459	-0.1024
	(-0.5886)	(-2.1756)	(1.3384)	(-0.6040)
lnasset	0.4813***	0.4319***	0.5099***	0.4877***
	(11.3762)	(11.0598)	(8.2485)	(8.5740)
lnrev	0.0444	0.0924***	0.0040	0.0667
	(1.1935)	(2.7310)	(0.0755)	(1.3492)
cr1	-0.2437*	-0.2098*	-0.1403	-0.0723
	(-1.8785)	(-1.7169)	(-0.8123)	(-0.4464)
lndsrs	0.4279***	0.4400***	0.8205***	0.5781***
	(3.7100)	(4.0237)	(5.1376)	(4.0319)
ddzb	1.2737***	1.2009***	2.3407***	1.4645***
	(3.3148)	(3.3126)	(4.5439)	(3.0710)
msh	0.1573*	0.1729**	0.1701	0.1763
	(1.8347)	(2.1290)	(1.4555)	(1.6404)
dual	0.1654***	0.1579***	0.2108***	0.1923***
	(4.6544)	(4.7435)	(4.3787)	(4.4199)
constant	-11.6629***	-11.7109***	-13.6111***	-13.4358***
	(-17.7473)	(-18.2934)	(-15.1785)	(-16.0308)
industry	yes	yes	yes	yes
year	yes	yes	yes	yes
N	5538	6310	3124	3582
Pseudo R^2	0.0777	0.0770	0.0854	0.0888

3.6.5 含高管货币薪酬和股权薪酬的内部薪酬差距

参考黎文靖和胡玉明（2012）的研究，本书也构建了包含高管货币薪酬和股权薪酬的内部高管员工薪酬差距（*wr2*）。因此时考虑了高管的股权，所以回归中去掉了解释变量董监高持股比例（*msh*）。*wr2* 的具体计算公式如下：

$$wr2 = [（高管前三名薪酬总额 + 高管前三名持股总数 \times 年末股价）\div 3] \div 员工平均薪酬 \quad (3-33)$$

包含高管货币薪酬和股权薪酬的内部薪酬差距对企业创新产出的影响见表 3-15、对企业创新投入的影响见表 3-16、对企业创新效率的影响见表 3-17。

（1）三类企业含高管货币薪酬和股权薪酬的内部薪酬差距每年均值变化趋势

本书图 3-2、图 3-3 展示了中央国有企业、地方国有企业和民营企业含高管货币和股权的内部薪酬差距（*wr2*）每年均值的变化情况。从图 3-2、图 3-3 可知，2009 年 9 月和 2015 年 1 月针对中央国有企业的“限薪”政策在短期内并没有对内部薪酬差距（*wr2*）产生影响。从图 3-2、图 3-3 可发现，2014 年三类企业的内部薪酬差距（*wr2*）较往年存在明显地下降，可能的原因与图 3-1 类似。

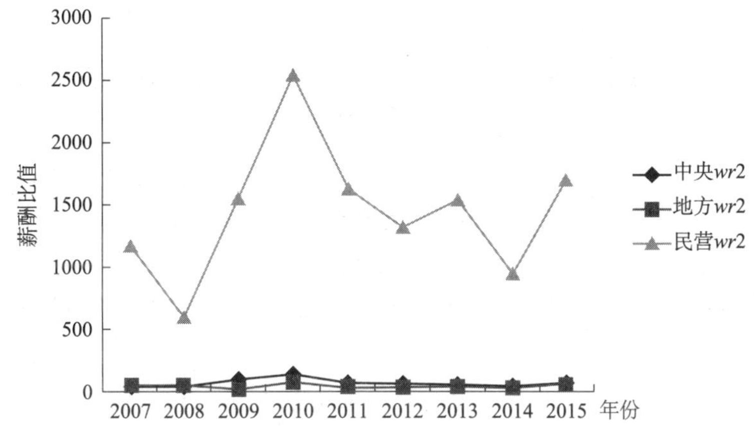

图 3-2 中央和地方国有企业、民营企业含高管货币和股权的内部薪酬差距每年均值的变化趋势

（2）包含高管货币薪酬和股权薪酬的内部薪酬差距对企业创新产出的影响

由表 3-15 列（1）、（2）可知，中央国有企业内部薪酬差距对创新产出的影响不显著。由表 3-15（3）可知，仅加入内部薪酬差距的一次项时，内部薪

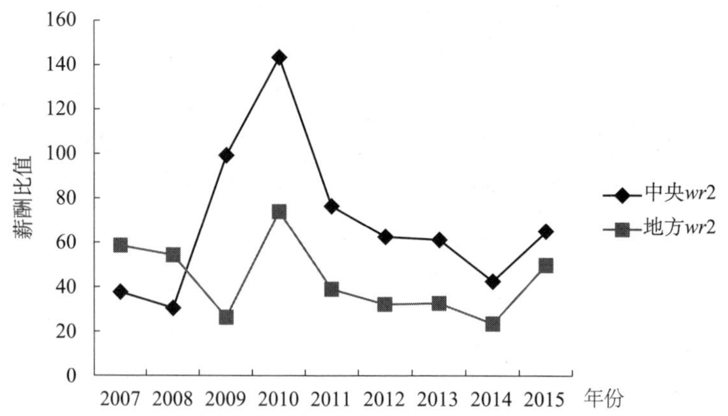

图 3－3　中央和地方国有企业含高管货币和股权的内部薪酬差距每年均值的变化趋势

酬差距的系数在 5% 显著水平下显著为正；因列（4）中内部薪酬差距的二次项系数很小，按照前文类似的方法，可知对称轴处内部薪酬差距的取值很大，样本企业内部薪酬差距基本在对称轴左边，因此可以认为地方国有企业内部薪酬差距与创新产出呈显著正相关。由表 3－15 列（5）、（6）可知，民营企业内部薪酬差距系数在 5% 显著水平下显著为正，系数实际取值为 0.0000139（因含高管货币薪酬和股权薪酬的内部薪酬差距的均值超过了 700，所以回归系数很小），可知民营企业内部薪酬差距对创新产出存在正向影响。总之，含高管货币薪酬和股权薪酬的内部薪酬差距对创新产出的影响与前文仅含高管货币薪酬的内部薪酬差距一致。

（3）包含高管货币薪酬和股权薪酬的内部薪酬差距对企业创新投入的影响

由表 3－16 列（1）、（4）可知，内部薪酬差距的系数不显著，即可认为内部薪酬差距对中央国有企业创新投入的影响不显著。由表 3－16 列（2）、（5）可知，内部薪酬差距的系数在 1% 显著水平下显著为正，列（2）中内部薪酬差距系数的具体取值为 2.38×10^{-6}，列（5）中内部薪酬差距系数的具体取值为 7.21×10^{-6}，因此可认为地方国有企业内部薪酬差距对创新投入的影响显著为正。由表 3－16 列（3）、（6）可知，内部薪酬差距的系数不显著，即可认为内部薪酬差距对民营企业创新投入的影响不显著。总之，含高管货币薪酬和股权薪酬的内部薪酬差距对创新投入的影响与前文仅含高管货币薪酬的内部薪酬差距基本一致。

（4）包含高管货币薪酬和股权薪酬的内部薪酬差距对企业创新效率的影响

中央国有企业方面。由表 3－17 列（1）、（4）可知，内部薪酬差距与创新投入交乘项的系数分别在 5%、1% 的显著水平下显著为正，即可认为内部薪酬差距对中央国有企业创新效率的影响显著为负，这点结论与前文仅含高管货币薪酬的内部薪酬差距对中央国有企业创新效率的影响有点差异。可能的原因如下：包含高管货币和股权薪酬的中央国有企业内部薪酬差距扩大时，即意味着高管的货币和股权薪酬增加，因高管拥有股权使得高管利益和企业价值联系更加紧密，对高管的股权激励会增加高管开展一切创新活动的积极性，从而来自高管的对创新效率的提高作用会增强。然而，国有企业职工存在较强“均平”观念，此时相对剥削理论和社会比较理论占主导，从而职工对创新效率起降低作用，值得注意的是，中央国有企业产权归国家所有，是公有制性质最强的企业类型，职工很可能会把高管持股认为是高管对国家资产的侵蚀，职工很可能认为这是一种极大的不公平，此时来自职工的对创新效率的降低作用很大。鉴于以上两点，包含高管货币和股权薪酬的中央国有企业内部薪酬差距扩大对创新效率总体上起到降低作用。说明从创新效率考虑，也不应该扩大中央国有企业内部薪酬差距。

地方国有企业方面。由表 3－17 列（2）、（5）可知，内部薪酬差距与创新投入交乘项的系数不显著，即可认为内部薪酬差距对地方国有企业创新效率的影响不显著。民营企业方面，由表 3－17 列（3）可知，内部薪酬差距与创新投入交乘项的系数在 10% 的显著水平下显著为正，即可认为内部薪酬差距对民营企业创新效率的影响为正。列（6）中内部薪酬差距与创新投入交乘项的系数不显著，与前文的结论有点差异。总之，含高管货币薪酬和股权薪酬的内部薪酬差距对创新效率的影响与前文仅含高管货币薪酬的内部薪酬差距大概一致。

表 3－15　含高管货币和股权的内部薪酬差距对滞后一期创新产出的影响[①]

	(1)	(2)	(3)	(4)	(5)	(6)
Variables	$lnpat_{t+1}$	$lnpat_{t+1}$	$lnpat_{t+1}$	$lnpat_{t+1}$	$lnpat_{t+1}$	$lnpat_{t+1}$
	中央国有企业	中央国有企业	地方国有企业	地方国有企业	民营企业	民营企业
$wr2_{t+1}$	-0.0000	-0.0001	0.0001**	0.0004**	0.0000**	0.0000
	(-0.6984)	(-0.8914)	(2.0973)	(2.0729)	(2.0121)	(0.5514)
${wr2_{t+1}}^2$		0.0000		-0.0000*		0.0000
		(0.7841)		(-1.9301)		(0.3027)

① 因为此表回归时不包含董监高持股比例（*msh*）变量，参与回归的观测值增多了，所以观测值 *N* 增加了。

续表

Variables	(1) $lnpat_{t+1}$ 中央国有企业	(2) $lnpat_{t+1}$ 中央国有企业	(3) $lnpat_{t+1}$ 地方国有企业	(4) $lnpat_{t+1}$ 地方国有企业	(5) $lnpat_{t+1}$ 民营企业	(6) $lnpat_{t+1}$ 民营企业
$lnage_{t+1}$	-0.2540***	-0.2640***	-0.2240***	-0.1989***	-0.0330	-0.0344
	(-3.3055)	(-3.3855)	(-3.9365)	(-3.4818)	(-0.8841)	(-0.9178)
roa	2.4426***	2.4853***	0.5484	0.5154	2.7445***	2.7471***
	(3.5034)	(3.5632)	(0.8351)	(0.7902)	(6.3793)	(6.3798)
lev	-0.7601***	-0.7646***	-0.0667	-0.0752	0.1334	0.1327
	(-3.1689)	(-3.1886)	(-0.3209)	(-0.3625)	(1.0045)	(0.9994)
lnasset	0.5964***	0.5983***	0.2928***	0.2801***	0.3881***	0.3883***
	(7.3020)	(7.3260)	(4.3769)	(4.1748)	(7.7181)	(7.7238)
lnrev	-0.0447	-0.0453	0.2917***	0.2861***	0.0910**	0.0906**
	(-0.5880)	(-0.5960)	(4.9374)	(4.8423)	(2.1295)	(2.1190)
cr1	-0.2573	-0.2799	-0.6182***	-0.5155**	-0.1521	-0.1582
	(-0.8439)	(-0.9125)	(-2.7827)	(-2.2763)	(-1.0902)	(-1.1303)
lndsrs	0.7130***	0.7146***	-0.3217**	-0.3167*	0.4341***	0.4337***
	(2.9507)	(2.9587)	(-1.9801)	(-1.9451)	(3.3012)	(3.2978)
ddzb	1.0782	1.0542	-0.4951	-0.4702	1.2120***	1.2113***
	(1.3676)	(1.3385)	(-0.7783)	(-0.7381)	(2.6916)	(2.6898)
dual	0.3054**	0.3010**	0.1553	0.1481	0.1489***	0.1509***
	(2.3999)	(2.3677)	(1.5252)	(1.4647)	(3.8744)	(3.8951)
constant	-11.1635***	-11.1438***	-10.8685***	-10.5933***	-11.1790***	-11.1674***
	(-11.7945)	(-11.7776)	(-11.2561)	(-10.9432)	(-12.9365)	(-12.8850)
industry	yes	yes	yes	yes	yes	yes
year	yes	yes	yes	yes	yes	yes
N	1267	1267	1791	1791	4382	4382
Pseudo R^2	0.1077	0.1078	0.1112	0.1124	0.0666	0.0667

表 3-16　含高管货币和股权的内部薪酬差距对创新投入的影响①

Variables	(1) $resass_{t+1}$ 中央国有企业	(2) $resass_{t+1}$ 地方国有企业	(3) $resass_{t+1}$ 民营企业	(4) $resrev_{t+1}$ 中央国有企业	(5) $resrev_{t+1}$ 地方国有企业	(6) $resrev_{t+1}$ 民营企业
$wr2_{t+1}$	0.0000	0.0000***	0.0000	0.0000	0.0000***	-0.0000
	(1.6088)	(5.2345)	(0.8211)	(1.4459)	(6.1549)	(-0.1438)

① 因为此表回归时不包含董监高持股比例（*msh*）变量，参与回归的缺漏值少了，所以观测值 *N* 增加了。

续表

Variables	(1) resass$_{t+1}$ 中央国有企业	(2) resass$_{t+1}$ 地方国有企业	(3) resass$_{t+1}$ 民营企业	(4) resrev$_{t+1}$ 中央国有企业	(5) resrev$_{t+1}$ 地方国有企业	(6) resrev$_{t+1}$ 民营企业
$lnage_{t+1}$	-0.0067***	-0.0032***	-0.0005	-0.0151***	-0.0079***	-0.0027***
	(-8.7608)	(-5.4173)	(-1.1888)	(-9.2918)	(-6.9940)	(-3.3796)
roa	0.0325***	0.0177***	0.0229***	0.0432***	0.0114	0.0701***
	(4.9865)	(3.3284)	(4.5805)	(3.0808)	(1.0848)	(6.7656)
lev	0.0021	-0.0122***	-0.0160***	-0.0102**	-0.0238***	-0.0344***
	(0.9279)	(-7.4969)	(-11.3828)	(-2.2918)	(-7.5492)	(-11.8632)
lnasset	-0.0043***	-0.0065***	-0.0074***	0.0130***	0.0023***	0.0169***
	(-5.5857)	(-12.2707)	(-13.5808)	(5.7399)	(2.8868)	(14.7438)
lnrev	0.0028***	0.0062***	0.0078***	-0.0150***	-0.0029***	-0.0183***
	(3.7910)	(12.4629)	(16.3483)	(-6.9158)	(-3.6473)	(-18.3579)
cr1	0.0002	0.0003	-0.0051***	-0.0073	-0.0036	-0.0116***
	(0.0702)	(0.1898)	(-3.6433)	(-1.4072)	(-1.2634)	(-3.6263)
lndsrs	0.0046**	-0.0007	0.0025*	0.0039	0.0024	0.0083***
	(2.0093)	(-0.4684)	(1.8243)	(0.8818)	(1.0617)	(2.6579)
ddzb	-0.0015	-0.0152***	0.0169***	0.0028	-0.0224***	0.0402***
	(-0.2018)	(-3.5403)	(3.6921)	(0.1959)	(-3.1693)	(3.9202)
dual	0.0004	0.0016**	0.0013***	-0.0015	0.0026**	0.0023**
	(0.2557)	(2.1755)	(3.0862)	(-0.5220)	(2.1444)	(2.3799)
constant	0.0138**	0.0137**	-0.0075	0.0468***	0.0237**	0.0328**
	(1.9907)	(2.3975)	(-1.1220)	(3.5710)	(2.4378)	(2.5408)
industry	yes	yes	yes	yes	yes	yes
year	yes	yes	yes	yes	yes	yes
N	1619	2480	5698	1619	2480	5697
R^2	0.4023	0.3785	0.3254	0.4430	0.4150	0.4434

表 3-17　含高管货币和股权的内部薪酬差距对创新效率的影响

Variables	(1) lnpat$_{t+1}$ 中央国有企业	(2) lnpat$_{t+1}$ 地方国有企业	(3) lnpat$_{t+1}$ 民营企业	(4) lnpat$_{t+1}$ 中央国有企业	(5) lnpat$_{t+1}$ 地方国有企业	(6) lnpat$_{t+1}$ 民营企业
$wr2_{t+1}$	0.0001**	-0.0003	-0.0000	0.0002***	-0.0003	0.0000
	(1.9656)	(-1.4467)	(-0.3853)	(2.6533)	(-1.0241)	(0.8898)
resass	17.1224***	11.1994**	18.9952***			
	(5.7938)	(2.0859)	(11.7340)			

续表

Variables	(1)	(2)	(3)	(4)	(5)	(6)
	$lnpat_{t+1}$	$lnpat_{t+1}$	$lnpat_{t+1}$	$lnpat_{t+1}$	$lnpat_{t+1}$	$lnpat_{t+1}$
	中央国有企业	地方国有企业	民营企业	中央国有企业	地方国有企业	民营企业
$wr2_{t+1} * resass$	-0.0050**	0.0056	0.0008*			
	(-2.2035)	(1.5398)	(1.8308)			
resrev				8.4943***	7.4707***	7.4935***
				(4.6407)	(4.2583)	(11.0556)
$wr2_{t+1} * resrev$				-0.0042***	0.0015	0.0001
				(-2.8238)	(0.9578)	(0.5328)
$lnage_{t+1}$	-0.1531*	-0.2239**	-0.0245	-0.1526*	-0.2015***	-0.0337
	(-1.7315)	(-2.0975)	(-0.6169)	(-1.6492)	(-2.9776)	(-0.8444)
roa	2.6307***	1.0982	1.5793***	2.9876***	1.3258	2.2475***
	(3.3248)	(0.9046)	(3.7253)	(3.7984)	(1.5711)	(5.2238)
lev	-0.4239	0.1132	0.2280*	-0.3292	0.1700	0.3068**
	(-1.6038)	(0.2837)	(1.6730)	(-1.2362)	(0.6855)	(2.2282)
lnasset	0.7103***	0.3609***	0.6517***	0.5084***	0.2098***	0.2642***
	(7.3692)	(2.7513)	(11.7224)	(5.6481)	(2.6150)	(5.1079)
lnrev	-0.1569*	0.2197*	-0.1278***	0.0340	0.3623***	0.2544***
	(-1.7663)	(1.8445)	(-2.7473)	(0.3997)	(4.8230)	(5.5532)
cr1	-0.5354*	-0.6087	-0.0229	-0.4874	-0.5478**	-0.0835
	(-1.6556)	(-1.4275)	(-0.1621)	(-1.4840)	(-2.1189)	(-0.5862)
lndsrs	0.4323	-0.0747	0.3487***	0.4474	-0.1000	0.3400**
	(1.5935)	(-0.2341)	(2.6213)	(1.6305)	(-0.5204)	(2.5180)
ddzb	-0.9269	0.6331	0.9393**	-0.8173	0.6223	1.0501**
	(-1.0095)	(0.5679)	(2.0787)	(-0.8914)	(0.8521)	(2.2914)
dual	0.3574**	0.0893	0.1246***	0.3732**	0.0889	0.1385***
	(2.4767)	(0.5765)	(3.2515)	(2.5601)	(0.7691)	(3.5648)
constant	-12.2617***	-12.2562***	-12.2959***	-11.9862***	-11.9994***	-11.7668***
	(-11.6796)	(-6.8702)	(-13.8244)	(-11.3762)	(-10.5995)	(-12.5865)
industry	yes	yes	yes	yes	yes	yes
year	yes	yes	yes	yes	yes	yes
N	1009	1318	3967	1009	1318	3967
Pseudo R^2	0.1042	0.1096	0.0851	0.1024	0.1091	0.0790

3.7　本章小结

基于中国沪深 A 股非金融类上市企业数据，结合中国实施创新驱动发展战略、国有企业“限薪”改革的现实背景，考察了不同所有权性质企业内部高管员工薪酬差距对企业创新产出、创新投入和创新效率的影响。结果发现：(1) 中央国有企业内部薪酬差距对创新产出、创新投入和创新效率的影响不显著。(2) 地方国有企业内部薪酬差距对创新产出、创新投入存在正向影响，但对创新效率的影响不明确。(3) 民营企业内部薪酬差距对创新产出、创新效率存在正向影响，但对创新投入的影响不显著。(4) 地方国有企业和民营企业内部薪酬差距对创新产出产生正向影响，两者的创新产出对企业价值产生正向影响，说明创新产出在两者内部薪酬差距对企业价值产生正向影响中起到中介效应，其中民营企业表现更为明显。

第4章　隐性薪酬差距与企业创新

4.1　引　　言

高管对企业创新的影响最为关键（周铭山和张倩倩，2016），对高管的激励包括显性激励和隐性激励，显性激励主要包括货币薪酬和股权（傅颀和汪祥耀，2013），隐性激励主要包括在职消费和政治晋升（王曾等，2014）。由于中国的国有企业高管薪酬受到管制，国有企业股权激励的推行也是如履薄冰（傅颀和汪祥耀，2013），众多学者认为隐性激励在国有企业高管激励体系中越来越重要（陈冬华等，2010），其中在职消费对高管的激励备受关注（陈冬华等，2005；罗宏和黄文华，2008；姜付秀和黄继承，2011；Luo 等，2011；王曾等，2014；Chen 等，2015；孙世敏等，2016）。那么，隐性薪酬差距[①]影响企业创新投入、创新效率和创新产出吗？如果会影响，对于不同所有权性质企业，这种影响是否存在差异？

首先，部分学者利用战略性新兴产业上市企业数据研究了（孙早和肖利平，2015；孙莹，2017）在职消费对企业创新投入、创新产出的影响。值得强调的是，企业创新包括创新投入、创新效率和创新产出，因此有必要把创新投入、创新效率和创新产出纳入同一个框架研究，以便更清楚地理解三者之间的关系。其

① 本书没有把高管隐性薪酬在职消费纳入内部薪酬差距指标中的原因见文后 4.3.1。为使全文表述一致，本书构造了企业内部高管与普通员工隐性薪酬差距，因政治晋升无法用具体的数值来衡量，高管存在隐性薪酬在职消费，而普通员工几乎不拥有在职消费，高管与普通员工隐性薪酬差距等于高管隐性薪酬减去普通员工隐性薪酬，所以高管与普通员工隐性薪酬差距就等于高管在职消费。文中“隐性薪酬差距”“隐性高管员工薪酬差距”都是指企业内部高管与普通员工隐性薪酬差距。

次，在职消费中即包括正常的部分，也包括异常的部分（Xu 等，2014；王曾等，2014；耿云江和王明晓，2016；孙世敏等，2016），正常的在职消费是高管履职过程中工作需要的消费，异常的在职消费是需要重点监督的部分，所以有必要考察异常在职消费对企业创新的影响。最后，在职消费包含会产生经济效益的货币薪酬补充和正常职务消费成分，也包含会发生代理成本的自娱性消费成分（孙世敏等，2016）。如果高管的在职消费没有得到适度地监督，高管自娱性消费成分可能会占多数即代理成本占优势，此时在职消费总体上将表现为"代理观"，即在职消费的提高并不能促进企业创新。综合以上三点，因此，有必要研究隐性薪酬差距、异常隐性薪酬差距①对企业创新投入、创新效率和创新产出的影响，同时也有必要研究在何种监督水平下隐性薪酬差距的提高（体现为高管在职消费的提高）才能或才能更有效地促进企业创新。

鉴于创新产出容易受到外生因素的影响，较少受到管理层的控制（David 等，2001），创新效率不仅受高管的影响，也受到员工（包括研发人员）的影响，创新投入主要由高管决定（冯根福和温军，2008），同时在职消费主要也是针对高管的激励，所以本书利用 2007—2015 年沪深 A 股非金融类上市企业数据，研究了隐性薪酬差距对企业创新投入的影响，并利用门槛效应回归发现企业监督指标（股权集中度、机构投资者持股比例）适度时，隐性薪酬差距的提高才能（才能更有效地）促进创新投入。同时，本书研究了隐性薪酬差距影响创新投入的作用机制，发现中央国有企业的过度投资在隐性薪酬差距影响创新投入中存在显著的中介效应。

本章余下内容的结构安排如下：4.2 理论分析与研究假设；4.3 企业内部隐性薪酬差距与企业创新，考察不同所有权性质企业内部隐性薪酬差距对企业创新产出、创新投入和创新效率的影响；4.4 隐性薪酬差距、适度监督与企业创新投入，考察不同所有权性质企业在何种监督水平下，隐性薪酬差距才能或才能更好地促进企业创新投入；4.5 对本章的主要发现做一个简要的总结。

---

① 隐性薪酬差距等于高管在职消费，异常隐性薪酬差距等于高管异常在职消费。

4.2 理论分析与研究假设

4.2.1 中央国有企业隐性薪酬差距与企业创新

（1）企业隐性薪酬差距对创新产出的影响

为实现经济增长或社会稳定等目标，政府经常将 GDP 增长或降低失业率等任务施加给国有企业（Bai 和 Xu，2005；张洪辉等，2010），国有企业肩负着众多的政府任务，通常不以企业利润最大化为目标，而是竭力去完成政府下达的任务（Zhang 等，2003），其中中央国有企业更为明显，中央国有企业价值独立性很强，所以中央国有企业创新产出很可能对其价值未发现显著影响（刘张发和田存志，2017）[①]。国有企业高管的薪酬对业绩敏感性较低（Firth 等，2006；薛云奎和白云霞，2008），即企业价值的提升对高管未来薪酬的提升作用很有限，因此中央国有企业高管对企业的创新产出很可能并不在意，从而隐性薪酬差距扩大[②]（体现出高管在职消费的提高）对创新产出的影响并不显著。

（2）企业隐性薪酬差距对创新投入的影响

首先，企业创新投入主要由高管决定，2006 年《中央企业负责人经营业绩考核暂行办法》明确要求考虑包括企业技术创新投入和企业创新能力在内的相关因素，所以在高管在职消费隐性激励下，为了完成创新投入的业绩考核，中央国有企业高管可能会增加创新投入。其次，相对于内部薪酬差距扩大体现出来的高管薪酬增加，在职消费提高的激励作用更加直接和明显。由于中国的国有企业存在薪酬管制，国有企业股权激励的实施也如履薄冰（傅颀和汪祥耀，2013），国有企业高管在职消费成为显性激励的替代性选择（陈冬华等，2005）。对于不同所有权性质企业而言，在职消费的提高提升了对高管的激励水平，能有效地弥补开展创新时高管付出的私人成本，企业创新投入主要由高管决定，所以此时促进

---

① 前文数学理论模型显示国有企业内部薪酬差距与企业价值整体上表现为正相关，该结论在后文的实证计量结果中得到了验证。

② 高管存在隐性薪酬在职消费，而普通员工几乎不存在在职消费，高管员工隐性薪酬差距等于高管隐性薪酬减去员工隐性薪酬，所以高管员工隐性薪酬差距等于高管在职消费。因此，高管员工隐性薪酬差距扩大体现出高管在职消费增加。

创新投入。最后，当然当政府给中央国有企业下达的任务较多时，中央国有企业高管不是基于自己的薪酬来制定创新决策，而是更多地受到政府政策的影响（夏芸和唐清泉，2011），此时在职消费的提高可能并不能提高创新投入。综合以上三点，中央国有企业隐性薪酬差距对创新投入的影响可能并不明确。

（3）企业隐性薪酬差距对创新效率的影响

因中央国有企业本身存在较强的政治关联性，其较容易获得创新补贴，在职消费的提高对于其与政府的关系的提升作用并不明显，从而其获得的创新补贴增加并不明显[①]，创新补贴挤出企业自身创新投入的情况也并不明显，所以在职消费的提高对创新效率的影响不显著。

（4）综合隐性薪酬差距扩大对创新投入、创新效率的影响检验此时对创新产出的影响

根据前文，中央国有企业隐性薪酬差距对创新投入的影响并不确定、对创新效率的影响不显著，所以隐性薪酬差距对创新产出的影响并不显著，这与前文部分（1）中的对隐性薪酬差距与创新产出的关系的推理一致。根据上述分析，本书提出如下假设：

假设 1b：中央国有企业隐性薪酬差距对创新投入的影响不明确，对创新效率、创新产出的影响不显著。

4.2.2　地方国有企业隐性薪酬差距与企业创新

（1）企业隐性薪酬差距对创新产出的影响

创新产出可以提高企业价值（徐欣和唐清泉，2010；Krusinskas 等，2015），与中央国有企业相比地方国有企业市场化程度更高，其追求形式主义的创新产出的可能性较低，所以其创新产出对企业价值存在正向影响（刘张发和田存志，2017）。

创新产出与企业价值正相关，国有企业高管的未来薪酬对企业业绩敏感性较低（Firth 等，2006；杜兴强和王丽华，2007；薛云奎和白云霞，2008），所以隐性薪酬差距扩大（体现出高管在职消费的提高）时，高管为未来获得更高的薪酬，会稍微激励高管追求更多的创新产出。

① 黎文靖和池勤伟（2015）研究发现国有企业在职消费对政府补贴的影响不显著，非国有企业在职消费对政府补贴存在正向影响。

（2）企业隐性薪酬差距对创新投入的影响

首先，根据前文分析，隐性薪酬差距扩大时，高管想追求更多的创新产出，可能首先考虑的是增加创新投入。如果地方国有企业高管增加创新投入，从而导致企业支出增加，企业业绩将降低，但国有企业高管的薪酬对业绩敏感性较低（Firth 等，2006；薛云奎和白云霞，2008），业绩的降低给高管薪酬造成的影响很小，所以高管很可能会真的增加创新投入。其次，2006 年《中央企业负责人经营业绩考核暂行办法》明确要求考虑包括企业技术创新投入和企业创新能力在内的相关因素，地方国有企业也参照执行，在存在创新考核的情况下，为了可能的政治晋升，同时地方国有企业相对中央国有企业而言政府施加的任务要少，地方国有企业高管应该会提高创新投入。最后，国有企业在信贷和股权市场面临的融资约束较低（Wong，2016），这为地方国有企业高管提高创新投入提供了较好的前提。综合以上三点，隐性薪酬差距扩大时，地方国有企业高管会增加创新投入。

（3）企业隐性薪酬差距对创新效率的影响

地方国有企业本身也存在政治关联性，其中的原理与中央国有企业相类似，因此地方国有企业高管隐性薪酬差距的提高对创新效率的影响也并不显著。

（4）综合隐性薪酬差距扩大对创新投入、创新效率的影响来验此时对创新产出的影响

根据前文，隐性薪酬差距提高时，地方国有企业的创新投入稍微增加，但创新效率基本不变，所以其创新产出稍微增加，这与前文部分（1）中的隐性薪酬差距与创新产出的关系的推理一致。根据上述分析，本书提出如下假设：

假设 2b：地方国有企业隐性薪酬差距对创新产出、创新投入存在正向影响，对创新效率的影响不显著。

4.2.3 民营企业薪酬差距与企业创新

（1）企业隐性薪酬差距对创新产出的影响

创新产出可提高企业价值（徐欣和唐清泉，2010；Krusinskas 等，2015），对于市场化程度最高的民营企业，其追求形式主义的创新产出的可能性很低，所以其创新产出对其价值存在显著正向影响（刘张发和田存志，2017）。创新产出与企业价值正相关，民营企业高管的未来薪酬与企业业绩正相关性较强，所以隐性薪酬差距扩大（体现出高管在职消费的提高）时，为了未来获得更高的薪酬，

高管会想办法追求更多创新产出，因此隐性薪酬差距对创新产出存在正向影响。

（2）企业隐性薪酬差距对创新投入的影响

一方面，民营企业普遍存在融资约束（Wong，2016），在控制企业总费用情况下，隐性薪酬差距扩大（体现出高管在职消费的提高）会挤占自身的创新投入；但另一方面，因民营企业不存在天然的政治关联性，在职消费的提高有利于企业与政府建立更良好的关系，从而获得更多的创新补贴（或更广意义的政府补贴）①。从同花顺数据得知，公布 2013 年报的 1572 家上市企业中的 70% 获得了政府补贴（毛其淋和许家云，2015）。作为理性的民营企业高管，基本可以实现获得的创新补贴大于被挤占的自身的创新投入，否则用于与政府建立良好关系的在职消费就基本不会发生，所以隐性薪酬差距的提高将使民营企业的创新投入增加。

（3）企业隐性薪酬差距对创新效率的影响

根据前文分析，隐性薪酬差距扩大体现出高管在职消费的提高，在职消费强度提高时，创新投入中来自政府补贴的部分提高，相对自身的创新投入而言，企业对由政府补贴转化而来的那部分创新投入的珍惜程度比对企业自身的创新投入的珍惜程度更低，所以隐性薪酬差距越大可能越会降低创新效率（刘张发和田存志，2017）。

（4）综合隐性薪酬差距扩大对创新投入、创新效率的影响来验此时对创新产出的影响

根据前文，隐性薪酬差距扩大（体现出高管在职消费的提高）时，企业的创新投入增加，创新效率下降，但由政府补贴转化而来的创新投入也是用在职消费争取的，所以创新效率下降的很有限，所以此时创新产出也是增加的，这与前文部分（1）中的对隐性薪酬差距与创新产出的关系的推理一致。根据上述分析，本书提出如下假设：

假设 3b：民营企业隐性薪酬差距对创新产出、创新投入存在正向影响，对创新效率存在负向影响。

4.2.4　监督对隐性薪酬差距影响创新投入的调节作用

股权集中度越高，说明控制性股东的投资越集中单一，其投资风险也越集

① 黎文靖和池勤伟（2015）研究发现国有企业在职消费对政府补贴的影响不显著，非国有企业在职消费对政府补贴存在正向影响。

中，加大了控制性股东承担的风险成本，此时控制性股东倾向且需要借助财务控制以获取短期私人利益（控制权收益），所以控制性股东往往规避高风险、高不确定性的创新，从而干涉高管的创新活动，减少对高管创新活动的支持（冯根福和温军，2008；杨建君等，2015），企业创新投入因此下降。可见，在隐性薪酬差距相同（体现出高管在职消费相同）的情况下，相对于股权集中度较低的企业，股权集中度较高企业的创新投入也会较低。即股权集中度的提高会减弱隐性薪酬差距对创新投入的促进作用。

首先，机构投资者收集和整理信息具有规模经济（Kochhar 和 David，1996）和比较优势，相对于中小股东投资者更容易获得企业真实信息，因此对高管形成有效的监督（冯根福和温军，2008），减少了在职消费中自娱性消费成分的占比，即降低了“代理观”的作用。比如企业开展创新后，短期财务状况恶化，但因为机构投资者收集和整理信息存在优势，它们的频繁调研和监督使得它们对高管的能力具有比较清楚的了解，并不会因短期财务状况而否定高管的创新能力（温军和冯根福，2012），这激励了高管的创新积极性。其次，机构投资者因持股比例较高从而被“锚定”在企业中，短期内难以抛售股票来全部退出对企业的投资，其投资成为一种“耐心资本”，所以其青睐具有长期持续收益的创新活动，即支持高管的创新活动。最后，机构投资者一般采用组合投资方法以分散投资风险，因此其对具有一定风险的创新活动并不持否定态度（冯根福和温军，2008）。可见，隐性薪酬差距相同（体现出高管在职消费相同）的条件下，机构投资者持股比例较高的企业，其创新投入会较高。即机构投资者持股比例的提高会提升隐性薪酬差距对创新投入的促进作用。

值得注意的是，国有企业现代化企业制度不够完善，机构投资者对高管的监督作用有限，高管更多的是听命于政府，高管的留任或晋升主要决定于政府的旨意，企业业绩与高管是否留任或晋升没有必然联系（温军和冯根福，2012）；国有企业常常受到政府干预（Bai 和 Xu，2005；张洪辉等，2010），国有企业的创新活动会受到政府政策的影响（夏芸和唐清泉，2011）。鉴于以上分析，机构投资者持股比例对国有企业隐性薪酬差距影响创新投入的调节作用不显著。

市场化指数越大，行政管理环境越好（Xu 等，2014），良好的行政环境降低创新的交易成本，促进创新投入（鲁桐和党印，2015）。本书采用王小鲁等（王小鲁等，2017）提供的市场化指数，该指数包括政府与市场的关系、非国有经济的发展、要素市场的发育程度、市场中介组织的发育和法律制度环境、产品市场的发育程度五项。市场化指数越大，意味着政府干预企业经营活动的程度越低、要素质量提高且流动更畅通、知识产权保护力度加强，这些都会提升企业创新的积极性，使创新投入增加。产品市场竞争加大也会倒逼企业积极开展创新，促进创新投入增加。可见，隐性薪酬差距相同（体现出高管在职消费相同）的条件下，所处市场的市场化指数较高的企业，其创新投入会较高。即市场化指数越大会提高隐性薪酬差距对创新投入的促进作用。基于以上分析，本书提出假设 4。

假设 4：随着股权集中度的提高，隐性薪酬差距对企业创新投入的促进作用会降低，或者说，在股权集中度较高的企业中，隐性薪酬差距对创新投入的促进作用会较低；随着机构投资者持股比例的提高，民营企业隐性薪酬差距对企业创新投入的促进作用会提升，或者说，在机构投资者持股比例较高的企业中，隐性薪酬差距对创新投入的促进作用会较高，但机构投资者持股比例对国有企业隐性薪酬差距影响创新投入的调节作用不显著；随着市场化指数的提高，隐性薪酬差距对企业创新投入的促进作用会提升，或者说，所处市场的市场化指数较高的企业中，隐性薪酬差距对创新投入的促进作用会较高。

4.3　企业内部隐性薪酬差距与企业创新

4.3.1　企业内部隐性薪酬差距

本书的第一个核心解释变量是企业内部高管员工薪酬差距（*wageratio*，简写为 *wr*），考虑到物价水平会影响薪酬绝对差距（高管平均薪酬与员工平均薪酬之差）的程度，参考、高良谋和卢建词（2015）、孔东民等（2017）的研究，采用高管平均薪酬与员工平均薪酬的比值来衡量企业内部薪酬差距，员工这里是指企业全体职工除了董事、监事和高管。参考黎文靖和胡玉明（2012）、高良谋和卢建词（2015）的研究，高管平均薪酬用薪酬最高的前三名高管的平均薪酬来衡量，即年报中披露的“高管前三名薪酬总额”除以 3。高管平均薪酬用薪酬最高的前三名高管的平均薪酬来衡量的主要原因有：一是薪酬最高的前三名高管对应着核心高管，企业的创新主要受到核心高管的影响，董事监事和非核心高管对企业创新影响很有限；二是 2009 年和 2015 年薪酬管理政策主要是针对中央企业负责人的；三是黎文靖和胡玉明（2012）、高良谋和卢建词（2015）也是这样衡量高管平均薪酬，以此来构建企业内部薪酬差距的。

高管持股数量少，持股比例偏低，不少行业高管持股比例为零，高管薪酬包含现金薪酬和股权激励，但还是现金薪酬占比较大（刘春和孙亮，2010），Bryson 等（2014）也指出中国企业的股权支付范围和支付比例均比较小。参照高良谋和卢建词（2015）、孔东民等（2017）的研究，本书没有把高管股权纳入内部薪酬差距[①]，因此在控制变量中加入了董监高持股比例（*msh*）。

$$员工平均薪酬 = 员工薪酬总额 \div (企业总职工人数 - 董监高人数) \tag{4-1}$$

$$内部薪酬差距(wr) = (高管前三名薪酬总额 \div 3) \div 员工平均薪酬 \tag{4-2}$$

高管对企业创新的影响最为关键（周铭山和张倩倩，2016），对高管的激励包括显性激励和隐性激励，显性激励主要包括货币薪酬和股权（傅颀和汪祥耀，2013），隐性激励主要包括在职消费和政治晋升（王曾等，2014）。由于中国的国有企业高管薪酬受到管制，国有企业股权激励的推行也是如履薄冰（傅颀和汪祥耀，2013），众多学者认为隐性激励在国有企业高管激励体系中越来越重要（陈冬华等，2010），其中在职消费对高管的激励备受关注（陈冬华等，2005；罗宏和黄文华，2008；姜付秀和黄继承，2011；Luo 等，2011；王曾等，2014；Chen 等，2015；孙世敏等，2016）。鉴于此，本书也考察了在职消费对企业创新的影响。

鉴于以下两点，本书没有把在职消费隐性薪酬纳入内部薪酬差距指标中。一是由前文计算内部薪酬差距的公式可知，必须得到薪酬最高的前三名高管薪酬总额，企业高管在职消费涉及全部高管，即难以确定高管在职消费总额中具体占比多少为前三名高管所用。二是普通员工基本不存在在职消费，即内部薪酬差距计算公式的分母不存在在职消费成分。如果分子包含在职消费而分母基本上不包含在职消费，则分子分母不对等。

为使全文表述一致，本书提出了企业内部高管与普通员工隐性薪酬差距，因政治晋升无法用具体的数值来衡量，高管存在隐性薪酬在职消费，而普通员工几乎不拥有在职消费，高管与普通员工隐性薪酬差距等于高管隐性薪酬减去普通员

① 在第 3 章稳健性检验部分，本书也考察了含高管货币薪酬和股权薪酬的内部薪酬差距对企业创新的影响。

工隐性薪酬[①]，所以高管与普通员工隐性薪酬差距就等于高管在职消费。文中“隐性薪酬差距”、“隐性高管员工薪酬差距”都是指企业内部高管与普通员工隐性薪酬差距。

4.3.2 计量模型设定与变量

(1) 隐性薪酬差距对创新产出的影响

综合已有关于在职消费与企业创新产出的研究文献，构建如下计量模型：

$$\ln pat_{it} = \gamma_0 + \gamma_1 npc_{it-1} + \gamma_2' Z_{it-1} + \gamma_3 \ln age_{it} + \gamma_4' X_{it-1} + \varepsilon_{it} \qquad (4-3)$$

因变量为创新产出（ln*pat*），设置与前文一致。自变量为隐性薪酬差距，其等于企业高管在职消费（*npc*），参考王曾等（2014）、Chen 等（2015），采用在职消费总额经上一年的企业总资产平减来衡量在职消费，即在职消费等于在职消费总额与上一年总资产之比。采用大部分实证研究计算在职消费总额的方法（陈冬华等，2005；王曾等，2014），在职消费费用总额主要包括 8 类：办公费、差旅费、业务招待费、通讯费、出国培训费、董事会费、小车费和会议费。

Z_{it-1}是控制变量构成的向量，包括董监高薪酬总额（ln*pay*）、股权均衡度（*eqb*，用公司第二至第五大股东持股比例之和与第一大股东持股比例的比值来衡量），$\ln age_{it}$与前文设置一致。X_{it}是其他控制变量构成的向量，设置与前文一致，包括总资产收益率（*roa*）、资产负债率（*lev*）、总资产的自然对数（ln*asset*）、主营业务收入的自然对数（ln*rev*）、第一大股东持股比例（*cr*1）、董事会人数的自然对数（ln*dsrs*）、独立董事占比（*ddzb*）、董监高持股比例（*msh*）、董事长与总经理是否兼任（*dual*）。董事长与总经理是否兼任（*dual*）为虚拟变量，两职兼任时为 1，分离时为 0。

如 γ_1显著为正，则隐性薪酬差距对创新产出存在正向影响；如 γ_1显著为负，则隐性薪酬差距对创新产出存在负向影响；如 γ_1不显著，则隐性薪酬差距对创新产出的影响不显著。

(2) 隐性薪酬差距对创新投入的影响

综合已有关于企业创新投入的文献，构建如下计量模型[②]：

---

① 因普通员工隐性薪酬接近于零，所以此处只能做差，不能作比较。

② 本章稳健性检验部分也采用了研发支出占营业收入之比（*resrev*）来衡量创新投入。参考罗宏和黄文华（2008）的研究，此时对应地须采用经当期主营业务收入平减的在职消费总额来衡量在职消费（本书用 *npcnew* 表示），以替代前文的采用经上一年的企业总资产平减的在职消费总额来衡量的在职消费。

$$resass_{it} = \alpha_0 + \alpha_1 npc_{it-1} + \alpha_2' Z_{it-1} + \alpha_3 \ln age_{it} + \alpha_4' X_{it-1} + \varepsilon_{it} \quad (4-4)$$

因变量：创新投入（resass），因前文采用上一期总资产平减在职消费总额来衡量在职消费强度，参考余明桂等（2016），用企业当年的研发支出与总资产之比来衡量，其他控制变量与前文一致。

如 α_1 显著为正，则隐性薪酬差距对创新投入存在正向影响；如 α_1 显著为负，则隐性薪酬差距对创新投入存在负向影响；如 α_1 不显著，则隐性薪酬差距对创新投入的影响不显著。

（3）隐性薪酬差距对创新投入的产出水平（创新效率）的影响

参考周铭山和张倩倩（2016）的关于企业创新投入的产出水平（创新效率）的研究，构建如下计量模型：

$$\begin{aligned} \ln pat_{it} = {} & \beta_0 + \beta_1 npc_{it-1} + \beta_2 resass_{it-1} + \beta_3 npc_{it-1} \times resass_{it-1} \\ & + \beta_4' Z_{it-1} + \beta_5 lnage_{it} + \beta_6' X_{it-1} + \varepsilon_{it} \end{aligned} \quad (4-5)$$

变量设置与前文一致，其中系数 β_2 反映创新效率，交乘项 $npc_{it-1} \times resass_{it-1}$ 的系数反映创新效率的变化，根据假设，如 β_3 显著为正，则隐性薪酬差距的提高会提高创新效率；如 β_3 显著为负，则隐性薪酬差距的提高会降低创新效率；如 β_3 不显著，则隐性薪酬差距的扩大对创新效率的影响并不显著。

4.3.3 数据说明与描述性统计

（1）数据说明

本书选取 2007—2015 年沪深 A 股非金融类上市企业作为研究样本。样本选取主要基于以下考虑：一是因金融类企业经营的特殊性，其财务指标缺乏可比性（周铭山和张倩倩，2016），所以剔除金融类上市企业；二是 2006 年新会计准则对研发会计处理和研发信息披露做了重大调整。企业研发支出数据来源于万德数据库，其他相关数据来源于国泰安数据库，部分经整理计算而得。为了消除极端值的影响，本书针对连续变量的 1% 和 99% 百分位进行了缩尾处理，以下的描述性统计及实证结果均是基于处理后的数据结果。为考察不同所有权结构下在职消费强度对企业创新的影响的异质性，参考夏立军和方铁强（2005）的分类方法，根据企业的最终控制人的属性，把样本分为中央国有企业、地方国有企业和民营企业。

（2）描述性统计

表 4 - 1 为主要变量的描述性统计。由表 4 - 1 可知，全样本中，采用 8 类费用之和衡量高管在职消费总额，再用上一期总资产平减而得的在职消费（npc，

其等于隐性薪酬差距）的均值为 0.51%；采用 8 类费用之和衡量高管在职消费总额，再用当期主营业务收入平减而得的在职消费（*npcnew*，其等于隐性薪酬差距）的均值为 0.91%；采用管理费用扣除董事、高管和监事的薪酬总额、计提的坏账准备、存货跌价准备和当年的无形资产摊销额等明显不属于在职消费的项目后的金额来衡量在职消费总额，再用上一期总资产平减而得的在职消费（*perksass*，其等于隐性薪酬差距）的均值为 5.78%，说明现有文献中采用的两种不同在职消费总额计算方法的结果存在不小的差异。从各种在职消费的均值看，三类企业的相差不大。

样本中每年发明专利申请数的均值为 14.4125，最小值为 0，最大值为 4663，75% 的企业的发明专利申请数为 10 以下，其标准差为 100.4252，说明各企业专利申请数差异很大。平均而言，民营企业研发投入占总资产的比重最大，其取值为 2.20%；中央国有企业的次之，其取值为 1.93%；地方国有企业的最低，其取值为 1.29%。民营企业研发投入占营业收入的比重最大，其取值为 4.66%；中央国有企业的次之，其取值为 3.42%；地方国有企业的最低，其取值为 2.11%。说明研发强度的描述性统计结果与上一部分的一致。

由图 4－1 可知，民营企业隐性薪酬差距（*npc*）最大，中央国有企业的次之，地方国有企业的最小。2009 年针对中央国有企业实施“限薪”政策，2010 年较 2009 年中央和地方国有企业的隐性薪酬差距都有所提高，与陈冬华等（2005）的观点一致。2012 年年底以习近平总书记为核心的新一届领导上台执

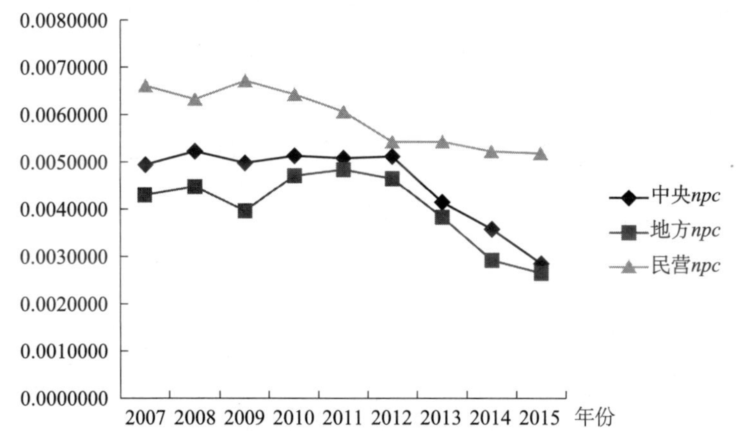

图 4－1 中央和地方国有企业、民营企业隐性薪酬差距每年均值的变化趋势

注：纵坐标为三类企业的在职消费强度，即在职消费总额与上一年总资产之比。

政，反腐力度加大，同时 2012 年 12 月开始实施“八项规定”，因此从 2013 年开始中央和地方国有企业隐性薪酬差距下降较快。民营企业为建立良好的政企关系，也存在一定的在职消费，因反腐力度加大及“八项规定”的执行，因此民营企业隐性薪酬差距从 2013 年开始也会下降，只是下降幅度小于国有企业的下降幅度。图 4－1 验证了上述推断。

表 4－1　　主要变量的描述性统计

Variables	N	Mean	SD	Min	P25	P50	P75	Max
全样本								
pat	4560	14.4125	100.4252	0.0000	1.0000	4.0000	10.0000	4663.0000
lnpat	4560	1.7313	1.1713	0.0000	0.6931	1.6094	2.3979	8.4476
npc	4560	0.0051	0.0046	0.0002	0.0021	0.0038	0.0064	0.0311
lnpay	4560	15.0100	0.6880	10.7144	14.5647	14.9752	15.4422	17.8915
msh	4560	0.1749	0.2274	0.0000	0.0000	0.0183	0.3679	0.6750
eqb	4560	0.6696	0.5785	0.0126	0.2170	0.5087	0.9473	2.6483
dual	4560	0.2789	0.4485	0.0000	0.0000	0.0000	1.0000	1.0000
lnage	4560	1.9734	0.6395	0.6931	1.3863	1.9459	2.5649	3.2581
roa	4560	0.0436	0.0511	－0.3272	0.0170	0.0403	0.0681	0.2046
lev	4560	0.4019	0.2100	0.0495	0.2302	0.3928	0.5601	0.9731
lnasset	4560	21.7474	1.1143	19.1466	20.9550	21.5692	22.2869	27.5467
lnrev	4560	21.1773	1.3280	17.6159	20.2257	21.0329	21.9311	27.4079
cr1	4560	0.3549	0.1401	0.0889	0.2442	0.3382	0.4511	0.7519
lndsrs	4560	2.1606	0.1881	1.6094	2.0794	2.1972	2.1972	2.8904
ddzb	4560	0.3693	0.0513	0.2000	0.3333	0.3333	0.4000	0.5556
resass	6552	0.0195	0.0176	0.0001	0.0065	0.0160	0.0268	0.0909
resrev	7114	0.0392	0.0413	0.0001	0.0117	0.0316	0.0474	0.2386
npcnew	7114	0.0091	0.0141	0.0001	0.0030	0.0058	0.0110	0.4564
perksass	8461	0.0578	0.0369	0.0044	0.0337	0.0498	0.0719	0.2332
中央国有企业								
pat	724	21.2348	42.5976	0.0000	2.0000	7.0000	19.0000	369.0000
lnpat	724	2.1438	1.3217	0.0000	1.0986	2.0794	2.9957	5.9135
npc	724	0.0051	0.0046	0.0002	0.0020	0.0039	0.0065	0.0311
resass	1054	0.0193	0.0183	0.0001	0.0056	0.0144	0.0285	0.0909
resrev	1072	0.0342	0.0388	0.0001	0.0074	0.0279	0.0433	0.2386
npcnew	1072	0.0075	0.0180	0.0001	0.0026	0.0049	0.0084	0.4564
perksass	1441	0.0618	0.0415	0.0044	0.0344	0.0515	0.0769	0.2332

续表

Variables	N	Mean	SD	Min	P25	P50	P75	Max
地方国有企业								
pat	948	12.4747	33.6188	0.0000	1.0000	4.0000	10.0000	582.0000
lnpat	948	1.7252	1.1725	0.0000	0.6931	1.6094	2.3979	6.3682
npc	948	0.0043	0.0044	0.0002	0.0014	0.0028	0.0055	0.0311
resass	1534	0.0129	0.0144	0.0001	0.0015	0.0085	0.0200	0.0909
resrev	1557	0.0211	0.0251	0.0001	0.0028	0.0132	0.0325	0.2386
npcnew	1557	0.0063	0.0067	0.0001	0.0022	0.0043	0.0080	0.1152
perksass	2165	0.0530	0.0332	0.0044	0.0301	0.0471	0.0671	0.2332
民营企业								
pat	2888	13.3383	122.8285	0.0000	1.0000	4.0000	9.0000	4663.0000
lnpat	2888	1.6299	1.1069	0.0000	0.6931	1.6094	2.3026	8.4476
npc	2888	0.0053	0.0046	0.0002	0.0024	0.0040	0.0067	0.0311
resass	3964	0.0220	0.0178	0.0001	0.0100	0.0185	0.0288	0.0909
resrev	4485	0.0466	0.0442	0.0001	0.0225	0.0354	0.0536	0.2386
npcnew	4485	0.0104	0.0147	0.0001	0.0036	0.0068	0.0127	0.4068
perksass	4855	0.0589	0.0367	0.0044	0.0349	0.0507	0.0721	0.2332

4.3.4　计量结果与分析

（1）隐性薪酬差距对创新产出的影响

第一，企业隐性薪酬差距对创新产出的影响。采用稳健标准误差 Tobit 回归计量模型（4－3），回归结果见表 4－2①。由表 4－2 列（1）、（2）可知，中央国有企业隐性薪酬差距的系数并不显著，即其隐性薪酬差距对创新产出的影响不显著，验证了假设 1b。由表 4－2 列（3）、（4）可知，仅加入隐性薪酬差距的一次项时，其系数在 10% 水平上显著为正（n＝948）；同时加入隐性薪酬差距一次项和二次项时，隐性薪酬差距与创新产出呈倒“U”型关系，其顶点对应的隐性薪酬差距为 0.0142，但其 95% 分位数取值为 0.0120，即至少 95% 的样本取值在最高点的左边；综合可知，地方国有企业隐性薪酬差距对创新产出存在正向影响。因创新产出对企业价值存在正向影响，地方国有企业价值对高管的下期薪酬

① 本书也尝试以隐性薪酬差距（*npc*）为门槛变量，考察了隐性薪酬差距（*npc*）与企业创新产出是否存在“N”或“M”型关系，结果发现不存在。

存在正向影响（虽然业绩敏感性较低），所以隐性薪酬差距提高（体现为在职消费提高）时，会稍微激励高管增加创新产出，验证了假设2b。由表4－2列(5)、(6)可知，仅加入隐性薪酬差距的一次项时，其系数在5%水平上显著为正；同时加入隐性薪酬差距一次项和二次项时，隐性薪酬差距与创新产出呈倒"U"型关系，其顶点对应的隐性薪酬差距为0.0177，但其95%分位数取值为0.0154，即至少95%的样本取值在最高点的左边；综合可知，民营企业隐性薪酬差距对创新产出存在正向影响。因创新产出对企业价值存在正向影响、企业价值对高管下期薪酬存在较强的正向影响，所以民营企业隐性薪酬差距提高（体现为在职消费提高）时，高管为提高未来获得的薪酬，其提高激励高管开展创新活动，提高了创新产出，验证了假设3b。

第二，地方国有企业和民营企业隐性薪酬差距对创新产出的分位数回归。由表4－2可知，地方国有企业和民营企业隐性薪酬差距对创新产出存在正向影响，因此针对地方国有企业和民营企业样本，本书借助分位数回归进一步考察两类企业隐性薪酬差距对不同创新产出量的企业的影响，回归结果见表4－3。由表4－3可知，隐性薪酬差距主要是对创新产出量高的企业起到促进创新产出的作用。科技企业相对于非科技企业的创新产出量更高，所以这里创新产出量高的企业对应科技企业。

表4－2　　隐性薪酬差距对滞后一期企业创新产出的影响

	(1)	(2)	(3)	(4)	(5)	(6)
Variables	$lnpat_{t+1}$	$lnpat_{t+1}$	$lnpat_{t+1}$	$lnpat_{t+1}$	$lnpat_{t+1}$	$lnpat_{t+1}$
	中央国有企业	中央国有企业	地方国有企业	地方国有企业	民营企业	民营企业
npc	-10.9035	29.7458	21.1395*	83.7215***	12.6955**	35.5974***
	(-0.9698)	(1.0934)	(1.9406)	(3.7125)	(2.5080)	(3.0109)
npc^2		-1858.9279*		-2954.4946***		-1005.0965**
		(-1.7545)		(-3.0423)		(-2.0217)
lnpay	0.1820**	0.1660**	0.1718**	0.1601**	0.3787***	0.3722***
	(2.2488)	(2.0302)	(2.4894)	(2.3210)	(8.6182)	(8.4941)
msh	-2.0533	-1.9575	2.3440**	2.2752*	0.3650***	0.3577***
	(-1.3176)	(-1.2510)	(2.0200)	(1.9464)	(3.3896)	(3.3243)
eqb	-0.5005***	-0.5051***	-0.2015**	-0.1965**	-0.0497	-0.0468
	(-3.0996)	(-3.1422)	(-2.1169)	(-2.0647)	(-0.8696)	(-0.8215)
dual	0.0854	0.0589	-0.0638	-0.0645	0.1773***	0.1776***
	(0.5211)	(0.3593)	(-0.5042)	(-0.5159)	(4.0085)	(4.0118)

续表

Variables	(1)	(2)	(3)	(4)	(5)	(6)
	$lnpat_{t+1}$	$lnpat_{t+1}$	$lnpat_{t+1}$	$lnpat_{t+1}$	$lnpat_{t+1}$	$lnpat_{t+1}$
	中央国有企业	中央国有企业	地方国有企业	地方国有企业	民营企业	民营企业
lnage$_{t+1}$	-0.5277 ***	-0.5298 ***	-0.1569 *	-0.1348	0.0030	0.0011
	(-4.5661)	(-4.5767)	(-1.7888)	(-1.5272)	(0.0495)	(0.0180)
roa	3.9515 ***	3.8121 ***	0.6128	0.5756	1.9766 ***	2.0035 ***
	(4.1550)	(4.0240)	(0.6475)	(0.6003)	(3.6811)	(3.7360)
lev	0.1558	0.1807	-0.0641	-0.1199	0.2348	0.2253
	(0.4623)	(0.5389)	(-0.2448)	(-0.4581)	(1.3601)	(1.3061)
lnasset	0.5385 ***	0.5779 ***	0.2855 ***	0.3248 ***	0.2533 ***	0.2650 ***
	(5.4023)	(5.6757)	(3.5233)	(4.0285)	(3.9721)	(4.1558)
lnrev	-0.0998	-0.1130	0.1766 ***	0.1572 **	0.0680	0.0665
	(-1.0700)	(-1.2173)	(2.5841)	(2.3171)	(1.2757)	(1.2446)
cr1	-1.9519 ***	-1.9619 ***	-0.2253	-0.1997	-0.3087	-0.2920
	(-3.5147)	(-3.5350)	(-0.6396)	(-0.5649)	(-1.1556)	(-1.0964)
lndsrs	0.8440 ***	0.8021 **	-0.1035	-0.0684	0.1260	0.1403
	(2.6472)	(2.5379)	(-0.4933)	(-0.3292)	(0.7331)	(0.8176)
ddzb	1.7355 *	1.6854 *	-0.9446	-0.7444	0.7322	0.7450
	(1.7850)	(1.7487)	(-1.1505)	(-0.9034)	(1.3055)	(1.3301)
constant	-11.3269 ***	-11.6159 ***	-11.4796 ***	-12.0848 ***	-12.6236 ***	-12.8171 ***
	(-7.8045)	(-8.0877)	(-8.5885)	(-8.9620)	(-10.9949)	(-11.1191)
industry	yes	yes	yes	yes	yes	yes
year	yes	yes	yes	yes	yes	yes
N	724	724	948	948	2888	2888
Pseudo R^2	0.0954	0.0964	0.1032	0.1063	0.0714	0.0719

表 4-3　地方国有企业和民营企业隐性薪酬差距对滞后一期创新产出的分位数回归

Variables	(1)	(2)	(3)	(4)
	$lnpat_{t+1}$	$lnpat_{t+1}$	$lnpat_{t+1}$	$lnpat_{t+1}$
	OLS	QR_ 10	QR_ 50	QR_ 90
npc	12.4946 ***	0.8691	17.7571 ***	16.2629 **
	(2.8439)	(0.1159)	(3.3677)	(2.1366)
lnpay	0.2454 ***	0.2257 ***	0.2521 ***	0.2646 ***
	(6.9808)	(3.6120)	(5.7386)	(4.1716)
msh	0.3273 ***	0.1931	0.2362 *	0.6243 ***
	(3.4216)	(1.0513)	(1.8289)	(3.3494)

续表

Variables	(1)	(2)	(3)	(4)
	lnpat$_{t+1}$	lnpat$_{t+1}$	lnpat$_{t+1}$	lnpat$_{t+1}$
	OLS	QR_ 10	QR_ 50	QR_ 90
eqb	-0.0540	0.1042	-0.0972	0.0282
	(-1.2297)	(1.2256)	(-1.6248)	(0.3266)
dual	0.1534***	0.0457	0.1945***	0.1767**
	(3.9917)	(0.6238)	(3.7804)	(2.3789)
lnage$_{t+1}$	-0.0225	-0.0273	-0.0120	0.0988
	(-0.5262)	(-0.3338)	(-0.2089)	(1.1909)
roa	1.5467***	0.3793	1.5308***	1.2943
	(3.7029)	(0.4590)	(2.6348)	(1.5433)
lev	0.0377	0.1760	0.1089	-0.3347
	(0.2870)	(0.7074)	(0.6225)	(-1.3251)
lnasset	0.2180***	0.1580*	0.2205***	0.2592***
	(4.7266)	(1.8728)	(3.7175)	(3.0271)
lnrev	0.1353***	0.0183	0.1206**	0.2365***
	(3.4887)	(0.2542)	(2.3884)	(3.2446)
cr1	-0.1743	0.1542	-0.2566	0.3291
	(-0.9031)	(0.4241)	(-1.0038)	(0.8918)
lndsrs	0.0942	-0.2403	-0.0803	0.5304**
	(0.7834)	(-1.1347)	(-0.5391)	(2.4676)
ddzb	0.7726*	-0.6802	0.2045	2.6364***
	(1.8689)	(-0.9323)	(0.3986)	(3.5599)
constant	-11.2372***	-6.7406***	-10.3350***	-16.1232***
	(-12.0366)	(-5.3981)	(-11.7713)	(-12.7210)
industry	yes	yes	yes	yes
year	yes	yes	yes	yes
N	3449	3449	3449	3449

第三，地方国有企业和民营企业隐性薪酬差距对创新产出影响的差异。由前文可知地方国有企业和民营企业隐性薪酬差距对创新产出存在正向影响，因此在地方国有企业和民营企业样本中，在隐性薪酬差距影响创新产出的计量模型中引入隐性薪酬差距（*npc*）与虚拟变量（*difang*）的交乘项，其中如样本企业为地方国有企业，则虚拟变量（*difang*）取值为1，否则取值为0。回归结果见表4－4列（4），因隐性薪酬差距（*npc*）与虚拟变量（*difang*）的交乘项的系数不显

著，可知地方国有企业和民营企业隐性薪酬差距对创新产出影响没有显著的差异。

第四，三类企业隐性薪酬差距对企业低质量的创新产出的影响。参考孔东民等（2017）的研究，企业低质量的创新产出（ln*pat*23）采用企业实用新型专利和外观设计专利之和来衡量。回归结果见表4－4列（1）—（3），因隐性薪酬差距的系数都不显著，可知中央和地方国有企业、民营企业隐性薪酬差距对企业低质量的创新产出的影响不显著。

表4－4　隐性薪酬差距对滞后一期低质量的创新产出的影响

	(1)	(2)	(3)	(4)
Variables	$lnpat23_{t+1}$	$lnpat23_{t+1}$	$lnpat23_{t+1}$	$lnpat_{t+1}$
	中央国有企业	地方国有企业	民营企业	地方国有企业和民营企业
npc	-21.6072	-8.7461	-6.6848	17.6210***
	(-1.5504)	(-0.7460)	(-0.9276)	(3.7495)
npc * *difang*				-7.0673
				(-0.8217)
lnpay	0.3200***	-0.1320	0.0811	0.2991***
	(3.3364)	(-1.4916)	(1.4189)	(8.0198)
msh	-4.0305*	3.1868	0.3176**	0.3956***
	(-1.9392)	(1.6213)	(2.2621)	(3.7767)
eqb	-0.1354	0.0256	-0.0117	-0.0710
	(-0.7427)	(0.1898)	(-0.1605)	(-1.4847)
dual	-0.1091	-0.1793	0.0553	0.1369***
	(-0.5781)	(-1.1648)	(0.9801)	(3.2940)
$lnage_{t+1}$	-0.1290	0.0644	-0.0675	-0.0556
	(-0.9357)	(0.5689)	(-0.8522)	(-1.2022)
roa	2.2155*	2.8686**	0.5547	1.6022***
	(1.7336)	(2.3660)	(0.8042)	(3.5143)
lev	-0.6027	-0.6805**	-0.0002	0.1620
	(-1.5725)	(-1.9629)	(-0.0009)	(1.1430)
lnasset	0.3064***	-0.0010	0.1247*	0.2571***
	(2.6053)	(-0.0084)	(1.6717)	(5.1438)
lnrev	0.1143	0.4922***	0.2802***	0.1194***
	(1.0780)	(4.9444)	(4.5071)	(2.8029)
cr1	-0.9135	0.2243	0.3128	-0.2946
	(-1.4601)	(0.4962)	(0.9578)	(-1.4094)

续表

Variables	(1)	(2)	(3)	(4)
	$lnpat23_{t+1}$	$lnpat23_{t+1}$	$lnpat23_{t+1}$	$lnpat_{t+1}$
	中央国有企业	地方国有企业	民营企业	地方国有企业和民营企业
lndsrs	0.2289	0.1241	-0.2408	0.0378
	(0.6256)	(0.4542)	(-1.2335)	(0.2969)
ddzb	1.8415	0.9716	1.0487	0.4893
	(1.5460)	(1.0258)	(1.5958)	(1.1063)
constant	-14.5273***	-8.2674***	-8.3935***	-12.3055***
	(-7.7952)	(-4.9970)	(-5.1369)	(-14.7777)
industry	yes	yes	yes	yes
year	yes	yes	yes	yes
N	720	940	2867	3836
Pseudo R^2	0.1118	0.1104	0.0937	0.0695

（2）隐性薪酬差距对创新投入的影响

采用稳健标准误差回归计量模型（4-4），回归结果见表4-5。第一，中央国有企业方面。由表4-5列（1）可知，隐性薪酬差距对创新投入的影响在1%水平上显著为正。2006年《中央企业负责人经营业绩考核暂行办法》明确要求考虑包括企业技术创新投入和企业创新能力在内的相关因素，所以隐性薪酬差距隐性激励（体现为在职消费提高）下，为达到创新投入的业绩考核，中央国有企业高管可能会增加创新投入。当然，当政府给中央国有企业下达的任务较多时，企业创新的决策受到政府的影响比较大，隐性薪酬差距提高可能并不能提高创新投入（见稳健性检验部分表4-7），验证了假设1b。第二，地方国有企业方面。由表4-5列（2）可知，地方国有企业隐性薪酬差距在5%水平上显著为正。隐性薪酬差距提高（体现为在职消费提高）时，地方国有企业高管为了未来获得更高的薪酬，同时更是为了应付政府对其创新投入和能力的考核，会去追求更多的创新产出。如创新投入增加即企业支出增加导致企业业绩减少，但地方国有企业高管薪酬对企业业绩敏感性较低，所以高管真的会通过提高创新投入来增加创新产出，因此地方国有企业隐性薪酬差距对其创新投入存在正向影响，验证了假设2b。第三，民营企业方面。由表4-5列（3）可知，民营企业隐性薪酬差距在1%水平上显著为正。虽然隐性薪酬差距的提高（体现为在职消费提高）会挤占自身的创新投入，但民营企业不存在天然的政治关联性，隐性薪酬差距的提高有利于企业与政府建立更良好的关系，从而获得更多的创新补贴。理性的民营企业高管基本可实现获得的创新补贴大于被挤占的自身的创新投入，所以隐性薪酬差距提高将使民营企业的创新投入增加，验证了假设 3b。

（3）隐性薪酬差距对创新效率的影响

采用稳健标准误差 Tobit 回归计量模型（4-5），回归结果见表 4-5。第一，中央国有企业方面。由表 4-5 列（4）可知，中央国有企业隐性薪酬差距与创新投入的交乘项的系数并不显著，因中央国有企业本身存在较强的政治关联性，隐性薪酬差距的提高（体现为在职消费提高）对于其与政府的关系提升作用并不明显，从而其获得的创新补贴增加并不明显，基本不存在创新补贴挤出企业自身创新投入的情况，所以隐性薪酬差距对创新效率影响不显著，验证了假设 1b。第二，地方国有企业方面。由表 4-5 列（5）可知，地方国有企业隐性薪酬差距与创新投入的交乘项的系数并不显著，地方国有企业也本身存在政治关联性，原理与中央国有企业的相类似，因此地方国有企业隐性薪酬差距对创新效率影的影响不显著，验证了假设 2b。第三，民营企业方面。由表 4-5 列（6）可知，民营企业隐性薪酬差距与创新投入的交乘项的系数在 1% 的显著水平下显著为负。因隐性薪酬差距和研发强度较小，两者的乘积更小，所以隐性薪酬差距与创新投入的交乘项的系数较大。民营企业隐性薪酬差距（体现为在职消费提高）提高时，创新投入中来自政府补贴的部分提高，相对自身的创新投入而言，企业对由政府补贴转化而来的那部分创新投入的珍惜程度更低，所以隐性薪酬差距对创新效率存在负向影响，验证了假设 3b。

（4）基于隐性薪酬差距与创新投入、创新效率再次检验其与创新产出的关系

由表 4-5 可知，中央国有企业隐性薪酬差距对创新投入的影响并不确定①、对创新效率的影响不显著，所以隐性薪酬差距对创新产出的影响并不显著；地方国有企业隐性薪酬差距提高（体现为在职消费提高）时，地方国有企业的创新投入稍微增加，但创新效率基本不变，所以其创新产出稍微增加；民营企业隐性薪酬差距提高，企业的创新投入增加，创新效率下降，但由政府补贴转化而来的创新投入也是用隐性薪酬差距争取的，所以创新效率下降的很有限，所以此时创新产出也是增加的。这些结论正好与前文表 4-2 的结论吻合，验证了初始的基于创新产出对企业价值、企业价值对高管未来薪酬影响的隐性薪酬差距影响创新

① 在职消费强度（隐性薪酬差距）与创新投入相关性不显著的实证结果见稳健性分析部分（表 4-7）。

产出的推断。

表 4-5　　隐性薪酬差距对企业创新投入和创新效率的影响

Variables	(1)	(2)	(3)	(4)	(5)	(6)
	$resass_{t+1}$	$resass_{t+1}$	$resass_{t+1}$	$lnpat_{t+1}$	$lnpat_{t+1}$	$lnpat_{t+1}$
	中央国有企业	地方国有企业	民营企业	中央国有企业	地方国有企业	民营企业
npc	0.3833***	0.1935**	0.2759***	-13.5300	5.1089	50.4815***
	(2.7994)	(2.2724)	(4.5546)	(-0.8679)	(0.3198)	(6.2487)
resass				19.0702***	14.9891***	28.3983***
				(3.6838)	(3.9122)	(12.5999)
*npc * resass*				-320.9952	178.3091	-1404.3580***
				(-0.8062)	(0.3246)	(-7.4135)
lnpay	0.0053***	0.0024***	0.0054***	0.0980	0.1565**	0.2574***
	(6.0714)	(4.4462)	(12.2011)	(1.1571)	(2.2131)	(5.9770)
msh	0.0244	0.0189	-0.0008	-3.7199**	1.7076	0.3789***
	(1.2995)	(1.2347)	(-0.6941)	(-2.0583)	(1.5172)	(3.6011)
eqb	-0.0011	-0.0003	0.0003	-0.4728***	-0.2630***	-0.0611
	(-0.7775)	(-0.4240)	(0.4489)	(-2.8106)	(-2.7351)	(-1.0924)
dual	0.0014	0.0009	0.0019***	0.1251	-0.0199	0.1398***
	(0.6511)	(0.9643)	(4.0004)	(0.6791)	(-0.1542)	(3.2198)
$lnage_{t+1}$	-0.0068***	-0.0015	-0.0007	-0.4265***	-0.1381	-0.0065
	(-5.7539)	(-1.6371)	(-1.0546)	(-3.4378)	(-1.5239)	(-0.1077)
roa	0.0203**	0.0100	0.0192***	3.9165***	1.1468	1.6515***
	(2.3641)	(1.4244)	(3.2008)	(3.9485)	(1.2119)	(3.2802)
lev	0.0014	-0.0139***	-0.0144***	0.2923	0.1452	0.4603***
	(0.4931)	(-6.8434)	(-8.0452)	(0.8621)	(0.5430)	(2.7055)
lnasset	-0.0059***	-0.0067***	-0.0079***	0.6920***	0.3681***	0.5083***
	(-5.8324)	(-9.7529)	(-11.6989)	(6.2205)	(4.0709)	(7.6744)
lnrev	0.0029***	0.0056***	0.0066***	-0.2024*	0.0938	-0.1363**
	(2.9871)	(9.5152)	(11.5077)	(-1.9401)	(1.1927)	(-2.5270)
cr1	0.0012	-0.0010	-0.0027	-2.0700***	-0.5761	-0.2662
	(0.2477)	(-0.3546)	(-1.0848)	(-3.6891)	(-1.6073)	(-1.0198)
lndsrs	0.0047	0.0020	-0.0014	0.7237**	-0.1701	0.2014
	(1.4430)	(1.1441)	(-0.8334)	(2.1369)	(-0.7750)	(1.2040)
ddzb	-0.0054	-0.0178***	0.0102*	1.3177	-0.0707	0.7928
	(-0.5321)	(-3.2354)	(1.8993)	(1.2058)	(-0.0830)	(1.4477)
constant	-0.0163	-0.0164*	-0.0349***	-12.8179***	-11.7934***	-12.5408***
	(-1.3955)	(-1.6832)	(-3.5552)	(-8.8443)	(-8.5800)	(-11.8380)

续表

Variables	(1)	(2)	(3)	(4)	(5)	(6)
	$resass_{t+1}$	$resass_{t+1}$	$resass_{t+1}$	$lnpat_{t+1}$	$lnpat_{t+1}$	$lnpat_{t+1}$
	中央国有企业	地方国有企业	民营企业	中央国有企业	地方国有企业	民营企业
industry	yes	yes	yes	yes	yes	yes
year	yes	yes	yes	yes	yes	yes
N	1054	1534	3964	676	869	2793
R^2	0.4459	0.4202	0.3911			
Pseudo R^2				0.1041	0.1094	0.0887

4.3.5　稳健性检验

(1) 经当期主营业务收入平减的在职消费对企业创新的影响

第一，经当期主营业务收入平减的在职消费对企业创新产出的影响。参考罗宏和黄文华（2008），采用经当期主营业务收入平减的在职消费总额来衡量在职消费（本书用 *npcnew* 表示），替代前文的采用经上一年的企业总资产平减的在职消费总额来衡量的在职消费（其等于隐性薪酬差距），同样采用稳健标准误差 Tobit 回归计量模型（4-3），回归结果见表 4-6。由表 4-6 列（1）、（2）可知，中央国有企业隐性薪酬差距的系数并不显著，即其隐性薪酬差距对创新产出的影响并不显著，再次验证了假设 1b。由表 4-6 列（3）、（4）可知，仅加入隐性薪酬差距的一次项时，其系数在 5% 水平上显著为正；同时加入隐性薪酬差距一次项和二次项时，隐性薪酬差距与创新产出呈倒“U”型关系，其顶点对应的隐性薪酬差距为 0.0533，但其 99% 分位数取值为 0.0465，即至少 99% 的样本取值在最高点的左边。综合可知，地方国有企业隐性薪酬差距对创新产出存在正向影响，再次验证了假设 2b。由表 4-6 列（5）、（6）可知，仅加入隐性薪酬差距的一次项时，其系数为 4.1525、P 值为 0.1000，即边际显著为正；同时加入隐性薪酬差距一次项和二次项时，隐性薪酬差距一次项在 10% 水平上显著为正，二次项不显著；综合可知，民营企业隐性薪酬差距与创新产出边际显著正相关，再次验证了假设 3b。

第二，经当期主营业务收入平减的在职消费对企业创新投入和创新效率的影响。当在职消费采用经当期主营业务收入平减的在职消费总额来衡量时，此时对应的企业创新投入强度自然也采用研发支出与主营业务收入之比来衡量（本书用 *resrev* 表示）。同样采用稳健标准误差 OLS、Tobit 回归计量模型（4-4）、（4-5），回归结果见表4－7。由表4－7列（1）可知，中央国有企业隐性薪酬差距对创新投入的影响不显著，因政府给中央国有企业下达的任务较多时，隐性薪酬差距提高（体现为在职消费提高）可能并不能增加创新投入，与表4－5列（1）的结果有差异，再次验证了假设1b。由表4－7列（2）可知，隐性薪酬差距系数在5%的显著水平下显著为正，即地方国有企业隐性薪酬差距对创新投入存在显著正向影响，与表4－5列（2）的结果一致，再次验证了假设2b。由表4－7列（3）可知，隐性薪酬差距系数在1%的显著水平下显著为正，即民营企业隐性薪酬差距对创新投入存在显著正向影响，与表4－5列（3）的结果一致，再次验证了假设3b。

由表4－7列（4）、（5）可知，中央国有企业和地方国有企业隐性薪酬差距（*npcnew*）与创新投入（*resrev*）交乘项的系数不显著，即中央国有企业和地方国有企业隐性薪酬差距对创新效率的影响不显著。由表4－7列（6）可知，民营企业隐性薪酬差距（*npcnew*）与创新投入（*resrev*）交乘项的系数在1%的显著水平下显著为负，即民营企业隐性薪酬差距与创新效率负相关。这些结论与表4－5列（4）—（6）的结果一致，再次验证了假设1b、2b和3b。

表4－6　　隐性薪酬差距对企业滞后一期创新产出的影响①

Variables	(1)	(2)	(3)	(4)	(5)	(6)
	$lnpat_{t+1}$	$lnpat_{t+1}$	$lnpat_{t+1}$	$lnpat_{t+1}$	$lnpat_{t+1}$	$lnpat_{t+1}$
	中央国有企业	中央国有企业	地方国有企业	地方国有企业	民营企业	民营企业
npcnew	-5.9067	16.7148	17.5882**	34.5944***	4.1525	7.4189*
	(-0.6872)	(0.8182)	(2.3767)	(3.1977)	(1.6432)	(1.6924)
$npcnew^2$		-780.9750		-324.5231***		-48.7588
		(-1.2514)		(-2.9991)		(-0.7493)
lnpay	0.1956**	0.1938**	0.1683**	0.1592**	0.3884***	0.3855***
	(2.4392)	(2.4217)	(2.4792)	(2.3414)	(9.7026)	(9.6205)
msh	-1.0075	-0.8450	1.5192	1.3832	0.2799***	0.2812***
	(-0.7347)	(-0.6132)	(1.1510)	(1.0367)	(2.9252)	(2.9417)
eqb	-0.5112***	-0.5140***	-0.1581*	-0.1538*	-0.0380	-0.0380
	(-3.2169)	(-3.2425)	(-1.7076)	(-1.6590)	(-0.7126)	(-0.7133)
dual	0.0831	0.0805	-0.0890	-0.0843	0.1738***	0.1727***
	(0.5264)	(0.5132)	(-0.7096)	(-0.6757)	(4.2996)	(4.2711)

① 此时隐性薪酬差距等于经当期主营业务收入平减的在职消费。因为此表中变量 *npcnew* 的观测值比 *npc* 的更多，所以此表参与回归的观测值 *N* 比表4－2更多。

续表

Variables	(1) $lnpat_{t+1}$ 中央国有企业	(2) $lnpat_{t+1}$ 中央国有企业	(3) $lnpat_{t+1}$ 地方国有企业	(4) $lnpat_{t+1}$ 地方国有企业	(5) $lnpat_{t+1}$ 民营企业	(6) $lnpat_{t+1}$ 民营企业
$lnage_{t+1}$	-0.5139***	-0.5096***	-0.1541*	-0.1675**	0.0104	0.0087
	(-5.1638)	(-5.1469)	(-1.9413)	(-2.1165)	(0.2092)	(0.1739)
roa	3.7504***	3.5776***	0.8137	0.8127	1.9579***	1.9572***
	(4.0094)	(3.7818)	(0.8775)	(0.8701)	(4.0440)	(4.0404)
lev	0.1968	0.2175	-0.0360	-0.0505	0.1412	0.1416
	(0.6067)	(0.6732)	(-0.1393)	(-0.1960)	(0.9454)	(0.9476)
lnasset	0.5631***	0.5616***	0.2013**	0.1893**	0.2583***	0.2547***
	(5.4201)	(5.4026)	(2.4814)	(2.3180)	(4.3248)	(4.2525)
lnrev	-0.1326	-0.1222	0.2656***	0.2892***	0.0736	0.0820
	(-1.2929)	(-1.1866)	(3.5901)	(3.8466)	(1.3897)	(1.5242)
cr1	-1.9689***	-1.9770***	-0.2028	-0.1788	-0.1828	-0.1792
	(-3.5836)	(-3.5976)	(-0.5797)	(-0.5100)	(-0.7344)	(-0.7206)
lndsrs	0.8268***	0.8379***	-0.1432	-0.1199	-0.0105	-0.0060
	(2.6950)	(2.7534)	(-0.6900)	(-0.5767)	(-0.0679)	(-0.0389)
ddzb	1.6193*	1.5125	-1.0102	-1.0043	0.1798	0.1908
	(1.6897)	(1.5766)	(-1.2474)	(-1.2376)	(0.3496)	(0.3706)
constant	-11.3554***	-11.6012***	-11.3941***	-11.5723***	-12.4840***	-12.5582***
	(-7.9390)	(-8.1348)	(-8.7002)	(-8.8340)	(-12.1440)	(-12.1542)
industry	yes	yes	yes	yes	yes	yes
year	yes	yes	yes	yes	yes	yes
N	740	740	971	971	3319	3319
Pseudo R^2	0.0977	0.0982	0.1060	0.1074	0.0696	0.0696

表 4-7　隐性薪酬差距对企业创新投入和创新效率的影响①

Variables	(1) $resrev_{t+1}$ 中央国有企业	(2) $resrev_{t+1}$ 地方国有企业	(3) $resrev_{t+1}$ 民营企业	(4) $lnpat_{t+1}$ 中央国有企业	(5) $lnpat_{t+1}$ 地方国有企业	(6) $lnpat_{t+1}$ 民营企业
npcnew	-0.1267	0.2445**	0.2603*	-11.3384	10.2420	13.3315***
	(-1.5782)	(2.2466)	(1.7240)	(-0.9109)	(1.2245)	(3.2069)

① 此时隐性薪酬差距等于经当期主营业务收入平减的在职消费。

续表

Variables	(1)	(2)	(3)	(4)	(5)	(6)
	$resrev_{t+1}$	$resrev_{t+1}$	$resrev_{t+1}$	$lnpat_{t+1}$	$lnpat_{t+1}$	$lnpat_{t+1}$
	中央国有企业	地方国有企业	民营企业	中央国有企业	地方国有企业	民营企业
resrev				11.0690***	7.8840***	9.3496***
				(2.7363)	(3.4455)	(9.5505)
*npcnew * resrev*				-177.9594	64.5601	-127.4899***
				(-1.0865)	(0.4460)	(-3.5029)
lnpay	0.0098***	0.0040***	0.0112***	0.1209	0.1557**	0.2804***
	(5.7965)	(5.0197)	(11.9200)	(1.4520)	(2.2490)	(6.9723)
msh	0.0501	0.1266**	-0.0039	-2.5094	-0.0645	0.3260***
	(1.1702)	(2.5024)	(-1.5669)	(-1.5805)	(-0.0494)	(3.4362)
eqb	-0.0062**	-0.0000	0.0022	-0.4458***	-0.2170**	-0.0778
	(-2.0629)	(-0.0219)	(1.5097)	(-2.6647)	(-2.2908)	(-1.4700)
dual	-0.0025	0.0014	0.0034***	0.1490	-0.0426	0.1445***
	(-0.6702)	(0.8543)	(3.3952)	(0.8466)	(-0.3346)	(3.6091)
$lnage_{t+1}$	-0.0170***	-0.0045***	-0.0014	-0.3812***	-0.1488*	-0.0285
	(-7.2150)	(-2.6505)	(-1.2674)	(-3.4140)	(-1.7673)	(-0.5661)
roa	0.0141	-0.0046	0.0473***	3.7808***	1.4851	1.7191***
	(0.6821)	(-0.3744)	(3.6036)	(3.9158)	(1.5645)	(3.6683)
lev	-0.0120*	-0.0267***	-0.0362***	0.3558	0.1631	0.3192**
	(-1.9369)	(-7.7769)	(-10.5475)	(1.0917)	(0.6064)	(2.1246)
lnasset	0.0145***	0.0005	0.0141***	0.5205***	0.1519*	0.1305**
	(4.7461)	(0.4768)	(10.6021)	(4.9813)	(1.7957)	(2.1763)
lnrev	-0.0192***	-0.0019*	-0.0186***	-0.0558	0.3025***	0.2696***
	(-6.4315)	(-1.8067)	(-14.4433)	(-0.5200)	(3.8245)	(4.8098)
cr1	-0.0173*	0.0003	-0.0016	-1.9306***	-0.5194	-0.2351
	(-1.6983)	(0.0705)	(-0.3016)	(-3.3949)	(-1.4633)	(-0.9478)
lndsrs	-0.0004	0.0040	-0.0008	0.6814**	-0.1902	0.0367
	(-0.0638)	(1.3987)	(-0.2114)	(2.0958)	(-0.8624)	(0.2401)
ddzb	0.0050	-0.0295***	0.0264**	1.1480	-0.2571	0.2668
	(0.2443)	(-3.2562)	(2.2790)	(1.0750)	(-0.3057)	(0.5211)
constant	-0.0156	-0.0386**	-0.1010***	-12.4111***	-11.3169***	-12.3169***
	(-0.5170)	(-2.1281)	(-5.5146)	(-8.4552)	(-8.1821)	(-11.8399)
industry	yes	yes	yes	yes	yes	yes
year	yes	yes	yes	yes	yes	yes
N	1072	1557	4485	692	889	3206

续表

Variables	(1)	(2)	(3)	(4)	(5)	(6)
	$resrev_{t+1}$	$resrev_{t+1}$	$resrev_{t+1}$	$lnpat_{t+1}$	$lnpat_{t+1}$	$lnpat_{t+1}$
	中央国有企业	地方国有企业	民营企业	中央国有企业	地方国有企业	民营企业
R^2	0.4661	0.4392	0.4877			
$Pseudo\ R^2$				0.1061	0.1073	0.0798

（2）两种隐性薪酬差距对当期企业创新产出的影响

前文分析的是两种隐性薪酬差距对滞后一期的创新产出的影响，为得到更为稳健的结论，本处考察两种隐性薪酬差距对企业当期创新产出的影响，同样采用稳健标准误差 Tobit 回归计量模型（4－3），回归结果见表 4－8。由表 4－8 列（1）—（6）可知，中央国有企业隐性薪酬差距对当期创新产出的影响不显著；地方国有企业隐性薪酬差距的系数至少在 10% 的显著水平下显著为正；民营企业隐性薪酬差距的系数至少在 5% 的显著水平下显著为正；与前文表 4－2 和表 4－6 的结论一致，同样验证了假设 1b、2b 和 3b。

（3）采用负二项回归两种隐性薪酬差距对滞后一期创新产出的影响

因发明专利申请数只能取非负整数，本样本有不少发明专利申请数取值为 0，而且三类企业的发明专利申请数的方差都超过了均值的 720.1683 倍，即存在过度分散，所以采用负二项回归如下计量模型：

$$pat_{it} = \lambda_0 + \lambda_1 npc_{it-1} + \lambda_2' Z_{it-1} + \lambda_3 \ln age_{it} + \lambda_4' X_{it-1} + \varepsilon_{it} \quad (4-6)$$

采用稳健标准误差负二项回归计量模型（4－6），回归结果见表 4－9。由表 4－9 列（1）—（6）可知，除列（6）外（此时 t 值为 1.4610，与 10% 显著水平的 t 值 1.69 也比较靠近），其他结果与前文表 4－2 和表 4－6 采用稳健标准误差 Tobit 回归计量模型（4－3）一致，表 4－9 列（1）、（4）显示中央国有企业隐性薪酬差距的系数不显著，表 4－9 列（2）、（5）显示地方国有企业隐性薪酬差距的系数在 1% 的显著水平下显著为正，表 4－9 列（3）显示民营企业隐性薪酬差距的系数在 5% 的显著水平下显著为正。因此，基本也可得出中央国有企业隐性薪酬差距对企业滞后一期创新产出的影响不显著，地方国有企业和民营企业隐性薪酬差距对企业滞后一期创新产出存在正向影响，同样验证了假设 1b、2b 和 3b。鉴于本样本有不少发明专利申请数取值为 0，本书还采用零膨胀负二项回归了计量模型（4－6），Vuong 统计量显示应该拒绝“零膨胀负二项回归”，应该采用前文的标准负二项回归。

表 4-8　　两种隐性薪酬差距对企业当期创新产出的影响①

Variables	(1)	(2)	(3)	(4)	(5)	(6)
	lnpat	lnpat	lnpat	lnpat	lnpat	lnpat
	中央国有企业	地方国有企业	民营企业	中央国有企业	地方国有企业	民营企业
npc	-10.6177	18.4957*	11.7805***			
	(-1.1118)	(1.9392)	(2.6395)			
npcnew				2.5935	22.5886***	4.6373**
				(0.3472)	(3.1703)	(2.1109)
lnpay	0.0857	0.1575**	0.3370***	0.0882	0.1594***	0.3460***
	(1.0665)	(2.5555)	(8.5032)	(1.1016)	(2.6182)	(9.3114)
msh	-0.6129	1.1638	0.2505***	0.2461	0.6134	0.2579***
	(-0.4147)	(0.8356)	(2.5969)	(0.1866)	(0.4303)	(2.8674)
eqb	-0.3537**	-0.2183**	-0.0633	-0.3391**	-0.1606*	-0.0768
	(-2.5164)	(-2.4619)	(-1.3014)	(-2.4455)	(-1.8298)	(-1.6433)
dual	0.3323**	-0.0088	0.1571***	0.3171**	-0.0006	0.1463***
	(2.5593)	(-0.0802)	(3.9848)	(2.4652)	(-0.0054)	(3.9110)
lnage	-0.3786***	-0.2003***	0.0158	-0.3238***	-0.1883***	0.0186
	(-3.8362)	(-2.8037)	(0.3454)	(-3.5413)	(-3.0596)	(0.4904)
roa	2.6683***	0.1915	0.8930*	2.5256***	0.2841	0.9664**
	(3.0277)	(0.2146)	(1.7909)	(2.9138)	(0.3215)	(1.9987)
lev	-0.0263	-0.0825	-0.1810	-0.0243	-0.0801	-0.1788
	(-0.0918)	(-0.3517)	(-1.1873)	(-0.0857)	(-0.3469)	(-1.2156)
lnasset	0.4214***	0.2937***	0.2751***	0.4259***	0.2051***	0.2469***
	(4.5307)	(3.7809)	(5.0694)	(4.3858)	(2.6041)	(4.7185)
lnrev	0.0483	0.1702***	0.0954**	0.0452	0.2655***	0.1256***
	(0.5785)	(2.6479)	(2.0840)	(0.4926)	(3.8470)	(2.7536)
cr1	-1.6344***	-0.4288	-0.2881	-1.6364***	-0.3727	-0.2811
	(-3.4331)	(-1.2681)	(-1.2391)	(-3.4378)	(-1.1108)	(-1.2697)
lndsrs	0.9183***	-0.1045	0.1284	0.9109***	-0.1238	0.0139
	(3.1681)	(-0.5587)	(0.8384)	(3.2159)	(-0.6687)	(0.0967)
ddzb	0.3731	-1.0942	0.7428	0.2933	-1.1124*	0.3997
	(0.4089)	(-1.6256)	(1.4821)	(0.3226)	(-1.6712)	(0.8422)
constant	-10.7907***	-10.5695***	-13.0962***	-10.9830***	-10.7251***	-12.8185***
	(-7.8512)	(-9.4333)	(-12.5562)	(-8.0878)	(-9.7164)	(-13.0108)

① 因为此表列（1）—（3）中没有取滞后一期，列（4）—（6）中变量 *npcnew* 的观测值比 *npc* 的更多，所以此表参与回归的观测值 *N* 比表 4-2 更多。

续表

Variables	(1) lnpat 中央国有企业	(2) lnpat 地方国有企业	(3) lnpat 民营企业	(4) lnpat 中央国有企业	(5) lnpat 地方国有企业	(6) lnpat 民营企业
industry	yes	yes	yes	yes	yes	yes
year	yes	yes	yes	yes	yes	yes
N	870	1128	3616	884	1147	3984
Pseudo R^2	0.0923	0.1028	0.0696	0.0925	0.1041	0.0687

表 4-9 采用负二项回归两种隐性薪酬差距对滞后一期企业创新产出的影响①

Variables	(1) $lnpat_{t+1}$ 中央国有企业	(2) $lnpat_{t+1}$ 地方国有企业	(3) $lnpat_{t+1}$ 民营企业	(4) $lnpat_{t+1}$ 中央国有企业	(5) $lnpat_{t+1}$ 地方国有企业	(6) $lnpat_{t+1}$ 民营企业
npc	-14.9915	34.7987***	10.9782**			
	(-1.5096)	(2.7437)	(2.0510)			
npcnew				-7.4183	31.6258***	3.6416
				(-0.8634)	(3.3551)	(1.4610)
lnpay	0.2520***	0.1146	0.4653***	0.2577***	0.1138	0.4839***
	(3.3116)	(1.4837)	(9.1163)	(3.4017)	(1.5005)	(10.5945)
msh	-3.2072**	2.2754*	0.5435***	-1.6136	1.9386	0.4296***
	(-2.2412)	(1.6559)	(4.5236)	(-1.1871)	(1.4024)	(3.9884)
eqb	-0.6857***	-0.1970*	-0.0354	-0.6954***	-0.1330	-0.0238
	(-3.5846)	(-1.8188)	(-0.5624)	(-3.6599)	(-1.2754)	(-0.4050)
dual	0.0018	-0.1048	0.1898***	-0.0214	-0.1171	0.1885***
	(0.0107)	(-0.7478)	(3.7400)	(-0.1331)	(-0.8480)	(4.0430)
$lnage_{t+1}$	-0.5816***	-0.0019	0.0549	-0.5470***	-0.0250	0.0687
	(-5.3520)	(-0.0178)	(0.7792)	(-5.5993)	(-0.2554)	(1.2253)
roa	4.8504***	1.2958	1.4349**	4.5753***	1.6061	1.5647***
	(4.7948)	(1.1808)	(2.3228)	(4.5365)	(1.4923)	(2.8037)
lev	0.5207	-0.3573	0.1236	0.5124	-0.3311	0.1108
	(1.0972)	(-1.1527)	(0.6167)	(1.1190)	(-1.1102)	(0.6454)
lnasset	0.6159***	0.3259***	0.3803***	0.6871***	0.1853*	0.3857***
	(5.0987)	(3.3679)	(4.9611)	(5.4254)	(1.9046)	(5.3482)

① 因为此表列（4）—（6）中变量 *npcnew* 的观测值比 *npc* 的更多，所以此表参与回归的观测值 *N* 比表 4-2 更多。

续表

Variables	(1)	(2)	(3)	(4)	(5)	(6)
	$lnpat_{t+1}$	$lnpat_{t+1}$	$lnpat_{t+1}$	$lnpat_{t+1}$	$lnpat_{t+1}$	$lnpat_{t+1}$
	中央国有企业	地方国有企业	民营企业	中央国有企业	地方国有企业	民营企业
lnrev	-0.0791	0.3027***	0.1225*	-0.1511	0.4490***	0.1089*
	(-0.6726)	(3.5355)	(1.9279)	(-1.1866)	(4.8947)	(1.7292)
cr1	-3.0448***	-0.1798	-0.0698	-3.0635***	-0.1146	0.0457
	(-5.6954)	(-0.4214)	(-0.2397)	(-5.7522)	(-0.2754)	(0.1687)
lndsrs	0.8446***	0.1805	0.6277***	0.8322***	0.1474	0.4816***
	(2.7646)	(0.8043)	(3.3024)	(2.8262)	(0.6675)	(2.7943)
ddzb	0.2829	0.1249	1.9550***	0.0202	0.1020	1.4261**
	(0.3007)	(0.1321)	(3.2168)	(0.0216)	(0.1091)	(2.5353)
constant	-13.9529***	-15.8862***	-19.4748***	-14.0215***	-15.8333***	-19.1489***
	(-8.2897)	(-11.1742)	(-14.2550)	(-8.4063)	(-11.3792)	(-15.5786)
industry	yes	yes	yes	yes	yes	yes
year	yes	yes	yes	yes	yes	yes
N	724	948	2888	740	971	3319
Pseudo R^2	0.0687	0.0889	0.1036	0.0690	0.0898	0.1028

（4）隐性薪酬差距的内生性分析

考虑到计量模型（4-3）中隐性薪酬差距对创新产出的影响可能存在内生性问题，参考李春涛和宋敏（2010）、江轩宇（2016）的研究，本书选取同一行业（因制造业企业很多，所以制造业C门类细分到了次类，其他行业主要以门类区分）中其他企业隐性薪酬差距平均值作为该企业隐性薪酬差距的工具变量。为增强该工具变量的代表性，若某一行业排除目标企业后剩余企业数目小于等于3家，予以剔除，所以工具变量回归中样本数相对于前文有所减少。采用Tobit工具变量回归，回归结果见表4-10。与前文表4-2比较可知，回归结论基本保持不变，而且表4-10列（2）的隐性薪酬差距系数由表4-2的在10%显著水平下显著提高到在表4-10的在1%显著水平下显著为正。

（5）剔除发明专利申请数为0的观测值后隐性薪酬差距对企业滞后一期和当期创新产出的影响

因本样本有不少发明专利申请数取值为0，参考江轩宇（2016）的研究，我们剔除发明专利申请数为0的观测值，采用稳健标准误差OLS方法重新回归隐性薪酬差距对企业滞后一期和当期创新产出的影响，回归结果见表4-11。由表4-11列

(1)、(4) 可知，中央国有企业隐性薪酬差距对滞后一期和当期创新产出的影响不显著。表 4 - 11 列 (2) 中隐性薪酬差距系数的 P 值为 0.1180 (n = 861)，即边际显著为正；由表 4 - 11 列 (5) 可知，隐性薪酬差距系数在 5% 的显著水平下显著为正，所以地方国有企业隐性薪酬差距对滞后一期和当期创新产出存在正向影响。由表 4 - 11 列 (3)、(6) 可知，隐性薪酬差距系数至少在 10% 的显著水平下显著为正，所以民营企业隐性薪酬差距也对滞后一期和当期创新产出存在正向影响。本处回归结果与前文采用稳健标准误差 Tobit 方法的回归结果表 4 - 2 和表 4 - 8 基本一致。

表 4 - 10　隐性薪酬差距影响企业滞后一期创新产出的 Tobit 工具变量回归

	(1)	(2)	(3)
Variables	$lnpat_{t+1}$	$lnpat_{t+1}$	$lnpat_{t+1}$
	中央国有企业	地方国有企业	民营企业
npc	-26.8534	209.0451***	12.3543**
	(-0.2675)	(19.4310)	(2.4407)
lnpay	0.1894**	0.0038	0.3788***
	(2.0449)	(0.0504)	(8.6180)
msh	-2.3161	3.5973**	0.3652***
	(-1.0346)	(2.0647)	(3.3917)
eqb	-0.4892***	-0.2195*	-0.0496
	(-2.7501)	(-1.6826)	(-0.8669)
dual	0.0723	0.0694	0.1774***
	(0.3902)	(0.5378)	(4.0095)
$lnage_{t+1}$	-0.5507***	-0.2949**	0.0032
	(-2.9741)	(-2.5529)	(0.0521)
roa	4.0205***	-0.9272	1.9800***
	(3.8672)	(-0.7288)	(3.6873)
lev	0.1114	-0.3093	0.2348
	(0.2525)	(-0.9301)	(1.3600)
lnasset	0.5276***	0.5393***	0.2533***
	(4.5320)	(5.3493)	(3.9720)
lnrev	-0.0881	0.0877	0.0680
	(-0.7543)	(1.0509)	(1.2756)
cr1	-1.9564***	-0.5903	-0.3085
	(-3.5518)	(-1.2925)	(-1.1547)

续表

Variables	(1)	(2)	(3)
	$lnpat_{t+1}$	$lnpat_{t+1}$	$lnpat_{t+1}$
	中央国有企业	地方国有企业	民营企业
lndsrs	0.7873 *	-0.2604	0.1260
	(1.6497)	(-0.9906)	(0.7335)
ddzb	1.8796	-1.7747 *	0.7330
	(1.4249)	(-1.8020)	(1.3071)
constant	-11.2707 ***	-11.9209 ***	-12.6235 ***
	(-7.5407)	(-7.3267)	(-10.9960)
industry	yes	yes	yes
year	yes	yes	yes
N	724	948	2888

表 4-11　剔除发明专利申请数为 0 后隐性薪酬差距对滞后一期和当期创新产出的影响①

Variables	(1)	(2)	(3)	(4)	(5)	(6)
	$lnpat_{t+1}$	$lnpat_{t+1}$	$lnpat_{t+1}$	lnpat	lnpat	lnpat
	中央国有企业	地方国有企业	民营企业	中央国有企业	地方国有企业	民营企业
npc	-6.6676	16.9231	9.0780 *	-8.4579	18.7758 **	8.9631 **
	(-0.5798)	(1.5670)	(1.8641)	(-0.9366)	(2.1958)	(2.3392)
lnpay	0.1953 **	0.0983	0.3195 ***	0.1385 *	0.0861	0.2494 ***
	(2.4344)	(1.4810)	(7.7885)	(1.7368)	(1.5857)	(7.5542)
msh	-2.1328	2.0177 *	0.2812 ***	-1.0156	2.9513 ***	0.1579 **
	(-1.3708)	(1.7870)	(2.8396)	(-0.7123)	(2.7765)	(2.0170)
eqb	-0.4320 ***	-0.1534 *	-0.0361	-0.3054 **	-0.1428 *	-0.0481
	(-2.7618)	(-1.6786)	(-0.6852)	(-2.3445)	(-1.8272)	(-1.1993)
dual	0.0276	-0.0062	0.1752 ***	0.1864	0.0644	0.1563 ***
	(0.1722)	(-0.0512)	(4.2593)	(1.5609)	(0.6561)	(4.8333)
$lnage_{t+1}$	-0.4765 ***	-0.0445	0.0376			
	(-4.2379)	(-0.5343)	(0.6611)			
lnage				-0.3254 ***	-0.0510	0.0259
				(-3.6293)	(-0.8240)	(0.6864)

① 因为此表列（4）—（6）中没有取滞后一期，考察对当期创新产出的影响，所以此表参与回归的观测值 *N* 比表 4-2 更多。

续表

Variables	(1) $lnpat_{t+1}$ 中央国有企业	(2) $lnpat_{t+1}$ 地方国有企业	(3) $lnpat_{t+1}$ 民营企业	(4) lnpat 中央国有企业	(5) lnpat 地方国有企业	(6) lnpat 民营企业
roa	3.1048***	1.2356	1.5909***	2.0828**	0.6230	0.3894
	(3.6431)	(1.4153)	(3.2396)	(2.5005)	(0.8728)	(0.9364)
lev	0.0251	-0.1538	0.0954	-0.2536	-0.1409	-0.1862
	(0.0778)	(-0.6165)	(0.5997)	(-0.9600)	(-0.7025)	(-1.4995)
lnasset	0.4757***	0.2485***	0.2192***	0.3475***	0.2451***	0.2409***
	(4.8452)	(3.1797)	(3.6742)	(3.9563)	(3.6857)	(5.3548)
lnrev	-0.0820	0.1689**	0.0931*	0.0711	0.1392**	0.1084***
	(-0.8938)	(2.5322)	(1.8969)	(0.9098)	(2.5365)	(2.9843)
cr1	-1.6073***	-0.0285	-0.2008	-1.2542***	-0.0095	-0.0846
	(-2.9368)	(-0.0836)	(-0.8053)	(-2.9241)	(-0.0320)	(-0.4452)
lndsrs	0.7541**	0.0422	0.1929	0.6683**	0.1236	0.2708**
	(2.3765)	(0.2059)	(1.1897)	(2.4351)	(0.7338)	(2.0413)
ddzb	1.6618*	-0.5331	1.1780**	0.2829	-0.4516	1.4068***
	(1.6917)	(-0.6765)	(2.2532)	(0.3641)	(-0.8168)	(3.3344)
constant	-11.4686***	-10.5748***	-12.2531***	-9.4337***	-8.2970***	-10.9821***
	(-8.3246)	(-7.2116)	(-11.7852)	(-6.1939)	(-7.1529)	(-8.6425)
industry	yes	yes	yes	yes	yes	yes
year	yes	yes	yes	yes	yes	yes
N	680	861	2588	802	995	3135
R^2	0.2714	0.2864	0.2061	0.3029	0.2958	0.2174

（6）替代的在职消费（*perksass*）对企业创新的影响

参考权小锋等（2010）、Luo 等（2011）、王曾等（2014）的研究，采用管理费用扣除董事、高管和监事的薪酬总额、计提的坏账准备、存货跌价准备和当年的无形资产摊销额等明显不属于隐性薪酬差距的项目后的金额来衡量在职消费总额。鉴于从 2007 年起会计准则发生变化，管理费用不再包含计提的坏账准备和存货跌价准备，所以 2007 年及之后的隐性薪酬差距总额不再减去这两项。采用此方法计算而得的在职消费总额除以上一期总资产即为替代的在职消费（*perksass*，其等于隐性薪酬差距）。采用稳健标准误差回归替代的隐性薪酬差距（*perksass*）对企业创新的影响，替代的隐性薪酬差距对企业滞后一期创新产出和创新投入的影响回归结果见表 4-12，替代的隐性薪酬差距对企业创新效率的影响回归结果见表 4 - 13。

由表 4 - 12 列（1）可知，中央国有企业隐性薪酬差距（*perksass*）的系数显著为正，这点与前文表 4 - 2 的结论不一致。由表 4 - 12 列（2）、（3）可知，地方国有企业和民营企业隐性薪酬差距的系数（*perksass*）都在 1% 的显著水平下显著为正，即地方国有企业和民营企业隐性薪酬差距（*perksass*）对企业创新产出存在正向影响，这与前文表 4 - 2 的结论一致。由表 4 - 12 列（4）—（6）可知，中央和地方国有企业、民营企业隐性薪酬差距（*perksass*）的系数都在 1% 的显著水平下显著为正，即三类企业的隐性薪酬差距对创新投入存在正向影响，与表 4 - 5 的结论一致。总之，替代的隐性薪酬差距（*perksass*）对创新产出和创新投入的影响基本上与前文一致。

由表 4 - 13 列（1）、（2）可知，中央和地方国有企业隐性薪酬差距与创新投入交乘项的系数在不显著，即中央和地方国有企业隐性薪酬差距对创新效率的影响不显著。由表 4 - 13 列（3）可知，民营企业隐性薪酬差距与创新投入的交乘项的系数在 1% 的显著水平下显著为负，即民营企业隐性薪酬差距对创新效率存在负向影响。与前文表 4 - 5 和表 4 - 7 的结论一致。

表 4 - 12　替代的隐性薪酬差距对企业滞后一期创新产出和创新投入的影响

	(1)	(2)	(3)	(4)	(5)	(6)
Variables	$lnpat_{t+1}$	$lnpat_{t+1}$	$lnpat_{t+1}$	$resass_{t+1}$	$resass_{t+1}$	$resass_{t+1}$
	中央国有企业	地方国有企业	民营企业	中央国有企业	地方国有企业	民营企业
perksass	4.4056**	4.0532***	6.4868***	0.1337***	0.0664***	0.1746***
	(2.3143)	(3.3011)	(8.9515)	(10.2688)	(5.5413)	(18.0484)
lnpay	0.1077	0.1548***	0.2386***	0.0053***	0.0020***	0.0026***
	(1.0214)	(2.8110)	(6.3234)	(7.9490)	(4.5400)	(7.0346)
msh	0.5609	0.2902	0.2337**	0.0244	0.0380**	-0.0016
	(0.3017)	(0.2910)	(2.3962)	(1.6453)	(2.1046)	(-1.5696)
eqb	-0.2495	-0.1776**	0.0071	-0.0026**	-0.0013**	-0.0002
	(-1.2103)	(-2.0911)	(0.1408)	(-2.3109)	(-2.1059)	(-0.3324)
dual	0.2917	0.1723	0.1911***	0.0002	0.0021***	0.0012***
	(1.4017)	(1.5951)	(4.8406)	(0.0924)	(2.7300)	(3.1076)
$lnage_{t+1}$	-0.2577	-0.3171***	-0.0366	-0.0065***	-0.0034***	-0.0023***
	(-1.4768)	(-4.1571)	(-0.7009)	(-7.1896)	(-4.2011)	(-4.2994)
roa	1.7070*	0.6806	1.9008***	0.0156**	0.0106*	0.0072
	(1.7128)	(0.9654)	(4.1110)	(2.2970)	(1.9025)	(1.4845)

续表

Variables	(1)	(2)	(3)	(4)	(5)	(6)
	$lnpat_{t+1}$	$lnpat_{t+1}$	$lnpat_{t+1}$	$resass_{t+1}$	$resass_{t+1}$	$resass_{t+1}$
	中央国有企业	地方国有企业	民营企业	中央国有企业	地方国有企业	民营企业
lev	-0.5972	-0.0851	0.4135***	0.0036	-0.0107***	-0.0150***
	(-1.3261)	(-0.3739)	(2.7995)	(1.6229)	(-6.2754)	(-9.9262)
lnasset	0.5864***	0.3702***	0.4436***	-0.0033***	-0.0059***	-0.0043***
	(3.7618)	(4.8803)	(7.9341)	(-3.7567)	(-9.4551)	(-7.1668)
lnrev	-0.0660	0.2409***	-0.0503	0.0002	0.0051***	0.0048***
	(-0.4738)	(3.7834)	(-1.1380)	(0.2969)	(9.3642)	(9.7503)
cr1	-0.7149	-1.0240***	-0.0224	-0.0037	-0.0013	-0.0034
	(-0.9316)	(-3.2919)	(-0.0945)	(-1.0513)	(-0.5360)	(-1.6001)
lndsrs	0.7655	-0.4671**	0.3951***	0.0040*	-0.0016	0.0015
	(1.5797)	(-2.5467)	(2.7080)	(1.8091)	(-1.0119)	(1.1045)
ddzb	0.8513	-1.0067	1.3617***	0.0039	-0.0138***	0.0163***
	(0.6543)	(-1.4864)	(2.8354)	(0.5294)	(-3.0420)	(3.6486)
constant	-12.4293***	-13.0168***	-13.3829***	-0.0043	-0.0057	-0.0570***
	(-5.8106)	(-11.9095)	(-13.6075)	(-0.5793)	(-0.7554)	(-8.2420)
industry	yes	yes	yes	yes	yes	yes
year	yes	yes	yes	yes	yes	yes
N	1078	1479	3613	1441	2165	4855

表 4-13　替代的隐性薪酬差距对企业创新效率的影响

Variables	(1)	(2)	(3)
	$lnpat_{t+1}$	$lnpat_{t+1}$	$lnpat_{t+1}$
	中央国有企业	地方国有企业	民营企业
perksass	5.6600**	0.0385	8.0382***
	(2.0017)	(0.0187)	(7.1191)
resass	22.7034**	4.1164	30.4958***
	(2.2973)	(0.6952)	(11.7255)
perksass × resass	-106.8862	127.3355	-157.2390***
	(-1.5387)	(1.6031)	(-6.8731)
lnpay	0.0582	0.1969***	0.1830***
	(0.5242)	(3.0948)	(4.6952)
msh	0.2673	0.5160	0.2931***
	(0.1375)	(0.4872)	(2.9847)
eqb	-0.2533	-0.2377**	-0.0290
	(-1.2268)	(-2.3222)	(-0.5653)

续表

Variables	(1)	(2)	(3)
	$lnpat_{t+1}$	$lnpat_{t+1}$	$lnpat_{t+1}$
	中央国有企业	地方国有企业	民营企业
dual	0.2772	0.0420	0.1621***
	(1.1436)	(0.3506)	(4.0801)
$lnage_{t+1}$	-0.2020	-0.2184**	-0.0242
	(-1.0730)	(-2.5092)	(-0.4451)
roa	1.7047	1.3755	1.7600***
	(1.4691)	(1.6108)	(3.6951)
lev	-0.3574	0.2677	0.5232***
	(-0.7934)	(1.0321)	(3.3130)
lnasset	0.7219***	0.3538***	0.6419***
	(4.2952)	(3.9229)	(10.5262)
lnrev	-0.1820	0.1936**	-0.1899***
	(-1.2265)	(2.4808)	(-3.7790)
cr1	-0.8062	-0.9637***	-0.1403
	(-1.0935)	(-2.7951)	(-0.5785)
lndsrs	0.8146*	-0.2447	0.4105***
	(1.6508)	(-1.1838)	(2.7881)
ddzb	-0.6623	0.4647	1.4197***
	(-0.4935)	(0.6007)	(2.9552)
constant	-13.8999***	-14.0285***	-14.2737***
	(-6.5912)	(-11.0411)	(-14.5536)
industry	yes	yes	yes
year	yes	yes	yes
N	898	1149	3334

4.4 隐性薪酬差距、适度监督与企业创新投入

4.4.1 计量模型设定与变量

(1) 异常在职消费的计量

参考权小锋等（2010）、Luo 等（2011）、王曾等（2014）的研究，构建如

下计量模型：

$$perks_{it}/asset_{it-1} = \delta_0 + \delta_1/asset_{it-1} + \delta_2\Delta sale_{it}/asset_{it-1} + \delta_3 PPE_{it}/asset_{it-1} + \delta_4 patory_{it}/asset_{it-1} + \delta_5 \ln labour_{it} + \varepsilon_{it} \quad (4-7)$$

因变量为在职消费（$perks_{it}/asset_{it-1} = perksass$），参考王曾等（2014）、Chen 等（2015）的研究，采用经上一年的企业总资产平减的在职消费总额来衡量在职消费，即在职消费等于在职消费总额与上一年总资产之比。参考权小锋等（2010）、Luo 等（2011）、王曾等（2014）的研究，高管在职消费总额（*perks*）采用管理费用扣除董事、高管和监事的薪酬总额、计提的坏账准备、存货跌价准备和当年的无形资产摊销额等明显不属于在职消费的项目后的金额①来衡量。鉴于从 2007 年起会计准则发生变化，管理费用不再包含计提的坏账准备和存货跌价准备，所以 2007 年及之后的在职消费总额不再减去这两项。$asset_{it-1}$为上年末总资产。

自变量：$\Delta sale_{it}$为本期主营业务收入的变动额，PPE_{it}为本期固定资产净值，$patory_{it}$为本期存货总额，$\ln labour_{it}$为企业员工总数的自然对数。分年度分行业回归计量模型（4－7），回归得到的因变量预测值为正常的在职消费，企业实际在职消费减去正常的在职消费为异常的在职消费（$abperksass_{it}$）。鉴于国有企业和民营企业所需在职消费的差异，本书把国有企业和民营企业样本分开回归。

（2）隐性薪酬差距对创新投入的影响

参考冯根福和温军（2008）、周铭山和张倩倩（2016）、江轩宇（2016）、Jia 等（2016）、余明桂等（2016）的研究，构建如下计量模型②：

$$resass_{it} = \gamma_0 + \gamma_1 perksass_{it-1}(abperksass_{it-1}) + \gamma_2' N_{it-1} + \gamma_3 \ln age_{it} + \varepsilon_{it} \quad (4-8)$$

因变量：创新投入（*resass*），参考余明桂等（2016）的研究，同时考虑到在职消费总额（异常在职消费总额）都是采用上年末总资产来平减的，所以创新投入用企业当年的研发支出与总资产之比来衡量。其中高管在职消费等于隐性薪酬差距。

① 因本部分涉及异常在职消费的分析，参考目前已有文献，要计算异常在职消费时，在职消费总额通常采用管理费用扣除明显不属于在职消费的项目后的金额来衡量。

② 研发投入一般是年初决策（党力等，2015），因此本年初的创新投入是根据上年度末的企业内部指标来决定。稳健性检验部分采用了研发支出与营业收入之比来衡量创新投入强度。

自变量：企业高管在职消费（$perksass_{it}$）等于前文的 $perks_{it}/asset_{it-1}$。企业上市年限（ln*age*）设置与前文一致，以统计当年年份减去企业成立年份加 1 得到，并对数化。N_{it-1}是控制变量构成的向量，包括股权集中度（*cr*5）、机构投资者持股比例（*ish*）、市场化指数（*highmark*）[①]、独立董事占比（*ddzb*）、董监高薪酬总额的自然对数（ln*pay*）、董监高持股比例（*msh*）、股权均衡度（*eqb*）、董事长与总经理是否兼任（*dual*）、资产收益率（*roa*）、资产负债率（*lev*）、总资产的自然对数（ln*asset*）、主营业务收入的自然对数（ln*rev*）、董事会人数的自然对数（ln*dsrs*）。其中，参考冯根福和温军（2008）的研究，股权集中度（*cr*5）采用前五大股东持股数之和的占比来衡量。参考 Xu 等（2014）的研究，市场化指数（*highmark*）为虚拟变量，当企业所在省份的市场化指数大于当年全国各省市场化指数平均值时为 1，否则为 0，市场化指数来自王小鲁等（2017）提供的市场化指数。参考孙早和肖利平（2015）的研究，股权均衡度（*eqb*），用企业第二至第五大股东持股比例之和与第一大股东持股比例的比值来衡量。董事长与总经理是否兼任（*dual*）为虚拟变量，两职兼任时为 1，分离时为 0。此外，参考周铭山和张倩倩（2016）、余明桂等（2016）的研究，还控制了年度和行业效应[②]。

如 γ_1 显著为正，则隐性薪酬差距对创新投入存在正向影响；如 γ_1 显著为负，则隐性薪酬差距对创新投入存在负向影响；如 γ_1 不显著，则隐性薪酬差距对创新投入的隐性不显著。

（3）监督对隐性薪酬差距影响创新投入的调节作用。本书构建如下计量模型：

$$resass_{it} = \alpha_0 + \alpha_1 perksass_{it-1} + \alpha_2 perksass_{it-1} \times B_{it-1} + \alpha_3' N_{it-1} + \alpha_4 \ln age_{it} + \varepsilon_{it} \tag{4-9}$$

其中 B_{it-1}是三个监督变量，分别为股权集中度（*cr*5）、机构投资者持股比例（*ish*）、市场化指数（*highmark*），其他变量设置与前文一致。如 α_2 显著为正，则随着监督变量的提高，隐性薪酬差距对企业创新投入的促进作用会提升；如 α_2 显著为负，则随着监督变量的提高，隐性薪酬差距对企业创新投入的促进作用会降

---

① 股权集中度（*cr*5）、机构投资者持股比例（*ish*）、市场化指数（*highmark*）是隐性薪酬差距的重要监督指标。因冯根福和温军（2008）、杨建君等（2015）研究发现股权集中度（*cr*5）对创新投入的影响并不是简单的线性关系，所以本部分也采用前五大股东持股数之和的占比（*cr*5）来衡量股权集中度。

② 文后所有的计量模型除了计量模型（4－10）外都控制了年度和行业效应。

低；如 α_2 不显著，则监督变量对隐性薪酬差距影响创新投入的调节作用不显著。

4.4.2　数据说明与描述性统计

（1）数据说明

本书选取2007—2017 年①沪深 A 股非金融类上市企业作为研究样本。样本选取主要基于以下考虑：一是因经营的特殊性，金融类企业的财务指标缺乏可比性（周铭山和张倩倩，2016），所以剔除金融类上市企业；二是 2006 年新会计准则对研发会计处理和研发信息披露做了重大调整。企业研发支出、现金期末余额、短期投资、长期投资和无形资产相关数据来源于万德数据库，其他相关数据来源于国泰安数据库，部分数据经整理计算而得。为了消除极端值的影响，本书对连续变量进行 1% 水平的缩尾处理，文后的描述性统计及实证结果均是基于处理后的数据结果。

（2）描述性统计

表 4－14 为主要变量的描述性统计。由表 4－14 可知，从研发投入强度的均值看，民营企业的最高，中央国有企业的次之，地方国有企业的最低。从在职消费（*perksass*，其等于隐性薪酬差距）的均值看，中央国有企业的最高，民营企业的次之，地方国有企业的最低。从异常在职消费（*abperksass*）的均值比较，中央国有企业的最大，其取值为 0.0024，民营企业的次之，其取值为 0.0008，地方国有企业的最小，其取值为－0.0004。从替代的在职消费（*perksassnew*）的均值看，民营企业的最高，中央国有企业的次之，地方国有企业的最低。比较替代的异常在职消费强度（*abperksassnew*）的均值可知，地方国有企业的最大，其取值为 0.0001067；中央国有企业的次之，其取值为 0.0000729；民营企业的最小，其取值为 0.0000198。中央国有企业股权集中度（*cr*5）的均值最大，民营企业的次之，地方国有企业的最小，总体而言相差不大。民营企业机构投资者持股比例（*ish*）明显低于国有企业机构投资者持股比例。

① 截至 2019 年 1 月，最新的市场化指数为 2017 年 1 月出版的《中国分省份市场化指数报告（2016）》，该书中只有 2014 年及之前的市场化指数，所以本书的 4.4.1－4.4.4 部分实际利用了 2007—2014 年的数据。

表 4－14 变量的描述性统计①

Variables	N	Mean	SD	Min	P25	P50	P75	Max
				全样本				
resass	8026	0.0188	0.0172	0.0001	0.0056	0.0153	0.0263	0.0909
resrev	8025	0.0356	0.0389	0.0001	0.0090	0.0297	0.0443	0.2386
perksass	8026	0.0580	0.0369	0.0044	0.0339	0.0500	0.0720	0.2332
abperksass	7109	0.0008	0.0292	－0.1452	－0.0160	－0.0029	0.0130	0.3234
perksassnew	6225	0.0053	0.0050	0.0002	0.0021	0.0039	0.0067	0.0311
abperksassnew	5292	0.0000	0.0044	－0.0236	－0.0023	－0.0006	0.0014	0.0525
cr5	8026	0.5313	0.1525	0.1877	0.4200	0.5357	0.6472	0.8792
ish	8026	0.3692	0.2350	0.0000	0.1614	0.3664	0.5522	0.8580
ddzb	8026	0.3692	0.0518	0.0909	0.3333	0.3333	0.4000	0.5556
highmark	8026	0.8438	0.3631	0.0000	1.0000	1.0000	1.0000	1.0000
lnpay	8026	14.9639	0.7192	11.5617	15075	14.9523	15.4016	17.8371
msh	8026	0.1395	0.2126	0.0000	0.0000	0.0010	0.2704	0.6750
eqb	8026	0.6434	0.5768	0.0126	0.1956	0.4803	0.9148	2.6483
dual	8026	0.2557	0.4363	0.0000	0.0000	0.0000	1.0000	1.0000
lnage	8026	1.9330	0.7807	0.0000	1.3863	2.0794	2.6391	3.2189
roa	8026	0.0422	0.0550	－0.3272	0.0151	0.0388	0.0689	0.2046
lev	8026	0.4226	0.2126	0.0495	0.2530	0.4166	0.5832	0.9731
lnasset	8026	21.7836	1.2041	16.7575	20.9351	21.5888	22.4120	28.5087
lnrev	8026	21.2424	1.4164	15.7155	20.2573	21.0752	22.0339	28.6889
lndsrs	8026	2.1643	0.1963	1.3863	2.0794	2.1972	2.1972	2.8904
				中央国有企业				
resass	1360	0.0179	0.0177	0.0001	0.0044	0.0130	0.0263	0.0909
resrev	1360	0.0303	0.0354	0.0001	0.0056	0.0219	0.0401	0.2386
perksass	1360	0.0623	0.0418	0.0044	0.0345	0.0516	0.0781	0.2332
abperksass	1203	0.0024	0.0311	－0.1072	－0.0149	－0.0022	0.0176	0.2351
perksassnew	991	0.0052	0.0046	0.0002	0.0021	0.0039	0.0067	0.0311
abperksassnew	859	0.0001	0.0035	－0.0116	－0.0019	－0.0004	0.0015	0.0210

① 全样本中，机构投资者持股比例（*ish*）的最小值实际为 0.00002。当企业上市年限为 1 年时，取自然对数后就为 0，所以 *lnage* 最小值为 0。分年度分行业回归计量模型（4－7）时，为了提高异常在职消费的准确性，当某年度某行业小于 20 家企业时，此时计算而得的异常在职消费本书舍去了，所以异常在职消费的观测值数量小于对应的在职消费的观测值。

续表

Variables	N	Mean	SD	Min	P25	P50	P75	Max
				地方国有企业				
resass	2021	0.0131	0.0149	0.0001	0.0015	0.0079	0.0200	0.0909
resrev	2021	0.0199	0.0234	0.0001	0.0026	0.0116	0.0315	0.2386
perksass	2021	0.0531	0.0331	0.0044	0.0303	0.0474	0.0669	0.2332
abperksass	1699	-0.0004	0.0261	-0.1452	-0.0155	-0.0027	0.0115	0.2444
perksassnew	1432	0.0045	0.0045	0.0002	0.0015	0.0031	0.0059	0.0311
abperksassnew	1171	0.0001	0.0038	-0.0203	-0.0020	-0.0006	0.0012	0.0323
				民营企业				
resass	4645	0.0215	0.0174	0.0001	0.0097	0.0181	0.0284	0.0909
resrev	4644	0.0440	0.0427	0.0001	0.0191	0.0342	0.0517	0.2386
perksass	4645	0.0589	0.0366	0.0044	0.0350	0.0508	0.0720	0.2332
abperksass	4207	0.0008	0.0298	-0.0941	-0.0164	-0.0032	0.0127	0.3234
perksassnew	3802	0.0056	0.0052	0.0002	0.0024	0.0041	0.0071	0.0311
abperksassnew	3262	0.0000	0.0049	-0.0236	-0.0025	-0.0008	0.0015	0.0525

4.4.3　计量结果与分析

（1）隐性薪酬差距对企业创新投入的影响

采用稳健标准误差 OLS 回归计量模型（4-8），回归结果见表 4-15、表 4-16。对于中央国有企业，由表 4-15 列（1）、（2）可知，仅加入隐性薪酬差距一次项时，隐性薪酬差距的系数在 1% 显著水平下显著为正，同时加入隐性薪酬差距二次项时，隐性薪酬差距与创新投入呈倒“U”型，但是倒“U”型曲线的最高点处隐性薪酬差距为 0.2526，中央国有企业隐性薪酬差距的最大值为 0.2332，即观测值都在最高点的左边，因此可认为隐性薪酬差距对创新投入存在正向影响。对于地方国有企业，由表 4-15 列（3）、（4）可知，仅加入隐性薪酬差距一次项时，隐性薪酬差距的系数在 1% 显著水平下显著为正，同时加入隐性薪酬差距二次项时，隐性薪酬差距与创新投入呈倒“U”型，但是倒“U”型曲线的最高点处隐性薪酬差距为 0.1926，地方国有企业隐性薪酬差距的 95% 分位数为 0.1129，99% 分位数为 0.2040，即至少 95% 接近 99% 的观测值都在最高点的左边，因此可认为地方国有企业隐性薪酬差距对创新投入存在正向影响。对于民营企业，由表 4-15 列（5）、（6）可知，仅加入隐性薪酬差距一次项时，隐性薪酬差距的系数在1%显著水平下显著为正，同时加入隐性薪酬差距二次项时，隐性薪酬差距与创新投入呈倒“U”型，与前文的分析逻辑一致，样本观测值基本上在最高点的左边，因此可认为民营企业隐性薪酬差距对创新投入也存在正向影响。

由表4-16列（1）、（3）和（5）可知，异常隐性薪酬差距（*abperksass*，其等于高管的异常在职消费）系数在1%的显著水平下都显著为正，即不同所有权性质企业的异常隐性薪酬差距都对企业创新投入存在正向影响。在实行薪酬管制、股权激励推行缓慢的背景下，隐性薪酬差距是高管薪酬的有效补充，隐性薪酬差距的提高提升了对高管的激励，能有效地弥补创新时高管付出的私人成本，高管对企业创新投入的影响最为关键，从而促进创新投入。

表4-15　　隐性薪酬差距对企业滞后一期创新投入的影响

Variables	(1)	(2)	(3)	(4)	(5)	(6)
	$resass_{t+1}$	$resass_{t+1}$	$resass_{t+1}$	$resass_{t+1}$	$resass_{t+1}$	$resass_{t+1}$
	中央国有企业	中央国有企业	地方国有企业	地方国有企业	民营企业	民营企业
perksass	0.1417***	0.2437***	0.0738***	0.1402***	0.1707***	0.2311***
	(10.6757)	(6.7651)	(5.9908)	(5.2260)	(17.6466)	(10.7914)
$perksass^2$		-0.4825***		-0.3641**		-0.3040**
		(-2.7606)		(-2.5171)		(-2.4738)
cr5	-0.0078**	-0.0080***	-0.0056**	-0.0054**	-0.0078***	-0.0072***
	(-2.5593)	(-2.6220)	(-2.5325)	(-2.4636)	(-4.3609)	(-4.1199)
ish	0.0064***	0.0062***	0.0064***	0.0062***	0.0060***	0.0057***
	(3.2555)	(3.1728)	(4.1360)	(4.0186)	(5.2044)	(5.0757)
ddzb	0.0071	0.0063	-0.0122***	-0.0122**	0.0163***	0.0167***
	(0.8827)	(0.7904)	(-2.5876)	(-2.5699)	(3.5966)	(3.6943)
highmark	0.0024**	0.0022**	0.0028***	0.0029***	0.0029***	0.0029***
	(2.5213)	(2.3356)	(4.3124)	(4.4494)	(4.7086)	(4.6978)
lnpay	0.0057***	0.0055***	0.0015***	0.0014***	0.0026***	0.0024***
	(8.5926)	(8.1681)	(3.2417)	(2.8858)	(6.7988)	(6.4249)
msh	0.0290**	0.0332**	0.0330*	0.0308*	0.0009	0.0007
	(2.0836)	(2.4199)	(1.8732)	(1.7467)	(0.8143)	(0.6316)
eqb	-0.0022***	-0.0021**	-0.0010**	-0.0009**	0.0001	0.0002
	(-2.6345)	(-2.5331)	(-2.1707)	(-2.0274)	(0.3167)	(0.4407)
dual	0.0007	0.0006	0.0023***	0.0023***	0.0012***	0.0012***
	(0.4278)	(0.3559)	(2.9311)	(2.9820)	(2.9667)	(2.8929)

续表

Variables	(1)	(2)	(3)	(4)	(5)	(6)
	$resass_{t+1}$	$resass_{t+1}$	$resass_{t+1}$	$resass_{t+1}$	$resass_{t+1}$	$resass_{t+1}$
	中央国有企业	中央国有企业	地方国有企业	地方国有企业	民营企业	民营企业
$lnage_{t+1}$	-0.0069***	-0.0066***	-0.0039***	-0.0041***	-0.0028***	-0.0028***
	(-7.2009)	(-6.9688)	(-5120)	(-4.6805)	(-4.9997)	(-4.9256)
roa	0.0083	0.0073	0.0088	0.0094	0.0034	0.0041
	(1.1453)	(0.9996)	(1.5084)	(1.5881)	(0.6621)	(0.8075)
lev	0.0038*	0.0039*	-0.0097***	-0.0092***	-0.0161***	-0.0161***
	(1.6671)	(1.6964)	(-5.7877)	(-5.5502)	(-10.6099)	(-10.5696)
lnasset	-0.0033***	-0.0025***	-0.0060***	-0.0056***	-0.0048***	-0.0043***
	(-3.6743)	(-2.6523)	(-9.1477)	(-7.9295)	(-7.6078)	(-6.9118)
lnrev	0.0000	-0.0005	0.0052***	0.0049***	0.0048***	0.0046***
	(0.0506)	(-0.5316)	(9.3562)	(8.6553)	(9.5224)	(9.0087)
lndsrs	0.0037*	0.0038*	-0.0012	-0.0013	0.0010	0.0011
	(1.6820)	(1.7343)	(-0.7391)	(-0.7981)	(0.7279)	(0.8258)
constant	-0.0296***	-0.0374***	-0.0048	-0.0085	-0.0364***	-0.0409***
	(-3.3944)	(-4.1956)	(-0.6097)	(-1.0592)	(-5.0588)	(-5.6892)
industry	yes	yes	yes	yes	yes	yes
year	yes	yes	yes	yes	yes	yes
N	1360	1360	2021	2021	4645	4645
R^2	0.5213	0.5261	0.4235	0.4259	0.4706	0.4723

表 4-16　　异常隐性薪酬差距对企业滞后一期创新投入的影响

Variables	(1)	(2)	(3)	(4)	(5)	(6)
	$resass_{t+1}$	$resass_{t+1}$	$resass_{t+1}$	$resass_{t+1}$	$resass_{t+1}$	$resass_{t+1}$
	中央国有企业	中央国有企业	地方国有企业	地方国有企业	民营企业	民营企业
abperksass	0.2016***	0.1903***	0.1076***	0.1151***	0.1940***	0.1885***
	(11.7341)	(10.4360)	(6.2369)	(8.1942)	(19.3690)	(16.2461)
$abperksass^2$		0.2069		-0.2981		0.0830
		(0.9826)		(-1.1022)		(0.8030)
cr5	-0.0093***	-0.0093***	-0.0043*	-0.0039	-0.0043**	-0.0044**
	(-2.9293)	(-2.9350)	(-1.7601)	(-1.6254)	(-2.3512)	(-2.3919)
ish	0.0075***	0.0075***	0.0056***	0.0055***	0.0060***	0.0059***
	(3.3956)	(3.4349)	(3.3244)	(3.3338)	(4.9958)	(4.9828)
ddzb	0.0108	0.0106	-0.0163***	-0.0166***	0.0193***	0.0191***
	(1.3528)	(1.3242)	(-3.1776)	(-3.2249)	(3.8997)	(3.8621)

续表

Variables	(1)	(2)	(3)	(4)	(5)	(6)
	$resass_{t+1}$	$resass_{t+1}$	$resass_{t+1}$	$resass_{t+1}$	$resass_{t+1}$	$resass_{t+1}$
	中央国有企业	中央国有企业	地方国有企业	地方国有企业	民营企业	民营企业
highmark	0. 0025 **	0. 0025 **	0. 0029 ***	0. 0029 ***	0. 0029 ***	0. 0029 ***
	(2. 5149)	(2. 5399)	(4. 0600)	(4. 0407)	(4. 4908)	(4. 4971)
lnpay	0. 0039 ***	0. 0039 ***	0. 0015 ***	0. 0015 ***	0. 0022 ***	0. 0023 ***
	(6. 2668)	(6. 2496)	(2. 9898)	(2. 8884)	(5. 5992)	(5. 6840)
msh	0. 0125	0. 0118	0. 0304 *	0. 0291 *	0. 0004	0. 0004
	(1. 0444)	(0. 9831)	(1. 7632)	(1. 6928)	(0. 3311)	(0. 3554)
eqb	-0. 0014 *	-0. 0014 *	-0. 0009 *	-0. 0009 *	0. 0006	0. 0006
	(-1. 6655)	(-1. 6919)	(-1. 7436)	(-1. 7067)	(1. 4917)	(1. 4804)
dual	-0. 0001	0. 0001	0. 0023 **	0. 0023 ***	0. 0016 ***	0. 0016 ***
	(-0. 0271)	(0. 0362)	(2. 5617)	(2. 5797)	(3. 6842)	(3. 7234)
$lnage_{t+1}$	-0. 0087 ***	-0. 0087 ***	-0. 0043 ***	-0. 0043 ***	-0. 0029 ***	-0. 0029 ***
	(-8. 6555)	(-8. 6463)	(-4. 4774)	(-4. 4563)	(-4. 7910)	(-4. 8129)
roa	0. 0077	0. 0081	0. 0117 *	0. 0129 **	0. 0128 **	0. 0125 **
	(0. 9431)	(0. 9907)	(1. 8096)	(1. 9737)	(2. 4063)	(2. 3514)
lev	0. 0013	0. 0012	-0. 0090 ***	-0. 0087 ***	-0. 0134 ***	-0. 0135 ***
	(0. 5424)	(0. 5054)	(-4. 7285)	(-5184)	(-8. 3557)	(-8. 3980)
lnasset	-0. 0034 ***	-0. 0035 ***	-0. 0076 ***	-0. 0076 ***	-0. 0068 ***	-0. 0069 ***
	(-3. 6168)	(-3. 7102)	(-10. 3516)	(-10. 4148)	(-10. 4585)	(-10. 5205)
lnrev	0. 0016 *	0. 0016 *	0. 0067 ***	0. 0067 ***	0. 0061 ***	0. 0062 ***
	(1. 7994)	(1. 8779)	(10. 5441)	(10. 5742)	(10. 9466)	(10. 9983)
lndsrs	0. 0041 *	0. 0043 *	-0. 0026	-0. 0026	0. 0007	0. 0007
	(1. 8157)	(1. 9202)	(-1. 3577)	(-1. 3664)	(0. 5140)	(0. 4586)
constant	-0. 0103	-0. 0101	0. 0200 **	0. 0216 **	-0. 0150 *	-0. 0151 *
	(-1. 1376)	(-1. 1123)	(2. 3017)	(2. 4531)	(-1. 8864)	(-1. 8972)
industry	yes	yes	yes	yes	yes	yes
year	yes	yes	yes	yes	yes	yes
N	1203	1203	1699	1699	4207	4207
R^2	0. 5260	0. 5267	0. 4330	0. 4343	0. 4617	0. 4618

（2）监督对隐性薪酬差距影响下一期创新投入的调节作用

采用稳健标准误差 OLS 回归计量模型（4-9），回归结果见表 4-17、表 4-

18[①]。第一，对于股权集中度，由表 4－17 的列（1）、（4）可知，隐性薪酬差距与股权集中度交乘项的系数在 1% 的显著水平下显著为负，由表 4－18 的列（1）、（4）可知，隐性薪酬差距与股权集中度交乘项的系数至少在 10% 的显著水平下显著为负，说明随着股权集中度的提高，三类企业隐性薪酬差距对创新投入的促进作用会降低。股权集中度越大，说明控股股东的股权投资越单一，其承担的创新失败风险越大，所以控股股东反对企业开展创新，创新投入下降。第二，对于机构投资者持股比例，由表 4－17 列（2）和（5）、表 4－5 列（5）可知，隐性薪酬差距与机构投资者持股比例交乘项的系数不显著，说明机构投资者持股比例对国有企业隐性薪酬差距影响创新投入的调节作用不显著，说明机构投资者对国有企业高管的监督作用有限，国有企业的创新活动常常受到政府政策的影响。由表 4－18 列（2）可知，隐性薪酬差距与机构投资者持股比例交乘项的系数在 10% 的显著水平下显著为正，说明随着机构投资者持股比例的提高，民营企业隐性薪酬差距对创新投入的促进作用会增强，充分发挥了机构投资者收集和整理信息、“锚定”效应、分散投资风险的优势。第三，对于市场化指数，由表 4－17 列（6）可知，地方国有企业隐性薪酬差距与市场化指数交乘项的系数不显著，说明市场化指数对地方国有企业隐性薪酬差距影响创新投入的调节作用不显著，但由表 4－17 列（3）和表 4－18 列（3）、（6）可知，隐性薪酬差距与市场化指数交乘项的系数至少在 5% 的显著水平下显著为正，说明随着市场化指数的提高，中央国有企业、民营企业和国有企业隐性薪酬差距对创新投入的促进作用会增强。所以整体而言，市场化指数越大，行政管理环境越好，隐性薪酬差距对创新投入的促进作用会增强。综上所述，验证了前文的假设 4。

表 4－17　监督对中央和地方国有企业隐性薪酬差距影响滞后一期创新投入的调节作用

	(1)	(2)	(3)	(4)	(5)	(6)
Variables	$resass_{t+1}$	$resass_{t+1}$	$resass_{t+1}$	$resass_{t+1}$	$resass_{t+1}$	$resass_{t+1}$
	中央国有企业	中央国有企业	中央国有企业	地方国有企业	地方国有企业	地方国有企业
perksass	0.3321***	0.1363***	0.0905***	0.1958***	0.0616**	0.0656***
	(7.6981)	(4.8405)	(4.0848)	(5.4201)	(2.3656)	(3.0485)

① 由表 4－15、表 4－16 可知，隐性薪酬差距与创新投入的倒“U”型关系不显著，而是两者之间显著正相关，所以此处及文后的实证都没有加入隐性薪酬差距的平方项。为避免表格跨页，表 4－17 和表 4－18 没有列示常数项。

续表

Variables	(1) resass$_{t+1}$ 中央国有企业	(2) resass$_{t+1}$ 中央国有企业	(3) resass$_{t+1}$ 中央国有企业	(4) resass$_{t+1}$ 地方国有企业	(5) resass$_{t+1}$ 地方国有企业	(6) resass$_{t+1}$ 地方国有企业
perksass × *cr5*	-0.3071***			-0.2081***		
	(-5.1388)			(-3.3952)		
perksass × *ish*		0.0104			0.0248	
		(0.2285)			(0.5042)	
perksass × *highmark*			0.0649***			0.0113
			(2.6728)			(0.4464)
cr5	0.0108***	-0.0077**	-0.0075**	0.0050	-0.0055**	-0.0055**
	(2.8900)	(-2.4628)	(-2.4797)	(1.4510)	(-2.4638)	(-2.5283)
ish	0.0059***	0.0057	0.0063***	0.0066***	0.0050*	0.0064***
	(2.9996)	(1.5906)	(3.2585)	(4.2347)	(1.6720)	(4.1328)
highmark	0.0023**	0.0024**	-0.0014	0.0028***	0.0028***	0.0022*
	(2.4508)	(2.5234)	(-0.8884)	(4.2499)	(4.3209)	(1.7008)
ddzb	0.0048	0.0071	0.0091	-0.0115**	-0.0122***	-0.0121**
	(0.6085)	(0.8829)	(1.1491)	(-2.4188)	(-2.5826)	(-2.5617)
lnpay	0.0053***	0.0057***	0.0055***	0.0014***	0.0015***	0.0015***
	(8.0773)	(8.6028)	(8.2961)	(3.0293)	(3.2425)	(3.2580)
msh	0.0280**	0.0288**	0.0269*	0.0314*	0.0333*	0.0328*
	(2.0012)	(2.0466)	(1.9346)	(1.7895)	(1.8904)	(1.8581)
eqb	-0.0021**	-0.0022***	-0.0020**	-0.0008*	-0.0010**	-0.0009**
	(-2.5494)	(-2.6286)	(-2.4197)	(-1.8467)	(-2.1248)	(-2.1158)
dual	0.0008	0.0007	0.0005	0.0023***	0.0023***	0.0023***
	(0.4487)	(0.4291)	(0.3137)	(3.0049)	(2.9265)	(2.9318)
lnage$_{t+1}$	-0.0068***	-0.0069***	-0.0067***	-0.0040***	-0.0039***	-0.0039***
	(-7.1816)	(-7.1678)	(-6.9635)	(-5599)	(-4.4789)	(-5097)
roa	0.0082	0.0084	0.0091	0.0091	0.0087	0.0090
	(1.1003)	(1.1522)	(1.3091)	(1.5483)	(1.4926)	(1.5247)
lev	0.0043*	0.0038*	0.0034	-0.0097***	-0.0096***	-0.0096***
	(1.8847)	(1.6642)	(1.4931)	(-5.8229)	(-5.7892)	(-5.7634)
lnasset	-0.0029***	-0.0033***	-0.0036***	-0.0056***	-0.0060***	-0.0060***
	(-3.1927)	(-3.6738)	(-3.9966)	(-8.6096)	(-9.1819)	(-9.1385)
lnrev	0.0000	0.0000	0.0002	0.0050***	0.0052***	0.0052***
	(0.0206)	(0.0377)	(0.2599)	(9.0583)	(9.3694)	(9.3070)

续表

Variables	(1)	(2)	(3)	(4)	(5)	(6)
	$resass_{t+1}$	$resass_{t+1}$	$resass_{t+1}$	$resass_{t+1}$	$resass_{t+1}$	$resass_{t+1}$
	中央国有企业	中央国有企业	中央国有企业	地方国有企业	地方国有企业	地方国有企业
lndsrs	0.0037 *	0.0037 *	0.0036	−0.0012	−0.0012	−0.0012
	(1.7263)	(1.6808)	(1.6410)	(−0.7360)	(−0.7329)	(−0.7188)
industry	yes	yes	yes	yes	yes	yes
year	yes	yes	yes	yes	yes	yes
N	1360	1360	1360	2021	2021	2021
R^2	0.5331	0.5213	0.5246	0.4285	0.4237	0.4236

表 4－18　　监督对民营和国有企业隐性薪酬差距影响下一期创新投入的调节作用

Variables	(1)	(2)	(3)	(4)	(5)	(6)
	$resass_{t+1}$	$resass_{t+1}$	$resass_{t+1}$	$resass_{t+1}$	$resass_{t+1}$	$resass_{t+1}$
	民营企业	民营企业	民营企业	国有企业	国有企业	国有企业
perksass	0.2240 ***	0.1481 ***	0.0523 **	0.2655 ***	0.1003 ***	0.0714 ***
	(6.8066)	(9.6918)	(2.5578)	(9.4674)	(5.2356)	(4.7197)
perksass × cr5	−0.0964 *			−0.2630 ***		
	(−1.7202)			(−6.3282)		
perksass × ish		0.0648 *			0.0097	
		(1.8747)			(0.2911)	
perksass × highmark			0.1274 ***			0.0440 **
			(5.7610)			(2.5375)
cr5	−0.0022	−0.0074 ***	−0.0077 ***	0.0083 ***	−0.0059 ***	−0.0058 ***
	(−0.7364)	(−4.1863)	(−4.3027)	(3.3395)	(−3.2611)	(−3.2459)
ish	0.0058 ***	0.0020	0.0058 ***	0.0062 ***	0.0057 **	0.0063 ***
	(5.1342)	(0.9806)	(5.0462)	(5.1026)	(2.5471)	(5.1743)
highmark	0.0028 ***	0.0028 ***	−0.0037 ***	0.0025 ***	0.0024 ***	−0.0000
	(4.6474)	(4.6736)	(−3.0010)	(5661)	(4.4727)	(−0.0330)
ddzb	0.0159 ***	0.0157 ***	0.0171 ***	−0.0075 *	−0.0073 *	−0.0065
	(3.5288)	(3.4583)	(3.7853)	(−1.8315)	(−1.7485)	(−1.5614)
lnpay	0.0025 ***	0.0026 ***	0.0025 ***	0.0029 ***	0.0031 ***	0.0031 ***
	(6.7426)	(6.8655)	(6.4913)	(7.3376)	(7.8924)	(7.8100)
msh	0.0009	0.0008	0.0008	0.0268 **	0.0278 **	0.0264 **
	(0.7926)	(0.7120)	(0.7239)	(2.1157)	(2.2115)	(2.1103)

续表

Variables	(1)	(2)	(3)	(4)	(5)	(6)
	$resass_{t+1}$	$resass_{t+1}$	$resass_{t+1}$	$resass_{t+1}$	$resass_{t+1}$	$resass_{t+1}$
	民营企业	民营企业	民营企业	国有企业	国有企业	国有企业
eqb	0.0001	0.0001	0.0001	-0.0013***	-0.0014***	-0.0013***
	(0.3519)	(0.3939)	(0.3319)	(-3.1961)	(-3.5328)	(-3.2922)
dual	0.0013***	0.0012***	0.0011***	0.0016**	0.0016**	0.0016**
	(3.0871)	(3.0338)	(2.8408)	(2.2095)	(2.1343)	(2.1210)
$lnage_{t+1}$	-0.0028***	-0.0028***	-0.0029***	-0.0051***	-0.0051***	-0.0050***
	(-4.9602)	(-4.9334)	(-5.0596)	(-8.1339)	(-8.0102)	(-7.8977)
roa	0.0043	0.0022	0.0035	0.0096**	0.0100**	0.0105**
	(0.8507)	(0.4358)	(0.6937)	(2.1225)	(2.2513)	(2.3758)
lev	-0.0161***	-0.0161***	-0.0159***	-0.0033**	-0.0034**	-0.0035***
	(-10.5033)	(-10.6230)	(-10.5619)	(-2.4974)	(-2.5335)	(-2.6273)
lnasset	-0.0046***	-0.0048***	-0.0048***	-0.0042***	-0.0048***	-0.0048***
	(-7.4498)	(-7.6992)	(-7.8854)	(-7.9069)	(-8.9962)	(-9.1722)
lnrev	0.0048***	0.0049***	0.0049***	0.0026***	0.0028***	0.0028***
	(9.3780)	(9.5556)	(9.8231)	(5.6157)	(6.0021)	(6.0921)
lndsrs	0.0007	0.0009	0.0014	0.0006	0.0006	0.0007
	(0.5328)	(0.6371)	(1.0488)	(0.4690)	(0.4768)	(0.5280)
industry	yes	yes	yes	yes	yes	yes
year	yes	yes	yes	yes	yes	yes
N	4645	4645	4645	3381	3381	3381
R^2	0.4714	0.4715	0.4749	0.4611	0.4523	0.4539

4.4.4 稳健性检验

(1) 隐性薪酬差距的内生性分析

针对计量模型（4-8）中的隐性薪酬差距可能存在内生性问题，本书取隐性薪酬差距的滞后一期作为其工具变量。一方面，当年隐性薪酬差距与滞后一期的隐性薪酬差距相关；另一方面，由于滞后一期隐性薪酬差距已经发生，其为前定变量，应该与当期的扰动项不相关。内生性回归结果见表4-19，由表4-19列（1）、（6）可知，中央国有企业、民营企业隐性薪酬差距的系数依然在1%的显著水平下显著为正。由表4-19列（3）可知，地方国有企业隐性薪酬差距的系数并不显著，为此本书把中央和地方国有企业合并为国有企业样本回归，结果见表 4－19 列（4），可见国有企业隐性薪酬差距的系数依然在 1% 的显著水平下显著为正。为检验工具变量的适用性，本书进行如下检验：K-P rk LM 统计量检验未被包括的工具变量是否与内生变量相关，P 值都为 0.0000，说明在 1% 显著水平下拒绝“工具变量识别不足”的原假设；C-D Wald F 统计量也都大于 Stock-Yogo 弱识别检验的 10% 临界值，因此拒绝滞后一期隐性薪酬差距为弱工具变量的原假设。为稳健起见，本书使用对弱工具变量更不敏感的有限信息最大似然法（LIML）回归，结果见表 4－19 列（2）、（5）、（7），可见各类企业的隐性薪酬差距系数依然在 1% 的显著水平下显著为正，其结果与表 4－19 列（1）、（4）、（6）基本一致，这也从侧面印证了不存在弱工具变量，进一步验证了假设 1b、2b 和 3b 中关于隐性薪酬差距与创新投入的关系的假设。

（2）采用替代的隐性薪酬差距（异常隐性薪酬差距）重新回归

参考陈冬华等（2005）、王曾等（2014）、Chen 等（2015）的研究，在职消费费用主要包括 8 类：办公费、差旅费、业务招待费、通讯费、出国培训费、董事会费、小车费和会议费。采用 8 类费用之和与上一年总资产之比来衡量在职消费，记为 *perksassnew*，其等于隐性薪酬差距。采用替代的在职消费（*perksassnew*）回归计量模型（4－7），按照前文同样的方法可得替代的异常在职消费（*abperksassnew*，其等于异常隐性薪酬差距）。使用替代的隐性薪酬差距（异常隐性薪酬差距）回归计量模型（4－8），回归结果见表 4－20。由表 4－20 列（1）、（3）、（5）可知，替代的隐性薪酬差距（异常隐性薪酬差距）系数在 1% 的显著水平下都显著为正，由表 4－20 列（2）、（4）、（6）可知，替代的异常隐性薪酬差距系数在 1% 的显著水平下都显著为正，即替代的隐性薪酬差距（异常隐性薪酬差距）对创新投入都存在正向影响，也验证了假设 1b、2b 和 3b 中关于隐性薪酬差距与创新投入的关系的假设。

表 4－19　隐性薪酬差距的内生性分析

	(1)	(2)	(3)	(4)	(5)	(6)	(7)
Variables	$resass_{t+1}$	$resass_{t+1}$	$resass_{t+1}$	$resass_{t+1}$	$resass_{t+1}$	$resass_{t+1}$	$resass_{t+1}$
	2SLS 中央 国有企业	LIML 中央 国有企业	2SLS 地方 国有企业	2SLS 国有企业	LIML 国有企业	2SLS 民营企业	LIML 民营企业
perksass	0.1741***	0.1741***	0.0633	0.1212***	0.1212***	0.2344***	0.2344***
	(6.3420)	(6.3420)	(1.1093)	(4.8956)	(4.8956)	(16.1920)	(16.1920)
cr5	−0.0091***	−0.0091***	−0.0053*	−0.0067***	−0.0067***	−0.0090***	−0.0090***
	(−2.7652)	(−2.7652)	(−1.7784)	(−3.1804)	(−3.1804)	(−4.3288)	(−4.3288)

续表

Variables	(1)	(2)	(3)	(4)	(5)	(6)	(7)
	$resass_{t+1}$	$resass_{t+1}$	$resass_{t+1}$	$resass_{t+1}$	$resass_{t+1}$	$resass_{t+1}$	$resass_{t+1}$
	2SLS 中央国有企业	LIML 中央国有企业	2SLS 地方国有企业	2SLS 国有企业	LIML 国有企业	2SLS 民营企业	LIML 民营企业
ish	0.0060 ***	0.0060 ***	0.0061 ***	0.0060 ***	0.0060 ***	0.0047 ***	0.0047 ***
	(2.9029)	(2.9029)	(3.9414)	(4.7547)	(4.7547)	(3.5141)	(3.5141)
ddzb	0.0048	0.0048	-0.0129 ***	-0.0086 **	-0.0086 **	0.0143 ***	0.0143 ***
	(0.5734)	(0.5734)	(-2.7229)	(-2.0242)	(-2.0242)	(2.9375)	(2.9375)
highmark	0.0024 **	0.0024 **	0.0028 ***	0.0025 ***	0.0025 ***	0.0029 ***	0.0029 ***
	(2.5371)	(2.5371)	(4.1238)	(4.4741)	(4.4741)	(4.2826)	(4.2826)
lnpay	0.0057 ***	0.0057 ***	0.0016 ***	0.0031 ***	0.0031 ***	0.0017 ***	0.0017 ***
	(8.4110)	(8.4110)	(3.2156)	(7.7726)	(7.7726)	(3.9960)	(3.9960)
msh	0.0327 **	0.0327 **	0.0406 **	0.0306 **	0.0306 **	-0.0001	-0.0001
	(2.0301)	(2.0301)	(2.0539)	(2.1027)	(2.1027)	(-0.0459)	(-0.0459)
eqb	-0.0027 ***	-0.0027 ***	-0.0009 **	-0.0015 ***	-0.0015 ***	-0.0001	-0.0001
	(-3.0389)	(-3.0389)	(-2.0058)	(-3.6580)	(-3.6580)	(-0.3364)	(-0.3364)
dual	0.0014	0.0014	0.0023 ***	0.0019 **	0.0019 **	0.0011 **	0.0011 **
	(0.8449)	(0.8449)	(2.9948)	(2.5250)	(2.5250)	(2.4308)	(2.4308)
$lnage_{t+1}$	-0.0076 ***	-0.0076 ***	-0.0040 ***	-0.0058 ***	-0.0058 ***	-0.0043 ***	-0.0043 ***
	(-7.1450)	(-7.1450)	(-3.3914)	(-8.0066)	(-8.0066)	(-6.1027)	(-6.1027)
roa	0.0061	0.0061	0.0079	0.0079 *	0.0079 *	-0.0007	-0.0007
	(0.8164)	(0.8164)	(1.0831)	(1.7096)	(1.7096)	(-0.1207)	(-0.1207)
lev	0.0046 **	0.0046 **	-0.0098 ***	-0.0030 **	-0.0030 **	-0.0173 ***	-0.0173 ***
	(1.9655)	(1.9655)	(-5.6088)	(-2.1688)	(-2.1688)	(-10.3698)	(-10.3698)
lnasset	-0.0028 ***	-0.0028 ***	-0.0061 ***	-0.0044 ***	-0.0044 ***	-0.0027 ***	-0.0027 ***
	(-2.8527)	(-2.8527)	(-4.8302)	(-6.7525)	(-6.7525)	(-3.7783)	(-3.7783)
lnrev	-0.0004	-0.0004	0.0053 ***	0.0026 ***	0.0026 ***	0.0039 ***	0.0039 ***
	(-0.4729)	(-0.4729)	(5.6646)	(4.5042)	(4.5042)	(6.9421)	(6.9421)
lndsrs	0.0033	0.0033	-0.0013	0.0003	0.0003	0.0007	0.0007
	(1.4807)	(1.4807)	(-0.7854)	(0.2616)	(0.2616)	(0.4648)	(0.4648)
constant	-0.0002	-0.0002	0.0291 ***	0.0212 ***	0.0212 ***	-0.0408 ***	-0.0408 ***
	(-0.0174)	(-0.0174)	(2.8122)	(3.2064)	(3.2064)	(-4.6579)	(-4.6579)
K-P rk LM 统计量	88.527		45.157	89.188		338.894	
	[0.0000]		[0.0000]	[0.0000]		[0.0000]	
C-D Wald F 统计量	369.955		32.760	161.344		1670.867	
	{16.38}		{16.38}	{16.38}		{16.38}	
N	1312	1312	1964	3276	3276	3899	3899
R^2	0.5061	0.5061	0.4175	0.4439	0.4439	0.4631	0.4631

注：K-P rk LM 中括号内对应的为 P 值，C-D Wald F 大括号内对应的为 Stock-Yogo 弱识别检验的 10% 临界值。

表 4-20　替代的隐性薪酬差距（异常隐性薪酬差距）对下一期创新投入的影响

Variables	(1)	(2)	(3)	(4)	(5)	(6)
	$resass_{t+1}$	$resass_{t+1}$	$resass_{t+1}$	$resass_{t+1}$	$resass_{t+1}$	$resass_{t+1}$
	中央国有企业	中央国有企业	地方国有企业	地方国有企业	民营企业	民营企业
perksassnew	0.4102 ***		0.2305 ***		0.3070 ***	
	(2.8595)		(2.6167)		(5.1133)	
abperksassnew		0.6622 ***		0.4025 ***		0.2753 ***
		(2.9466)		(3.3901)		(3.9582)
cr5	-0.0049	-0.0053	-0.0030	-0.0027	-0.0077 ***	-0.0080 ***
	(-1.0925)	(-1.1186)	(-1.1070)	(-0.8879)	(-3.7496)	(-3.5579)
ish	0.0080 ***	0.0079 ***	0.0067 ***	0.0067 ***	0.0080 ***	0.0084 ***
	(2.8277)	(2.6385)	(3.6596)	(3.3030)	(5.9512)	(5.7069)
ddzb	-0.0029	0.0011	-0.0133 **	-0.0194 ***	0.0108 **	0.0152 **
	(-0.2622)	(0.0932)	(-2.2825)	(-2.9502)	(1.9852)	(2.4732)
highmark	0.0019	0.0020	0.0019 **	0.0015 *	0.0036 ***	0.0044 ***
	(1.6450)	(1.5966)	(2.3147)	(1.6721)	(5.3473)	(6.0438)
lnpay	0.0060 ***	0.0057 ***	0.0022 ***	0.0021 ***	0.0051 ***	0.0050 ***
	(7.3379)	(6.5966)	(3.6445)	(3.1199)	(11.2410)	(10.0340)
msh	0.0270	0.0231	0.0210	0.0190	0.0028 **	0.0012
	(1.5627)	(1.4201)	(1.3728)	(1.2064)	(2.2302)	(0.8753)
eqb	-0.0016	-0.0017	-0.0002	-0.0000	0.0003	0.0007
	(-1.4210)	(-1.4915)	(-0.3707)	(-0.0145)	(0.7313)	(1.4875)
dual	0.0017	0.0013	0.0016 *	0.0013	0.0018 ***	0.0023 ***
	(0.7663)	(0.5262)	(1.7064)	(1.2574)	(3.8009)	(4.4115)
$lnage_{t+1}$	-0.0064 ***	-0.0069 ***	-0.0015 *	-0.0020 **	-0.0009	-0.0012 **
	(-5.7717)	(-6.0434)	(-1.7535)	(-2.0108)	(-1.6402)	(-1.9751)
roa	0.0134	0.0133	0.0071	0.0060	0.0152 **	0.0161 **
	(1.4569)	(1.2055)	(0.9630)	(0.7404)	(2.4380)	(2.2617)
lev	0.0015	0.0017	-0.0128 ***	-0.0139 ***	-0.0157 ***	-0.0164 ***
	(0.4945)	(0.5437)	(-6.1606)	(-5.8052)	(-8.7451)	(-8.2997)
lnasset	-0.0061 ***	-0.0064 ***	-0.0070 ***	-0.0082 ***	-0.0084 ***	-0.0100 ***
	(-5.9520)	(-5.7380)	(-9.1318)	(-9.2864)	(-11.7344)	(-11.6749)
lnrev	0.0028 ***	0.0034 ***	0.0057 ***	0.0072 ***	0.0065 ***	0.0076 ***
	(2.8597)	(3.1456)	(9.5232)	(9.5386)	(11.0021)	(10.7969)
lndsrs	0.0033	0.0037	0.0028	0.0016	-0.0015	0.0002
	(0.9721)	(0.9875)	(1.5711)	(0.7929)	(-0.9090)	(0.1329)

续表

Variables	(1)	(2)	(3)	(4)	(5)	(6)
	$resass_{t+1}$	$resass_{t+1}$	$resass_{t+1}$	$resass_{t+1}$	$resass_{t+1}$	$resass_{t+1}$
	中央国有企业	中央国有企业	地方国有企业	地方国有企业	民营企业	民营企业
constant	-0.0300**	-0.0153	0.0169*	0.0023	-0.0109	-0.0170*
	(-2.2062)	(-1.1013)	(1.6548)	(0.1993)	(-1.2155)	(-1.7310)
industry	yes	yes	yes	yes	yes	yes
year	yes	yes	yes	yes	yes	yes
N	991	859	1432	1171	3802	3262
R^2	0.4462	0.4156	0.4351	0.4366	0.4007	0.3894

（3）隐性薪酬差距（异常隐性薪酬差距）对当期、滞后二期创新投入的影响

参考余明桂等（2016）的研究，本书考察了隐性薪酬差距（异常隐性薪酬差距）对当期、滞后二期创新投入的影响，回归结果分别见表4-21、表4-22。由表4-21可知，隐性薪酬差距（异常隐性薪酬差距）系数在1%的显著水平下都显著为正，即隐性薪酬差距（异常隐性薪酬差距）对当期创新投入存在正向影响。由表4-22可知，隐性薪酬差距（异常隐性薪酬差距）系数在1%的显著水平下也都显著为正，即隐性薪酬差距（异常隐性薪酬差距）对滞后二期创新投入也存在正向影响，说明三类企业隐性薪酬差距的提高（体现为在职消费的提高），促进了企业创新投入，再次验证了假设1b、2b和3b中关于隐性薪酬差距与创新投入的关系的假设。

（4）采用替代的研发投入强度回归

参考周铭山和张倩倩（2016）、江轩宇（2016）的研究，采用研发支出与主营业务收入之比来衡量研发强度，记为*resrev*。用*resrev*代替*resass*回归计量模型（4-8），回归结果见表4-23。由表4-23列（1）、（3）、（5）可知，隐性薪酬差距系数在1%的显著水平下都显著为正，即隐性薪酬差距对滞后一期的创新投入（*resrev*）都存在正向影响。由表4-23列（2）、（4）、（6）可知，异常隐性薪酬差距系数在1%的显著水平下也都显著为正，即异常隐性薪酬差距对滞后一期的创新投入（*resrev*）也是存在正向影响，同样也验证了假设1b、2b和3b中关于隐性薪酬差距与创新投入的关系的假设。

表 4-21 隐性薪酬差距（异常隐性薪酬差距）对当期创新投入的影响

Variables	(1)	(2)	(3)	(4)	(5)	(6)
	$resass_t$	$resass_t$	$resass_t$	$resass_t$	$resass_t$	$resass_t$
	中央国有企业	中央国有企业	地方国有企业	地方国有企业	民营企业	民营企业
perksass	0.1374***		0.0835***		0.1779***	
	(9.8992)		(6.3298)		(17.2539)	
abperksass		0.1939***		0.0996***		0.2067***
		(10.6558)		(5.9449)		(18.8414)
cr5	-0.0097***	-0.0102***	-0.0033	-0.0012	-0.0075***	-0.0046**
	(-3.2222)	(-3.2366)	(-1.1888)	(-0.3938)	(-4.2853)	(-2.5233)
ish	0.0085***	0.0089***	0.0070***	0.0065***	0.0057***	0.0060***
	(4.3326)	(4.1314)	(3.8292)	(3.2556)	(5.0355)	(5.0378)
ddzb	0.0069	0.0094	-0.0131***	-0.0173***	0.0075*	0.0098**
	(0.8608)	(1.1516)	(-2.6748)	(-3.2019)	(1.7407)	(2.1178)
highmark	0.0026***	0.0030***	0.0025***	0.0025***	0.0022***	0.0022***
	(2.8655)	(3.1628)	(3.7289)	(3.4237)	(3.3277)	(3.1578)
lnpay	0.0054***	0.0039***	0.0017***	0.0019***	0.0026***	0.0021***
	(8.2305)	(6.1413)	(3.4205)	(3.4876)	(6.8523)	(5.2230)
msh	0.0202*	0.0037	0.0473**	0.0460**	0.0018*	0.0014
	(1.7245)	(0.3769)	(2.1122)	(2.0988)	(1.7234)	(1.2648)
eqb	-0.0024***	-0.0015*	-0.0009*	-0.0006	-0.0000	0.0003
	(-2.7834)	(-1.7663)	(-1.7911)	(-0.9757)	(-0.1279)	(0.8648)
dual	-0.0005	-0.0013	0.0017**	0.0018*	0.0014***	0.0016***
	(-0.2596)	(-0.6921)	(2.1820)	(1.9278)	(3.3494)	(3.7250)
lnage	-0.0063***	-0.0077***	-0.0037***	-0.0037***	-0.0023***	-0.0025***
	(-7.8273)	(-9.2375)	(-4.3480)	(-3.9679)	(-5.0050)	(-5.4950)
roa	0.0090	0.0077	0.0049	0.0088	0.0004	0.0085
	(1.1478)	(0.8590)	(0.7341)	(1.1473)	(0.0835)	(1.5983)
lev	0.0015	-0.0017	-0.0106***	-0.0099***	-0.0150***	-0.0126***
	(0.6431)	(-0.7326)	(-5.9649)	(-4.7939)	(-10.0878)	(-8.1184)
lnasset	-0.0036***	-0.0036***	-0.0054***	-0.0074***	-0.0065***	-0.0086***
	(-4.0721)	(-4.0018)	(-7.8407)	(-9.2462)	(-10.5778)	(-14.1594)
lnrev	0.0005	0.0019**	0.0044***	0.0061***	0.0059***	0.0074***
	(0.5759)	(2.2487)	(6.8538)	(8.3186)	(12.0435)	(14.2556)
lndsrs	0.0031	0.0027	0.0005	-0.0002	0.0002	-0.0003
	(1.4360)	(1.1899)	(0.2787)	(-0.0848)	(0.1381)	(-0.2371)

续表

Variables	(1) resass$_t$ 中央国有企业	(2) resass$_t$ 中央国有企业	(3) resass$_t$ 地方国有企业	(4) resass$_t$ 地方国有企业	(5) resass$_t$ 民营企业	(6) resass$_t$ 民营企业
constant	-0.0365***	-0.0318***	0.0249***	0.0144	-0.0207***	0.0142
	(-4.2399)	(-3.2108)	(2.8583)	(1.5799)	(-2.8804)	(1.4642)
industry	yes	yes	yes	yes	yes	yes
year	yes	yes	yes	yes	yes	yes
N	1247	1109	1789	1515	4443	4042
R_2	0.5256	0.5313	0.4137	0.4126	0.4861	0.4822

表 4-22　隐性薪酬差距（异常隐性薪酬差距）对滞后二期创新投入的影响

Variables	(1) resass$_{t+2}$ 中央国有企业	(2) resass$_{t+2}$ 中央国有企业	(3) resass$_{t+2}$ 地方国有企业	(4) resass$_{t+2}$ 地方国有企业	(5) resass$_{t+2}$ 民营企业	(6) resass$_{t+2}$ 民营企业
perksass	0.1420***		0.0603***		0.1568***	
	(10.4655)		(5.1730)		(14.7951)	
abperksass		0.1949***		0.1057***		0.1884***
		(11.3757)		(7.5525)		(17.1853)
cr5	-0.0076**	-0.0092***	-0.0041*	-0.0029	-0.0067***	-0.0035*
	(-2.4789)	(-2.8182)	(-1.8392)	(-1.1778)	(-3.2457)	(-1.6554)
ish	0.0103***	0.0106***	0.0072***	0.0063***	0.0062***	0.0064***
	(5.1366)	(4.7427)	(4.6317)	(3.7974)	(4.6527)	(4.6155)
ddzb	0.0073	0.0112	-0.0106**	-0.0152***	0.0144***	0.0169***
	(0.8826)	(1.3321)	(-2.0855)	(-2.8089)	(2.6960)	(2.9399)
highmark	0.0018*	0.0022*	0.0024***	0.0024***	0.0032***	0.0035***
	(1.7544)	(1.9543)	(3.4155)	(3.0405)	(4.4567)	(4.8649)
lnpay	0.0053***	0.0038***	0.0012**	0.0012**	0.0028***	0.0022***
	(7.4388)	(5.4019)	(2.5059)	(2.3211)	(6.5549)	(4.9073)
msh	0.0556***	0.0364**	0.0389**	0.0342**	0.0010	0.0006
	(2.7809)	(2.0762)	(2.2019)	(2.0340)	(0.8488)	(0.4952)
eqb	-0.0020**	-0.0013	-0.0012**	-0.0009*	0.0001	0.0004
	(-2.0276)	(-1.3347)	(-2.5394)	(-1.7541)	(0.2259)	(0.9951)
dual	0.0009	0.0005	0.0023***	0.0025**	0.0014***	0.0018***
	(0.4835)	(0.2387)	(2.6753)	(2.4744)	(2.9970)	(3.4463)
$lnage_{t+1}$	-0.0047***	-0.0064***	-0.0028***	-0.0031***	-0.0013**	-0.0013**
	(-5.1374)	(-6.7090)	(-3.5165)	(-3.5476)	(-2.4162)	(-2.4145)

续表

Variables	(1) resass$_{t+2}$ 中央国有企业	(2) resass$_{t+2}$ 中央国有企业	(3) resass$_{t+2}$ 地方国有企业	(4) resass$_{t+2}$ 地方国有企业	(5) resass$_{t+2}$ 民营企业	(6) resass$_{t+2}$ 民营企业
roa	0.0071	0.0069	0.0045	0.0055	0.0073	0.0183***
	(0.8787)	(0.7846)	(0.7738)	(0.8605)	(1.2487)	(3.0217)
lev	0.0048*	0.0026	-0.0107***	-0.0111***	-0.0164***	-0.0131***
	(1.8749)	(0.9672)	(-6.0410)	(-5.7517)	(-8.8027)	(-6.7619)
lnasset	-0.0033***	-0.0037***	-0.0062***	-0.0079***	-0.0044***	-0.0061***
	(-3.2448)	(-3.5976)	(-9.0157)	(-10.5305)	(-6.3330)	(-8.4654)
lnrev	-0.0001	0.0016*	0.0056***	0.0074***	0.0042***	0.0051***
	(-0.0868)	(1.7584)	(9.8130)	(11.5247)	(6.9165)	(8.0545)
lndsrs	0.0037	0.0046*	-0.0021	-0.0041**	0.0009	0.0003
	(1.5724)	(1.8463)	(-1.2105)	(-2.0353)	(0.5744)	(0.1573)
constant	-0.0194**	-0.0132	-0.0115	0.0179**	-0.0341***	-0.0089
	(-2.1074)	(-1.2040)	(-1.4512)	(2.0752)	(-4.0261)	(-0.9640)
industry	yes	yes	yes	yes	yes	yes
year	yes	yes	yes	yes	yes	yes
N	1196	1052	1842	1541	3662	3285
R^2	0.5205	0.5209	0.4072	0.4255	0.4481	0.4475

表 4-23　隐性薪酬差距（异常隐性薪酬差距）对滞后一期创新投入（*resrev*）的影响

Variables	(1) resrev$_{t+1}$ 中央国有企业	(2) resrev$_{t+1}$ 中央国有企业	(3) resrev$_{t+1}$ 地方国有企业	(4) resrev$_{t+1}$ 地方国有企业	(5) resrev$_{t+1}$ 民营企业	(6) resrev$_{t+1}$ 民营企业
perksass	0.2204***		0.1021***		0.2915***	
	(6.9674)		(5.9940)		(13.2082)	
abperksass		0.3342***		0.1463***		0.3707***
		(7.2579)		(5.7683)		(14.6868)
cr5	-0.0136**	-0.0162**	-0.0074**	-0.0065	-0.0152***	-0.0122***
	(-2.0556)	(-2.3681)	(-1.9792)	(-1.5347)	(-3.5526)	(-2.7938)
ish	0.0007	0.0014	0.0097***	0.0096***	0.0136***	0.0135***
	(0.1760)	(0.3253)	(3.9301)	(3.5470)	(5.2372)	(5.0752)
ddzb	0.0191	0.0222	-0.0174**	-0.0220***	0.0366***	0.0369***
	(1.2275)	(1.3938)	(-2.3194)	(-2.7351)	(3.5208)	(3.4240)

续表

Variables	(1) resrev$_{t+1}$ 中央国有企业	(2) resrev$_{t+1}$ 中央国有企业	(3) resrev$_{t+1}$ 地方国有企业	(4) resrev$_{t+1}$ 地方国有企业	(5) resrev$_{t+1}$ 民营企业	(6) resrev$_{t+1}$ 民营企业
highmark	0.0046 **	0.0046 **	0.0040 ***	0.0040 ***	0.0049 ***	0.0047 ***
	(2.2488)	(2.1043)	(4.1323)	(3.8626)	(3.2379)	(3.1759)
lnpay	0.0100 ***	0.0073 ***	0.0027 ***	0.0027 ***	0.0058 ***	0.0047 ***
	(8.0991)	(6.4381)	(4.0597)	(3.7714)	(7.1449)	(5.4630)
msh	0.0716 **	0.0444	0.1864 ***	0.1863 ***	0.0024	0.0008
	(2.0045)	(1.4047)	(3.3683)	(3.3336)	(0.9142)	(0.2858)
eqb	-0.0051 ***	-0.0044 ***	-0.0004	-0.0001	0.0009	0.0016 *
	(-3.0042)	(-2.5932)	(-0.4722)	(-0.1312)	(1.0209)	(1.7269)
dual	0.0001	-0.0006	0.0043 ***	0.0046 ***	0.0022 **	0.0027 ***
	(0.0221)	(-0.1929)	(3.2389)	(2.9170)	(2.2995)	(2.6670)
$lnage_{t+1}$	-0.0125 ***	-0.0145 ***	-0.0057 ***	-0.0058 ***	-0.0040 ***	-0.0049 ***
	(-7.0938)	(-7.7396)	(-4.1173)	(-3.7727)	(-3.8784)	(-4.6525)
roa	-0.0073	-0.0083	-0.0091	-0.0079	0.0035	0.0167
	(-0.4238)	(-0.4188)	(-0.7647)	(-0.5960)	(0.3013)	(1.4280)
lev	-0.0090 **	-0.0137 ***	-0.0203 ***	-0.0210 ***	-0.0419 ***	-0.0365 ***
	(-1.9678)	(-2.8871)	(-7.0234)	(-6.3234)	(-12.7566)	(-11.0091)
lnasset	0.0146 ***	0.0163 ***	0.0030 ***	0.0018 *	0.0207 ***	0.0193 ***
	(5.3632)	(5.5466)	(3.3347)	(1.7444)	(15.3648)	(14.1004)
lnrev	-0.0194 ***	-0.0188 ***	-0.0046 ***	-0.0036 ***	-0.0225 ***	-0.0219 ***
	(-7.4478)	(-6.8059)	(-5.5738)	(-3.8435)	(-18.4824)	(-17.4076)
lndsrs	0.0038	0.0053	0.0016	0.0013	0.0043	0.0023
	(0.8510)	(1.1608)	(0.6945)	(0.4820)	(1.3584)	(0.7106)
constant	-0.0781 ***	-0.0522 ***	-0.0242 *	0.0233	-0.0682 ***	-0.0284
	(-4.1464)	(-2.9136)	(-1.7254)	(1.6318)	(-5820)	(-1.5189)
industry	yes	yes	yes	yes	yes	yes
year	yes	yes	yes	yes	yes	yes
N	1360	1203	2021	1699	4644	4206
R^2	0.5136	0.5242	0.4581	0.4621	0.5155	0.5260

4.4.5 门槛特征分析

根据前文的研究可知，企业监督指标可改变隐性薪酬差距对创新投入的促进作用，在股权集中度较小、机构投资者持股比例较高（民营企业）和处于市场化指数较高区域的企业中，隐性薪酬差距提高对创新投入的促进作用更高。前文的乘积项连乘检验方法是假定企业治理监督的影响是单调递增或递减的，但是，以往相关文献研究显示，股权集中度对创新投入的影响并不是简单的线性关系（冯根福和温军，2008；杨德伟，2011；杨建君等，2015），因此企业监督指标与隐性薪酬差距的创新投入效应可能存在门槛效应。在企业治理监督指标的不同门槛值区间，隐性薪酬差距对创新投入的影响可能存在显著的差异。根据前文分析，隐性薪酬差距（等于在职消费）即包含会产生经济效益的货币薪酬补充和正常职务消费成分，也包含会发生代理成本的自娱性消费成分。在没有得到适度监督的情况下，隐性薪酬差距中自娱性消费成分可能会增加，从而减弱隐性薪酬差距对创新投入的促进作用，甚至隐性薪酬差距对创新投入的促进作用可能变为不显著。为检验上述推测，下文采用得到广泛运用的“门槛回归”方法进行检验。

（1）隐性薪酬差距影响企业创新投入的门槛计量模型设定

Hansen（1999）建立的“门槛回归”可避免人为划分企业治理监督变量区间所造成的偏误（李平和许家云，2011），可依据数据本身的特点内生的划分企业治理监督变量区间，以考察不同监督变量区间内隐性薪酬差距对创新投入的影响。计量模型（4－10）的单一门槛计量模型设置如下：

$$resass_{it} = \beta_0 + \beta_1 perksass_{it-1} I(H_{it-1} \leqslant \theta) + \beta_2 perksass_{it-1} I(H_{it-1} > \theta) + \beta_3' N_{it-1} + \beta_4 \ln age_{it} + \varepsilon_{it} \tag{4-10}$$

计量模型（4－10）中，H_{it-1}为门槛变量，具体为企业监督变量股权集中度（*cr*5）和机构投资者持股比例（*ish*）。θ 为门槛变量的取值，β_1、β_2分别为门槛变量 H_{it-1}在小于等于 θ 和 H_{it-1}在大于 θ 区间时，隐性薪酬差距对企业创新投入的影响系数。$I(\cdot)$ 为一个指标函数，其他变量设置与前文一致[①]。二重及以上门槛计量模型以此类推。

（2）隐性薪酬差距对创新投入的门槛检验与结果分析

第一，门槛检验结果和门槛区间估计。门槛检验结果和门槛区间估计见

① 因门槛回归必须把原来的非平衡面板数据处理为平衡面板数据，2017 年 1 月出版的《中国分省份市场化指数报告（2016）》中没有公布 2015 年的市场化指数，为尽量使平衡面板的观测值更多，所以门槛计量模型（4－10）的控制变量 *X* 中没有加入市场化指数变量。本书也尝试以在职消费（*perksass*，其等于隐性薪酬差距）为门槛变量，考察了在职消费（*perksass*）与企业创新产出是否存在“N”或“M”型关系，结果发现不存在。

表4-24。分别将股权集中度（*cr*5）和机构投资者持股比例（*ish*）作为门槛变量，依次假设不存在门槛、一个门槛、二个门槛和三个门槛情况下进行门槛回归，可得到95%置信水平下的门槛变量的门槛取值、自抽样法的门槛检验F值和显著水平P值。根据门槛检验结果可知：首先，在国有企业隐性薪酬差距（异常隐性薪酬差距）对创新投入的影响中，股权集中度（*cr*5）的单一和二重门槛检验结果通过了5%（1%）和10%（1%）水平下的显著性检验，其对应的门槛变量（*cr*5）的门槛取值为0.5153和0.6498（0.5776和0.6180）。具体而言，中央国有企业隐性薪酬差距（异常隐性薪酬差距）对创新投入的影响中，股权集中度（*cr*5）的单一和二重门槛检验结果都通过了1%水平下的显著性检验，二重门槛其对应的门槛变量（*cr*5）的门槛取值为0.4810和0.6496（0.5576和0.6200），地方国有企业不存在门槛效应。中央国有企业、地方国有企业机构投资者持股比例（*ish*）不存在明显的门槛效应。其次，在民营企业隐性薪酬差距（异常隐性薪酬差距）对创新投入的影响中，股权集中度（*cr*5）的单一、二重和三重（单一和二重）门槛检验结果都通过了1%水平下的显著性检验，其对应的门槛变量（*cr*5）的门槛取值为0.2906、0.3004和0.3607（0.2906和0.2972）。民营企业隐性薪酬差距对创新投入的影响中，机构投资者持股比例（*ish*）的单一和二重门槛检验结果都通过了1%水平下的显著性检验，二重门槛时其对应的门槛变量（*ish*）的门槛取值为0.6549和0.6846。民营企业异常隐性薪酬差距对创新投入的影响中，只有机构投资者持股比例（*ish*）的单一门槛检验结果通过了1%水平下的显著性检验，其对应的门槛变量（*ish*）的门槛取值为0.2987（见表4-24）。

表4-24 在职消费强度影响下一期创新投入的门槛检验结果和区间估计

门槛变量名称	股权集中度（*cr*5）		机构投资者持股比例（*ish*）	
企业类型	国有企业	民营企业	国有企业	民营企业
门槛重数	二重	三重	门槛效应不显著	二重
显著水平	10.0000%	1.0000%		1.0000%
门槛变量取值	0.5153、0.6498	0.2906、0.3004、0.3607		0.6549、0.6846

第二，股权集中度的门槛效应分析。对国有企业而言，由表4-25列（3）、（6）可知，国有企业隐性薪酬差距（异常隐性薪酬差距）对创新投入的影响中，在门槛变量股权集中度的三个区间中，只有在第二个区间隐性薪酬差距（异常隐

性薪酬差距）对创新投入的影响才显著为正，在其他两个区间该影响并不显著，说明企业股权集中度只有在适度范围，隐性薪酬差距（异常隐性薪酬差距）的提高才能有效地促进创新投入。

对民营企业而言，由表 4－25 列（2）和列（5）可知，民营企业隐性薪酬差距（异常隐性薪酬差距）对创新投入的影响在整个四个区间（后两个区间）都显著为正，但都是在第二个区间 *cr*5 在 0.2906 至 0.3004 之间（*cr*5 在 0.2906 至 0.2972 之间）时，隐性薪酬差距（异常隐性薪酬差距）系数最大，即都是在第二个区间时对创新投入的促进作用最大，所以民营企业也存在适度的股权集中度。

前文理论框架和研究假设部分已经说明股权集中度的提高会减弱隐性薪酬差距对创新投入的促进作用。首先，股权集中度低即股权分散，中小股东偏多，因中小股东持股比例较少以致于监督成本大于监督收益，搭便车成为它们的最优决策，所以不利于解决企业创新投入的代理问题（Francis 和 Smith，1995；冯根福和温军，2008）。其次，股权分散时，小股东倾向于短期的财务控制，它们的短期利益追求造成它们并不愿意支持利益回报期较长的创新活动，代理人将放弃创新以迎合小股东的短期利益追求（杨建君等，2015）。最后，股权分散时，企业的资源配置倾向于代理人收益（Cornett 等，2009），因创新的高风险特点和创新需要高管付出额外的私人成本（Wright 等，1996），作为企业的代理人高管并不青睐创新活动。股权适度集中形成的均衡股权结构能平衡控制权收益和代理人收益。股权适度集中即多个股东的存在，能有效分散创新风险（Maury 和 Pajuste，2005；杨建君等，2015）。同时，股权适度集中时企业倾向战略控制，战略计划更能体现大股东追求长期利益的目标，企业重视创新发展（杨建君等，2015）。总之，只有适度的股权集中度，国有企业隐性薪酬差距（异常隐性薪酬差距）的提高才能促进创新投入，民营企业隐性薪酬差距（异常隐性薪酬差距）的提高才能更加有效地促进创新投入。

第三，机构投资者持股比例的门槛效应分析。由前文调节作用分析部分可知，机构投资者持股比例对国有企业隐性薪酬差距影响创新投入的调节作用不显著，所以本部分也发现对于国有企业而言，机构投资者持股比例不存在门槛效应。由表 4－25 列（8）可知，机构投资者持股比例在小于 0.2987 时，民营企业异常隐性薪酬差距的系数才显著为正，其提高才能促进创新投入。由于异常隐性薪酬差距需要分行业分年度回归而得，与隐性薪酬差距相比更不直观更不准确，所以本书重点关注隐性薪酬差距影响创新投入时的机构投资者持股比例门槛效应。由表4-25列（7）可知，隐性薪酬差距的系数在第一个和第二个区间才显著为正，而且在第二个区间（0.6549至0.6846之间）的系数最大，即只有适度的机构投资者持股比例（第二个区间），民营企业隐性薪酬差距的提高才能更加有效地促进创新投入。

表4-25　隐性薪酬差距（异常隐性薪酬差距）影响滞后一期创新投入的门槛计量模型估计结果

	(1)	(2)	(3)	(4)	(5)	(6)	(7)	(8)
	门槛变量						门槛变量	
Variables	cr5	cr5	cr5	cr5	cr5	cr5	ish	ish
	中央国有企业	民营企业	国有企业	中央国有企业	民营企业	国有企业	民营企业	民营企业
cr5	-0.0185	0.0155*	-0.0138**	-0.0210	0.0164	-0.0036	-0.0089	0.0069
	(-1.3485)	(1.9468)	(-1.9980)	(-1.2441)	(1.5080)	(-0.4321)	(-1.1447)	(0.6162)
ish	0.0064*	0.0017	0.0047**	0.0101*	0.0011	0.0058*	0.0010	0.0062
	(1.7852)	(0.6439)	(2.1802)	(1.9059)	(0.2922)	(1.8729)	(0.3514)	(1.5596)
ddzb	0.0387**	-0.0208*	0.0171*	0.0141	-0.0232	0.0081	-0.0137	-0.0071
	(2.3335)	(-1.7235)	(1.8439)	(0.5504)	(-1.1504)	(0.5959)	(-1.0985)	(-0.3467)
lnpay	0.0047***	0.0032**	0.0036***	0.0053***	0.0021	0.0026**	0.0043***	0.0026
	(3.4694)	(2.4103)	(4.4368)	(2.7950)	(1.0055)	(2.3430)	(3.0793)	(1.2055)
msh	-0.1184	-0.0105	-0.0498*	-0.1478	0.0078	-0.0616*	-0.0174**	0.0062
	(-1.6401)	(-1.4596)	(-1.8528)	(-1.2420)	(0.6522)	(-1.8554)	(-2.3341)	(0.5046)
eqb	-0.0009	-0.0016	-0.0010	0.0029	-0.0025	-0.0008	-0.0003	0.0018
	(-0.2856)	(-1.0075)	(-0.7204)	(0.6610)	(-0.8366)	(-0.4630)	(-0.2048)	(0.6133)
dual	0.0029	-0.0022*	0.0047***	0.0034	-0.0052***	0.0050**	-0.0017	-0.0048**
	(0.9822)	(-1.8261)	(3.2348)	(0.6082)	(-2.8287)	(2.1583)	(-1.3525)	(-2.5589)
$lnage_{t+1}$	0.0073*	0.0037	0.0089***	0.0105	0.0090**	0.0112***	0.0022	0.0084**
	(1.7967)	(1.6420)	(4.0037)	(1.5658)	(2.3677)	(3.5443)	(0.9363)	(2.1442)
roa	-0.0146	-0.0014	-0.0069	0.0038	-0.0125	-0.0069	-0.0006	-0.0132
	(-1.1739)	(-0.1472)	(-0.8746)	(0.1645)	(-0.7891)	(-0.5542)	(-0.0574)	(-0.8010)
lev	0.0035	-0.0141***	-0.0006	0.0163	-0.0111	-0.0025	-0.0138***	-0.0105
	(0.4846)	(-3.2368)	(-0.1373)	(1.4421)	(-1.5538)	(-0.4222)	(-3.0481)	(-1.4151)
lnasset	-0.0030	-0.0045***	-0.0015	-0.0062	-0.0070**	-0.0020	-0.0052***	-0.0070**
	(-1.1840)	(-2.6080)	(-1.0456)	(-1.5618)	(-2.5896)	(-0.9514)	(-2.8568)	(-2.4862)
lnrev	0.0042*	0.0046***	0.0023*	0.0030	0.0047*	0.0022	0.0040**	0.0045*
	(1.6503)	(2.6035)	(1.6738)	(0.8923)	(1.7965)	(1.1287)	(2.1961)	(1.6605)
lndsrs	-0.0005	0.0013	0.0065*	-0.0060	-0.0045	0.0068	0.0029	-0.0108
	(-0.0683)	(0.3139)	(1.7469)	(-0.7057)	(-0.6950)	(1.3518)	(0.6979)	(-1.6269)
perksass_ 1	-0.0029	0.2103***	0.0156				0.1011***	
	(-0.0778)	(6.8504)	(0.7542)				(4.8070)	

续表

Variables	(1)	(2)	(3)	(4)	(5)	(6)	(7)	(8)
	门槛变量						门槛变量	
	cr5	cr5	cr5	cr5	cr5	cr5	ish	ish
	中央国有企业	民营企业	国有企业	中央国有企业	民营企业	国有企业	民营企业	民营企业
perksass_ 2	0.1165***	0.4210***	0.0750***				0.1923***	
	(4.1272)	(9.9980)	(4.2763)				(5.4154)	
perksass_ 3	-0.0020	0.1591***	-0.0109				0.0423	
	(-0.0642)	(6.1556)	(-0.5948)				(1.4770)	
perksass_ 4		0.0610***						
		(2.9632)						
abperksass_ 1				0.0057	0.1935	-0.0094		0.2082***
				(0.1244)	(1.5211)	(-0.3269)		(4.8826)
abperksass_ 2				0.2325***	0.8696***	0.2357***		-0.0081
				(5.3102)	(7.2031)	(6.6531)		(-0.2024)
abperksass_ 3				0.0226	0.0747**	-0.0111		
				(0.5018)	(2.2878)	(-0.3524)		
constant	-0.1035**	-0.0328	-0.0941***	-0.0070	0.0410	-0.0707**	-0.0152	0.0464
	(-2.4675)	(-1.1739)	(-4.2328)	(-0.1187)	(0.9077)	(-2.3125)	(-0.5229)	(0.9952)
N	434	896	1078	216	408	632	896	408
R^2	0.3087	0.2024	0.2052	0.4334	0.2289	0.2575	0.1293	0.1757

4.4.6 隐性薪酬差距影响创新投入的机制

从前文的理论分析可知，隐性薪酬差距的提高（体现为在职消费的提高）增加了高管的创新意愿，促进高管增加创新投入，但该意愿实现的前提是企业有较充足的创新资源。因中央国有企业面临的冗余雇员的劳动力成本、高比例的税收、政策导向的投资支出（江轩宇，2016）三大负担最重，严重挤占了企业经济资源，而企业开展创新活动需要不断地投入大量资源。为实现经济增长或社会稳定等目标，政府经常将 GDP 增长或降低失业率等任务施加给国有企业（Bai 和 Xu，2005；张洪辉等，2010），该任务导向很可能会造成国有企业的过度投资（程仲鸣等，2008；唐雪松等，2010），中央国有企业承担的政府任务尤其明显较多，因此中央国有企业因政府任务过度投资挤占创新资源的情况较明显，从而阻碍创新投入的增加。值得注意的是，货币薪酬的替代性补偿主要有政治晋升、隐性薪酬差距和投资扩张获得的租金等（Tenev 等，2002），所以本书推测高管隐性薪酬差距的提高，高管从投资扩张中获取私人利益的欲望将减弱，企业过度投资下降，从而有效缓解了中央国有企业因政府任务导致过度投资而增加的资源压力，最终为企业争取了更多的创新投资资源，更能保证隐性薪酬差距提高的激励下高管增加创新投入意愿的实现。为检验过度投资在隐性薪酬差距影响创新投入中的中介效应，本书参考 Richardson（2006）、辛清泉等（2007）、程仲鸣等（2008）、江轩宇（2016）的研究，构建如下计量模型来获得企业的过度投资指标。

$$inv_{it} = \eta_0 + \eta'_1 A_{it-1} + \eta_2 inv_{it-1} + \varepsilon_{it} \tag{4-11}$$

利用上述计量模型（4－11）拟合而得的投资水平预测值即为期望的投资水平，企业实际投资水平减去期望投资水平（残差）为企业的过度投资水平。因变量：投资水平（inv）为本年固定资产、长期投资和无形资产的净值改变量之和除以平均总资产。A_{it-1}是控制变量构成的向量，包括上一年的托宾 Q 值（$tobinq_{it-1}$）、资产负债率（lev_{it-1}）、现金持有量（$cash_{it-1}$）、上市年限（age_{it-1}）、总资产的自然对数（$\ln asset_{it-1}$）、上一年 5 月到本年 4 月经市场调整后的并以月度计算的股票年度回报率（ret_{it-1}）、上一年投资水平（inv_{it-1}）。

上一年现金持有量（$cash_{it-1}$）用上一年末现金与上一年短期投资之和除以上一年总资产来衡量。根据前文分析，只有企业实际投资水平超过期望投资水平时，即过度的投资水平才会挤占创新资源，所以下文的中介效应检验只利用了计量模型（4－11）中残差大于 0 的数据，本书记为 $overinv$。中介效应检验计量模型设置如下：

$$overinv_{it} = \phi_0 + \phi_1 perksass_{it-1} + \phi'_2 N_{it-1} + \phi_3 \ln age_{it} + \varepsilon_{it} \tag{4-12}$$

$$resass_{it} = \gamma_0 + \gamma_1 perksass_{it-1}(abperksass_{it-1}) + \gamma'_2 N_{it-1} + \gamma_3 \ln age_{it} + \varepsilon_{it} \tag{4-8}$$

$$resass_{it} = \varphi_0 + \varphi_1 perksass_{it-1} + \varphi_2 overinv_{it-1} + \varphi'_3 N_{it-1} + \varphi_4 \ln age_{it} + \varepsilon_{it} \tag{4-13}$$

计量模型（4－7）用于考察隐性薪酬差距对企业过度投资水平的影响，变量设置与前文一致。参考 Baron 和 Kenny（1986）、温忠麟等（2004）的研究，计量模型（4－8）、（4－12）、（4－13）在回归样本相同时，隐性薪酬差距影响创新投入的前提下即 γ_1显著，如果 ϕ_1和 φ_2都显著，则过度投资水平在隐性薪酬差距影响创新投入中存在中介效应。具体而言，如 φ_1不显著，则过度投资水平存在完全中介效应，原因是隐性薪酬差距对创新投入的作用效果完全地被中介变量过度投资水平所吸收；如 φ_1显著，且 $|\varphi_1| < |\gamma_1|$，则过度投资水平存在部分中介效应，原因是隐性薪酬差距对创新投入的作用效果部分地被中介变量过度

投资水平所吸收。

由表 4－26 可知，中央国有企业过度投资水平在隐性薪酬差距影响创新投入中存在部分中介效应，隐性薪酬差距提高会抑制过度投资水平，从而为中央国有企业争取了更多的创新资源，使隐性薪酬差距提高时高管增加创新投入的意愿更容易得以实现，即最终促进创新投入。为稳健起见，本书采用 Sobel（1982）检验方法计算其 z 值，$z=\phi_1\varphi_2/\sqrt{\phi_1^2\sigma_{\varphi_2}^2+\varphi_2^2\sigma_{\phi_1}^2}$，$\phi_1$是计量模型（4－12）中核心解释变量隐性薪酬差距的系数，σ_{ϕ_1}是 ϕ_1的标准误，φ_2是计量模型（4－13）中中介变量过度投资的系数，σ_{φ_2}是 φ_2的标准误，经计算得 $z=1.2619$（$p<0.05$），再次验证了过度投资在中央国有企业隐性薪酬差距影响企业创新投入中起到部分中介效应。按照这一思路，本书也检验了地方国有企业和民营企业过度投资水平的中介效应，结果发现中介效应并不显著。上述的中介效应逻辑其实在地方国有企业和民营企业中也存在，可能是因为中央国有企业承担很多政府任务，过多的任务导向导致比较严重的过度投资，高管隐性薪酬差距的提高（体现为高管在职消费的提高）抑制了中央国有企业的过度投资，明显地为企业争取了创新资源，从而实现创新投入增加，但地方国有企业和民营企业原有的过度投资相对较少，过度投资对创新资源的影响比较有限，所以过度投资水平在地方国有企业和民营企业中的中介效应并不显著。

表 4－26　　中央国有企业隐性薪酬差距影响滞后一期创新投入的机制

	(1)	(2)	(3)	(4)
Variables	过度投资 overinv	过度投资 overinv	$resass_{t+1}$	$resass_{t+1}$
perksass	－0.2071 *	－0.2867	0.1532 ***	0.1510 ***
	(－1.7257)	(－0.5403)	(4.6655)	(4.5881)
perksass^2		0.4063		
		(0.1813)		
overinv				－0.0108 *
				(－1.8500)
cr5	0.0458	0.0459	－0.0043	－0.0038
	(0.9221)	(0.9227)	(－0.7374)	(－0.6478)
ish	－0.0353	－0.0349	0.0057	0.0054
	(－1.1062)	(－1.0726)	(1.4030)	(1.2986)
ddzb	－0.0312	－0.0308	0.0086	0.0082
	(－0.3243)	(－0.3209)	(0.5445)	(0.5230)

续表

	(1)	(2)	(3)	(4)
Variables	过度投资 overinv	过度投资 overinv	$resass_{t+1}$	$resass_{t+1}$
lnpay	-0.0032	-0.0031	0.0054***	0.0054***
	(-0.3770)	(-0.3679)	(3.5817)	(3.5590)
msh	-0.1824	-0.1863	-0.0084	-0.0104
	(-1.4130)	(-1.4461)	(-0.2999)	(-0.3681)
eqb	0.0031	0.0031	-0.0032*	-0.0032*
	(0.2611)	(0.2611)	(-1.7838)	(-1.7619)
dual	-0.0180	-0.0180	0.0010	0.0008
	(-1.4595)	(-1.4606)	(0.3147)	(0.2505)
$lnage_{t+1}$	0.0286**	0.0285**	-0.0071***	-0.0068***
	(2.0829)	(2.0533)	(-3.6954)	(-3.4762)
roa	-0.0827	-0.0817	0.0149	0.0140
	(-0.6536)	(-0.6480)	(0.9082)	(0.8482)
lev	-0.0018	-0.0015	0.0074	0.0074
	(-0.0439)	(-0.0379)	(1.5799)	(1.5760)
lnasset	0.0126	0.0121	-0.0033*	-0.0031*
	(0.9149)	(0.8136)	(-1.8284)	(-1.7410)
lnrev	-0.0250*	-0.0247*	0.0007	0.0004
	(-1.7577)	(-1.6554)	(0.4245)	(0.2461)
lndsrs	0.0075	0.0075	0.0006	0.0007
	(0.2677)	(0.2683)	(0.1419)	(0.1593)
constant	0.2750**	0.2810*	-0.0194	-0.0164
	(1.9813)	(1.9179)	(-1.0280)	(-0.8602)
N	440	440	440	440
R^2	0.1789	0.1790	0.4280	0.4312

4.5 本章小结

首先，鉴于企业高管在职消费涉及全部高管，即难以确定高管在职消费总额中具体占比多少为前三名高管所用；同时，普通员工基本不拥有在职消费，即内部薪酬差距计算公式的分母不存在在职消费成分；本书没有把在职消费隐性薪酬纳入内部薪酬差距指标中，而是提出了隐性高管与普通员工薪酬差距，简称隐性薪酬差距。因政治晋升无法用具体的数值来衡量，高管存在隐性薪酬在职消费，而普通员工几乎不存在在职消费，高管与普通员工隐性薪酬差距等于高管隐性薪酬减去普通员工隐性薪酬，所以高管与普通员工隐性薪酬差距就等于高管在职消费。本章考察了隐性薪酬差距对企业创新的影响，结果发现：（1）中央国有企业隐性薪酬差距对创新投入主要表现为正向影响，对创新效率的影响不显著，其隐性薪酬差距对创新产出的影响也不显著，说明中央国有企业的创新投入可能存在一定程度的形式主义。（2）地方国有企业隐性薪酬差距对创新效率的影响不显著，但对创新投入存在正向影响，从而地方国有企业隐性薪酬差距对企业创新产出存在正向影响。（3）民营企业隐性薪酬差距对企业创新投入存在正向影响，对企业创新效率存在负向影响，但是隐性薪酬差距对创新投入的正向促进作用大于隐性薪酬差距对创新效率的负向抑制作用，所以民营企业隐性薪酬差距对企业创新产出表现出正向影响。

其次，鉴于在职消费中即包括正常的部分，也包括异常的部分（Xu 等，2014；王曾等，2014；耿云江和王明晓，2016；孙世敏等，2016），正常的在职消费是高管履职过程中工作需要的消费，异常的在职消费是需要重点监督的部分；在职消费包含会产生经济效益的货币薪酬补充和正常职务消费成分，也包含会发生代理成本的自娱性消费成分（孙世敏等，2016）。如果高管的在职消费没有得到适度的监督，高管自娱性消费成分可能会占多数即代理成本占优势，此时在职消费总体上将表现为“代理观”，即隐性薪酬差距提高（体现出在职消费的提高）并不能促进企业创新，所以接下来考察了异常隐性薪酬差距对企业创新投入影响、在何种监督水平下隐性薪酬差距提高才能或才能更有效地促进企业创新投入。同时，分析了隐性薪酬差距影响创新投入的可能作用机制。

结果发现：（1）不同所有权性质企业隐性薪酬差距、异常隐性薪酬差距的提高能促进创新投入。市场化指数的提高能提升隐性薪酬差距对创新投入的促进作用。股权集中度和机构投资者持股比例是隐性薪酬差距的重要监督指标。（2）采用面板门槛回归发现，国有企业、民营企业股权集中度适度时，国有企业、民营企业隐性薪酬差距的提高才能、才能更有效地促进创新投入。机构投资者持股比例对国有企业隐性薪酬差距影响创新投入的调节作用不显著。机构投资者持股比例适度时，民营企业隐性薪酬差距的提高才能更有效地促进创新投入。（3）因中央国有企业承担众多政府任务而明显存在过度投资，中央国有企业隐性薪酬差距对过度投资存在负向影响，过度投资对企业创新投入明显存在负向影响，所以中央国有企业过度投资在隐性薪酬差距对创新投入的正向影响中起到中介效应。地方国有企业和民营企业原有的过度投资相对较少，过度投资对创新资源的影响比较有限，所以过度投资水平在地方国有企业和民营企业中的中介效应并不显著。

第5章 结论、政策建议和研究展望

5.1 结论

近年来，中国经济发展进入新常态，政府鼓励“大众创业万众创新”，促进创新驱动发展；2003年、2009年、2015年针对央企负责人的薪酬改革反复；对国企高管“限薪”后，高管激励体系中的在职消费隐性激励起到重要的作用；鉴于以上背景本书研究了不同所有权性质企业内部薪酬差距对企业创新产出、创新投入和创新效率的影响，研究结论为内部薪酬差距影响企业价值的机制提供了一种新的解释。接着研究了隐性薪酬差距对企业创新产出、创新投入和创新效率的影响及在何种监督水平下隐性薪酬差距的提高才能或才能更有效地促进企业创新投入。同时，研究了隐性薪酬差距影响创新投入的作用机制。

首先，本书利用中国沪深A股非金融上市企业数据，考察了不同所有权性质企业内部高管员工薪酬差距对企业创新产出、创新投入和创新效率的影响。研究发现：（1）中央国有企业内部薪酬差距对创新产出、创新投入和创新效率的影响不显著；（2）地方国有企业内部薪酬差距对企业创新效率的影响并不确定，但其内部薪酬差距对企业创新投入产生正向影响，从而其内部薪酬差距对创新产出产生正向影响；（3）民营企业内部薪酬差距对企业创新投入的影响并不显著，但其内部薪酬差距对企业创新效率产生正向影响，从而其内部薪酬差距对创新产出产生正向影响；（4）地方国有企业和民营企业内部薪酬差距的扩大提高了创新产出，进而提升了企业价值，民营企业创新产出在内部薪酬差距对企业价值影响中的中介效应表现更为明显。

研究还显示，当期企业内部薪酬差距对企业当期创新产出、滞后一期创新产出和滞后二期创新产出的影响一致。内部薪酬差距主要是对创新产出量高的企业起到促进创新产出的作用。地方国有企业和民营企业内部薪酬差距对创新产出的影响没有显著的差异。采用负二项、零膨胀负二项回归企业内部薪酬差距对企业创新产出的影响，结论保持不变。为处理企业内部薪酬差距的内生性问题，本书采用了 Tobit 工具变量法、双重差分法，内部薪酬差距对企业创新产出的影响结果与前文保持一致。最后，本书还考察了即包含高管货币薪酬也包含高管股权薪酬的内部薪酬差距对企业创新产出、创新投入和创新效率的影响，包含高管货币和股权薪酬的中央国有企业内部薪酬差距的扩大对创新效率总体上起到降低作用，这点与仅含高管货币薪酬的中央国有企业内部薪酬差距对创新效率的影响有差异，其他回归结论基本与前文一致。

其次，鉴于企业高管在职消费涉及全部高管，即难以确定高管在职消费总额中具体占比多少为前三名高管所用；同时，普通员工基本不拥有在职消费，即内部薪酬差距计算公式的分母不存在在职消费成分；即无法把高管在职消费隐性薪酬纳入内部薪酬差距指标中，本书接下来利用中国沪深 A 股非金融上市企业数据，考察了不同所有权性质企业隐性薪酬差距对企业创新产出、创新投入和创新效率的影响。研究发现：（1）中央国有企业隐性薪酬差距对创新投入主要表现为正向影响，其对创新效率的影响不显著，但其对企业创新产出的影响也不显著，说明中央国有企业的创新投入可能存在形式主义。虽然隐性薪酬差距的提高促进了创新投入，但是最终并没有促进创新产出的提高。（2）地方国有企业隐性薪酬差距对创新投入存在正向影响，其对创新效率的影响不显著，所以其对企业创新产出存在正向影响。（3）民营企业隐性薪酬差距对创新投入存在正向影响，其对创新效率存在负向影响，但其对创新效率的抑制作用小于其对创新投入的促进作用，所以其对创新产出存在正向影响。

研究还显示如下结果：当期隐性薪酬差距对滞后一期创新产出、当期创新产出的影响结果一致。隐性薪酬差距主要是对创新产出量高的企业起到促进创新产出的作用。地方国有企业和民营企业隐性薪酬差距对创新产出的影响没有显著的差异。经上一期总资产平减在职消费总额的隐性薪酬差距与经当期主营业务收入平减在职消费总额的隐性薪酬差距对企业创新产出、创新投入和创新效率的影响结果一致。采用负二项回归两种不同平减方法的隐性薪酬差距对滞后一期创新产出的影响，结论保持不变。为消除隐性薪酬差距的内生性，采用 Tobit 工具变量法回归隐性薪酬差距对滞后一期企业创新产出的影响，结果保持稳健。采用两种不同的方法计算企业高管在职消费总额，从而经上一期总资产平减得到两种不同的隐性薪酬差距，结果发现两种不同的隐性薪酬差距对企业创新产出、创新投入和创新效率的影响结果基本一致。

描述性统计发现，2012 年年底以习近平总书记为核心的新一届中央领导反腐力度加大，同时 2012 年 12 月开始实施“八项规定”，因此从 2013 年开始中央国有企业和地方国有企业隐性薪酬差距下降较快。民营企业为建立良好的政企关系，也存在一定的在职消费，因反腐力度加大及“八项规定”的执行，民营企业隐性薪酬差距从 2013 年开始也下降，只是下降幅度小于中央国有企业、地方国有企业的下降幅度。

最后，鉴于在职消费中既包括正常的部分，也包括异常的部分（Xu 等，2014；王曾等，2014；耿云江和王明晓，2016；孙世敏等，2016），正常的在职消费是高管履职过程中工作需要的消费，异常的在职消费是需要重点监督的部分；在职消费包含会产生经济效益的货币薪酬补充和正常职务消费成分，也包含会发生代理成本的自娱性消费成分（孙世敏等，2016）。如果高管的在职消费没有得到适度的监督，高管自娱性消费成分可能会占多数即代理成本占优势，此时在职消费总体上将表现为“代理观”，即隐性薪酬差距的提高（体现为在职消费的提高）并不能促进企业创新投入，所以接下来本书利用中国沪深 A 股非金融上市企业数据，考察了异常隐性薪酬差距对企业创新投入影响、在何种监督水平下隐性薪酬差距的提高才能或才能更有效地促进企业创新投入。同时，分析了隐性薪酬差距影响创新投入的作用机制。

研究发现：（1）不同所有权性质企业的隐性薪酬差距对创新投入存在正向影响。（2）随着股权集中度的提高，隐性薪酬差距对创新投入的促进作用会降低。国有企业股权集中度只有在 0.5153 至 0.6498 之间时，国有企业隐性薪酬差距的提高才能促进创新投入。民营企业股权集中度在 0.2906 至 0.3004 之间时，民营企业隐性薪酬差距的提高才能更有效地促进创新投入。（3）国有企业机构投资者持股比例对隐性薪酬差距影响创新投入的调节作用不显著。随着民营企业机构投资者持股比例的提高，隐性薪酬差距对创新投入的促进作用会提升。民营企业机构投资者持股比例在 0.6549 至 0.6846 之间时，民营企业隐性薪酬差距的提高才能更有效地促进创新投入。（4）随着市场化指数的提高，隐性薪酬差距对创新投入的促进作用会提升。（5）因承担较多的政府任务，中央国有企业过度投资较明显，从而挤占创新资源。中央国有企业过度投资在隐性薪酬差距影响创新投入中存在显著的中介效应。地方国有企业和民营企业过度投资在隐性薪酬差距影响创新投入中的中介效应不显著。

研究还显示如下结果：隐性薪酬差距对当期、滞后一期和滞后二期创新投入的影响结果一致。为处理隐性薪酬差距可能存在的内生性问题，本书采用工具变量法回归隐性薪酬差距对企业创新投入的影响，结果保持不变。采用两种不同的在职消费总额计算方法，从而得到两种不同的隐性薪酬差距，两种不同的隐性薪酬差距对企业创新投入的影响结果一致。分别采用总资产和主营业务收入平减研发支出得到两种不同的创新投入强度，隐性薪酬差距对两种不同的创新投入强度的影响一致。

5.2 政策建议

首先，关于内部薪酬差距与企业创新方面。一是中共十九大报告提到，中国社会主要矛盾已经转化为人民日益增长的美好生活需要和不平衡不充分的发展之间的矛盾，企业内部薪酬差距是社会不平衡发展的一大组成部分。中央国有企业内部薪酬差距对创新产出、企业价值的影响不显著，所以可以适当限制中央国有企业的内部高管与普通员工薪酬差距，避免内部薪酬差距过大。内部薪酬差距过大可能会导致员工离职率过高，当然内部薪酬差距过小也可能会导致高管离职率过高或高管的不作为①。二是地方国有企业内部薪酬差距扩大时，主要是通过提高创新投入来实现创新产出的增加，创新效率可能并没有改变，所以可允许地方国有企业内部高管与普通员工薪酬差距适当扩大，以提高地方国有企业的创新产出。相对于中央国有企业，地方国有企业的市场灵活性更高，也体现了政府一定程度的放权，可见经济市场化和政府放权完善了现代企业管理制度，使得企业内部治理更有效。当然，本书的研究结论并不是指国有企业创新效率低，只是说明了内部薪酬差距的变化可能并不影响创新效率。三是民营企业内部薪酬差距扩大时，在创新投入并没有改变的情况下，通过提高创新效率实现了创新产出的增

① 针对三类企业，本书也尝试以内部薪酬差距为门槛变量、采用门槛回归，试图找到内部薪酬差距的适度区间，考察了内部薪酬差距与企业创新产出是否存在“N”或“M”型关系，回归结果发现门槛效应不显著。

加，所以民营企业内部高管与普通员工薪酬差距存在比较积极的一面。民营企业是市场经济的典型主体，市场经济竞争激烈，更应该重视高管职业经理人的企业管理能力。当然，本书并不是否定一切员工，因缺乏相关数据，本书并没有细化员工分类。

其次，关于隐性薪酬差距（其取值等于高管在职消费）与企业创新方面。一是中央国有企业隐性薪酬差距对创新投入主要表现为正向影响，其对创新效率的影响不显著，但其对企业创新产出的影响也不显著，说明中央国有企业的创新投入可能存在形式主义。虽然隐性薪酬差距的提高促进了创新投入，但是最终并没有促进创新产出的提高。因此，应该限制中央国有企业隐性薪酬差距。二是地方国有企业高管隐性薪酬差距提高时，其创新效率并没有发生变化，只是通过提高创新投入来实现创新产出的增加。这说明在薪酬管制下，地方国有企业隐性薪酬差距有积极的方面，所以应该允许地方国有企业高管在职消费的合理存在。三是民营企业隐性薪酬差距提高时，虽然其创新投入增加、创新产出也增加，但创新效率下降，所以民营企业应该慎重对待高管在职消费。

最后，关于隐性薪酬差距、适度监督与企业创新投入方面。一是高管在职消费与企业创新投入呈正相关现象，但并不提倡高管在职消费。对于企业创新投入而言，高管在职消费表现为“效率观”，所以高管在职消费的合理存在对显性激励起到一定的补充作用，可一定程度上促进企业创新投入。值得注意的是，民营企业高管在职消费强度提高时，民营企业加强了与政府的关系，是通过获得的政府补贴（黎文靖和池勤伟，2015）增加来促进创新投入。在政府补贴有限的情况下，某个企业获得的政府补贴增加会减少其他企业获得的政府补贴。从资源优化配置视角，政府应该本着公正科学的原则，把政府补贴给予最需要的企业，而不是给予与政府关系紧密的企业。因此，基于社会资源优化配置视角，我们并不鼓励民营企业高管在职消费的提高。

国有企业高管在职消费与过度投资存在替代效应（周军等，2018），国有企业高管在职消费强度提高时，企业过度投资降低，从而为企业争取了更多创新资源，因此企业创新投入增加。但是，如国有企业过度投资能够得到很好监督和控制，那在职消费提高对创新投入的积极作用就不存在。国有企业高管在职消费与过度投资存在替代效应（周军等，2018），意味着国有企业高管在职消费降低时，企业的过度投资可能增加。因此，政府在出台类似“八项规定”等政策限制国企高管在职消费的同时，也必须严格监督国有企业的投资行为，避免过度投资的发生。否则，很可能出现高管在职消费下降了，但企业的过度投资却增长了。

总之，本书只是研究发现企业高管在职消费与企业创新投入正相关这一现象，但并不是要鼓励高管在职消费的提高。

二是国有企业高管政治晋升、在职消费和投资扩张有关的租金是货币薪酬的有效补充，国有企业高管在职消费与过度投资具有替代效应。正如 2015 年中央纪委公布的巡视报告显示：国有企业“三公消费”有所减少，但出现了借助企业投资扩张谋取私利的新情况（周军等，2018）。因短期内政治晋升难以实现，国企高管在职消费的适度存在，降低了高管从投资扩张中获取私人利益的欲望，从而企业过度投资下降，这对于去产能、避免重复投资、提高企业资源的使用效率具有积极作用。在职消费为高管利用职务便利通过消费、享用形式而获得的私利，其规模相对更小；过度投资是企业投资扩张形成的，其规模相对大多了。所以从社会总体福利看，与以项目投资扩张时有关的租金作为高管货币薪酬补充相比，以高管在职消费作为高管货币薪酬的补充要更经济。

三是采用适度的股权集中度和机构投资者持股比例，对高管在职消费进行治理监督。因高管在职消费中可能存在高管自娱性消费，自娱性消费表现为“代理观”而不是“效率观”，所以为使在职消费强度的提高能真正或能更加有效地促进创新投入，必须对高管在职消费进行治理监督，最大限度地减少在职消费中的高管自娱性消费。企业股权集中度和机构投资者持股比例是高管在职消费重要的治理监督指标。只有适度的股权集中度和机构投资者持股比例，国有企业、民营企业在职消费强度的提高才能促进、才能更加有效地促进企业创新投入。具体而言，国有企业股权集中度应在 0.5153 至 0.6498 之间，民营企业股权集中度应在 0.2906 至 0.3004 之间，民营企业机构投资者持股比例应在 0.6549 至 0.6846 之间，在职消费强度的提高能真正或能更加有效地促进创新投入。

四是杜绝高管在职消费促进企业创新投入的面子工作。认定为高新技术企业的关键财务指标是研发费用占销售收入之比。因企业被认定为高新技术企业后可享受税收减免，在高管在职消费这种隐性激励下，企业很可能增加创新投入。值得注意的是，创新投入的增加可能存在面子工作。可能的面子工程体现在两个方面：一是通过财务操纵手段增加企业研发费用额；二是创新投入是增加了，但是创新效率并没有增加，更重要的是创新产出可能也没有增加。因此，会计事务所和政府必须加强企业研发费用的审计，严防企业操纵研发费用。虽然高管在职消费是一种隐性激励，非高管员工可能并不容易觉察到，但哪有“不透风的墙”。

高管在职消费被非高管员工（包括企业核心员工）觉察到后，在中国“均平”的儒家传统文化下，可能影响非高管员工参与企业创新的积极性，进而降低创新效率。因此，我们必须治理监督好高管在职消费，杜绝在职消费中的高管自娱性消费。即使非高管员工觉察到了不包含自娱性消费的正常在职消费，因正常在职消费的合理性，其也不会影响到非高管员工参与创新的积极性。如企业创新投入增加，创新效率不降低，从而企业创新产出增加。

5.3 研究展望

企业内部薪酬差距是社会不平衡发展的一大组成部分，因此，企业内部高管员工薪酬差距受到政府和学者的普遍关注。由前文文献回顾可知，现有文献主要关注了各企业之间高管薪酬差距、企业内部高管之间薪酬差距、企业内部高管与员工之间薪酬差距的经济后果，其实企业之间的员工薪酬差距的经济后果可能也值得去研究，企业内部薪酬差距的经济后果也还存在深入研究的余地。根据对企业的调研，企业内部高管、核心员工、研发人员、普通员工之间的薪酬差距的影响都值得关注。不过，从目前公开的数据还无法获得核心员工、研发人员的平均薪酬，所以本书也只是重点考察了企业内部高管员工薪酬差距对创新的影响。如果未来能获得核心员工、研发人员的平均薪酬，则可以深入研究企业内部高管、核心员工、研发人员、普通员工之间的薪酬差距的影响。国外有关文献还研究了企业内部研发人员之间薪酬差距、企业内部员工之间薪酬差距的经济后果，由于目前在中国从公开数据库中难以获得企业内部研发人员之间薪酬差距、企业内部员工之间薪酬差距的数据，所以目前国内缺乏这方面的研究。

本书从在职消费对高管激励的视角，研究隐性薪酬差距对企业创新的影响，但值得注意的是，中层领导甚至部分普通职工也可能享用一定的在职消费（比如其中的业务招待费）。因此，现有文献包括本书关于企业高管在职消费的计量方法有待进一步改进。在国家有关部门对国有企业高管实施“限薪”的背景下，高管在职消费是货币薪酬和股权薪酬的重要补充，所以关于在职消费对公司治理的影响研究将得到进一步发展。

参 考 文 献

[1] 蔡蕾，李心合．税率调整、公司避税与管理层在职消费 [J]．财经科学，2016 (10)：68—80.

[2] 蔡芸，陈淑玉，任成．高管—员工薪酬差距对企业绩效的影响——基于沪深A股上市公司的面板门限回归分析 [J]．北京工商大学学报（社会科学版）：2019，34 (02)：52—62.

[3] 陈丁，李玉彤，张顺．薪酬差距、管理者相对心理感知与企业绩效 [J]．北京工商大学学报（社会科学版）：2019，34 (04)：87—99.

[4] 陈冬华，陈信元，万华林．国有企业中的薪酬管制与在职消费 [J]．经济研究，2005 (02)：92—101.

[5] 陈冬华，梁上坤，蒋德权．不同市场化进程下高管激励契约的成本与选择：货币薪酬与在职消费 [J]．会计研究，2010 (11)：56—64 +97.

[6] 陈晓珊．公司内外联合治理、在职消费与公司绩效——基于国企改革视角的实证研究 [J]．当代经济科学，2016，38 (04)：107—116 +128.

[7] 陈晓珊．异质性企业高管在职消费与货币薪酬的治理效应研究——兼论在职消费的“代理观”与“效率观” [J]．云南财经大学学报，2017，33 (01)：115—125.

[8] 陈晓珊，刘洪铎．高管在职消费与产品市场竞争的公司治理效应：替代还是互补? [J]．浙江工商大学学报，2019 (04)：54—69.

[9] 陈效东．谁才是企业创新的真正主体：高管人员还是核心员工 [J]．财贸经济，2017，38 (12)：127—144.

[10] 陈怡秀，孙世敏．高管在职消费对公司业绩的影响机制——基于经济性质视角 [J]．技术经济，2018，37 (06)：120—129.

[11] 陈怡秀，孙世敏，屠立鹤 [J]．在职消费经济效应的影响因素——基

于高管异质性视角的研究［J］. 经济管理，2017，39（05）：85—100.

［12］陈震，张鸣. 高管层内部的级差报酬研究［J］. 中国会计评论，2006（01）：15—28.

［13］程仲鸣，夏新平，余明桂. 政府干预、金字塔结构与地方国有上市公司投资［J］. 管理世界，2008（09）：37—47.

［14］池国华，郭芮佳. 控股股东股权质押会降低高管超额在职消费水平吗？——基于中国上市公司的实证分析［J］. 科学决策，2020（02）：1—23.

［15］池国华，朱俊卿. 业绩考核制度可以抑制央企高管隐性腐败吗？——基于薪酬契约激励效率的中介效应检验［J］. 中南财经政法大学学报，2020（06）：1—13.

［16］褚剑，方军雄. 政府审计能够抑制国有企业高管超额在职消费吗？［J］. 会计研究，2016（09）：82—89.

［17］代彬，谈星辰，刘星. 党组织嵌入能否遏制国企高管自利行为？——来自中国国有上市公司的经验证据［J］. 西部论坛，2020（06）：1—17.

［18］党力，杨瑞龙，杨继东. 反腐败与企业创新：基于政治关联的解释［J］. 中国工业经济，2015（07）：146—160.

［19］窦祥胜，王再锋，张睿熊. 内部控制对高管薪酬和在职消费的影响［J］. 商业研究，2017（05）：109—113.

［20］杜兴强，王丽华. 高层管理当局薪酬与上市公司业绩的相关性实证研究［J］. 会计研究，2007（01）：58—65+93.

［21］范柏乃，段忠贤，江蕾. 中国自主创新政策：演进、效应与优化［J］. 中国科技论坛，2013（09）：5—12.

［22］方军雄. 高管权力与企业薪酬变动的非对称性［J］. 经济研究，2011（04）：107—120.

［23］冯根福，温军. 中国上市公司治理与企业技术创新关系的实证分析［J］. 中国工业经济，2008（07）：91—101.

［24］冯根福，赵珏航. 管理者薪酬、在职消费与公司绩效——基于合作博弈的分析视角［J］. 中国工业经济，2012（06）：147—158.

［25］傅颀，贾秋国，徐静. 薪酬差距对企业创新的影响研究［J］. 财经论丛，2020（05）：75—82.

［26］傅颀，汪祥耀. 所有权性质、高管货币薪酬与在职消费——基于管理

层权力的视角［J］．中国工业经济，2013（12）：104—116.

［27］傅沂，姚倩文．垂直薪酬差距对企业创新“质”与“量”的影响研究［J］．科技进步与对策，2018（12）：1—8.

［28］高良谋，卢建词．内部薪酬差距的非对称激励效应研究——基于制造业企业数据的门限面板模型［J］．中国工业经济，2015（08）：114—129.

［29］耿云江，王海雯．在职消费粘性与媒体监督——基于产权视角的实证检验［J］．财经问题研究，2017（03）：42—48.

［30］耿云江，王明晓．超额在职消费、货币薪酬业绩敏感性与媒体监督——基于中国上市公司的经验证据［J］．会计研究，2016（09）：55—61.

［31］巩娜，刘清源．CEO 还是 TMT——民营上市公司高管薪酬差距对于企业研发的影响［J］．南方经济，2015（01）：85—103.

［32］谷丰，张林，张凤元．生命周期、高管薪酬激励与企业创新投资——来自创业板上市公司的经验证据［J］．中南财经政法大学学报，2018（01）：146—156.

［33］郝颖，谢光华，石锐．外部监管、在职消费与企业绩效［J］．会计研究，2018（08）：42—48.

［34］黄贤环，王瑶．国有企业限薪抑制了全要素生产率的提升吗［J］．上海财经大学学报，2020（01）：34—50.

［35］霍晓萍，李华伟，邱赛．混合所有制、高管薪酬与技术创新［J］．会计之友，2019（04）：146—152.

［36］贾婧，周晓苏，吴锡皓．所有权性质、稳健性与代理成本——基于在职消费的视角［J］．预测，2017，36（01）：47—53.

［37］江伟，吴静桦，胡玉明．高管—员工薪酬差距与企业创新——基于中国上市公司的经验研究［J］．山西财经大学学报，2018，40（06）：74—88.

［38］江轩宇．政府放权与国有企业创新——基于地方国企金字塔结构视角的研究［J］．管理世界，2016（09）：120—135.

［39］姜付秀，黄继承．经理激励、负债与企业价值［J］．经济研究，2011（05）：46—60.

［40］蒋涛，廖歆欣．货币薪酬结构与在职消费——替代还是互补［J］．重庆大学学报（社会科学版），2020（05）：1—16.

［41］解维敏．锦标赛激励促进还是抑制企业创新？［J］．中国软科学，2017

(10)：104—113.

[42] 康华，程成，朱文璟. 高管内部薪酬差距、经营风险与企业研发投入 [J]. 预测，2020，39 (01)：51—58.

[43] 孔东民，徐茗丽，孔高文. 企业内部薪酬差距与创新 [J]. 经济研究，2017 (10)：144—157.

[44] 雷霆，周嘉南. 股权激励、高管内部薪酬差距与权益资本成本 [J]. 管理科学，2014 (06)：12—26.

[45] 黎文靖，岑永嗣，胡玉明. 外部薪酬差距激励了高管吗——基于中国上市公司经理人市场与产权性质的经验研究 [J]. 南开管理评论，2014 (04)：24—35.

[46] 黎文靖，池勤伟. 高管职务消费对企业业绩影响机理研究——基于产权性质的视角 [J]. 中国工业经济，2015 (04)：122—134.

[47] 黎文靖，胡玉明. 国企内部薪酬差距激励了谁? [J]. 经济研究，2012 (12)：125—136.

[48] 李春涛，宋敏. 中国制造业企业的创新活动：所有制和 CEO 激励的作用 [J]. 经济研究，2010 (05)：55—67.

[49] 李钢，沈可挺，郭朝先. 中国劳动密集型产业竞争力提升出路何在——新《劳动合同法》实施后的调研 [J]. 中国工业经济，2009 (09)：37—46.

[50] 李平，许家云. 国际智力回流的技术扩散效应研究——基于中国地区差异及门槛回归的实证分析 [J]. 经济学 (季刊)，2011 (03)：935—964.

[51] 李绍龙，龙立荣，贺伟. 高管团队薪酬差异与企业绩效关系研究：行业特征的跨层调节作用 [J]. 南开管理评论，2012 (04)：55—65.

[52] 李文贵，邵毅平. 薪酬差距、高管的政府任职经历与国有企业创新 [J]. 南京审计大学学报，2017 (02)：20—28.

[53] 李文贵，余明桂. 民营化企业的股权结构与企业创新 [J]. 管理世界，2015 (04)：112—125.

[54] 李焰，秦义虎，黄继承. 在职消费、员工工资与企业绩效 [J]. 财贸经济，2010 (07)：60—68.

[55] 李追阳，余明桂. "双重管制" 对企业创新的影响研究 [J]. 管理学报，2018，15 (08)：1177—1186.

[56] 梁上坤，张宇，王彦超. 内部薪酬差距与公司价值——基于生命周期

理论的新探索 [J]. 金融研究，2019 (04)：188—206.

[57] 梁勇，干胜道，孙宋芝. 自由现金流量和机构投资者对在职消费的影响 [J]. 财经问题研究，2017 (03)：49—54.

[58] 廖歆欣，刘运国. 企业避税、信息不对称与管理层在职消费 [J]. 南开管理评论，2016 (02)：87—99.

[59] 廖歆欣，刘运国，蓝海林. 社会地位、在职消费与激励绩效 [J]. 南方经济，2019 (07)：34—53.

[60] 林浚清，黄祖辉，孙永祥. 高管团队内薪酬差距、公司绩效和治理结构 [J]. 经济研究，2003 (04)：31—40 + 92.

[61] 林琳，潘琰. 管制政策、高管权力维度与国企超额在职消费 [J]. 郑州大学学报（哲学社会科学版），2019，52 (04)：52—58.

[62] 林炜. 企业创新激励：来自中国劳动力成本上升的解释 [J]. 管理世界，2013 (10)：95—105.

[63] 刘超，阮永平，刘溢华. 同姓关系对高管在职消费的影响研究 [J]. 管理学报，2019，16 (12)：1781—1789.

[64] 刘春，孙亮. 薪酬差距与企业绩效：来自国企上市公司的经验证据 [J]. 南开管理评论，2010 (02)：30—39 + 51.

[65] 刘飞，杜建华，Chao Bian. 股票卖空压力能否抑制高管的在职消费？——基于中国融资融券的自然实验证据 [J]. 管理评论，2020，32 (01)：40—55.

[66] 刘思彤，张启銮，李延喜. 高管内部薪酬差距能否抑制企业风险承担？[J]. 科研管理，2018 (03)：189—199 + 225.

[67] 刘艳霞，祁怀锦. 管理者自信会影响在职消费吗？——兼论融资融券制度的公司外部治理效应 [J]. 管理评论，2019，31 (04)：187—205.

[68] 刘银国，焦健，于志军. 国有企业分红、自由现金流与在职消费——基于公司治理机制的考察 [J]. 经济学动态，2016 (04)：23—36.

[69] 刘张发，田存志. 所有权性质、在职消费与企业创新 [J]. 山西财经大学学报，2017 (09)：72—88.

[70] 刘张发，田存志，张潇. 国有企业内部薪酬差距影响生产效率吗 [J]. 经济学动态，2017 (11)：46—57.

[71] 卢锐. 企业创新投资与高管薪酬业绩敏感性 [J]. 会计研究，2014

(10)：36—42+96.

[72] 卢锐，魏明海，黎文靖．管理层权力、在职消费与产权效率——来自中国上市公司的证据 [J]. 南开管理评论，2008 (05)：85—92+112.

[73] 鲁桐，党印．投资者保护、行政环境与技术创新：跨国经验证据 [J]. 世界经济，2015 (10)：99—124.

[74] 栾甫贵，纪亚方．高管外部薪酬差距、公司治理质量与企业创新 [J]. 经济经纬，2020，37 (01)：114—122.

[75] 罗宏，黄文华．国企分红、在职消费与公司业绩 [J]. 管理世界，2008 (09)：139—148.

[76] 马玉新，吴爱萍，李华，王方．中国企业技术创新政策演变过程——基于扎根理论与加权共词分析法 [J]. 科学学与科学技术管理，2018，39 (09)：61—72.

[77] 毛其淋，许家云．政府补贴对企业新产品创新的影响——基于补贴强度“适度区间”的视角 [J]. 中国工业经济，2015 (06)：94—107.

[78] 梅洁，葛扬．国有企业管理层在职消费的政策干预效果研究——基于2012年“八项规定”出台所构建的拟自然实验 [J]. 经济学家，2016 (02)：75—83.

[79] 缪毅，胡奕明．产权性质、薪酬差距与晋升激励 [J]. 南开管理评论，2014 (04)：4—12.

[80] 缪毅，胡奕明．内部收入差距、辩护动机与高管薪酬辩护 [J]. 南开管理评论，2016 (02)：32—41.

[81] 牟韶红，李启航，陈汉文．内部控制、产权性质与超额在职消费——基于2007—2014年非金融上市公司的经验研究 [J]. 审计研究，2016 (04)：90—98.

[82] 牛建波，李胜楠，杨育龙，董晨悄．高管薪酬差距、治理模式和企业创新 [J]. 管理科学，2019，32 (02)：77—93.

[83] 潘越，汤旭东，宁博．俭以养德：儒家文化与高管在职消费 [J]. 厦门大学学报（哲学社会科学版），2020 (01)：107—120.

[84] 彭红星，毛新述，张茵．政府创新补助与公司高管自娱性在职消费——基于外部治理与积极情绪的考量 [J]. 管理评论，2020，32 (03)：122—135.

[85] 权小锋，吴世农，文芳．管理层权力、私有收益与薪酬操纵 [J]. 经

济研究，2010（11）：73—87.

[86] 施屹舟，范黎波．内部控制、盈余管理和管理者的在职消费［J］．财经问题研究，2017（07）：88—94.

[87] 孙昌玲，高鹏，王化成．实际控制人控股多家上市公司与超额在职消费［J］．商业经济与管理，2019（10）：80—89.

[88] 孙慧，任鸽．高管团队垂直薪酬差距、国际化战略与企业创新绩效——组织惯性的调节作用［J］．经济与管理评论，2020，36（02）：44—55.

[89] 孙凯，刘祥，谢波．高管团队特征、薪酬差距与创业企业绩效［J］．科研管理，2019，40（02）：116—125.

[90] 孙蕊，吴金希，王少洪．中国创新政策演变过程及周期性规律［J］．科学学与科学技术管理，2016，37（03）：13—20.

[91] 孙世敏，陈怡秀，马智颖．高管关系资源、在职消费与公司业绩［J］．财经问题研究，2018（06）：81—90.

[92] 孙世敏，柳绿，陈怡秀．在职消费经济效应形成机理及公司治理对其影响［J］．中国工业经济，2016（01）：37—51.

[93] 孙莹．战略性新兴产业公司治理、研发投入延迟效应与企业绩效关系研究［J］．科技进步与对策，2017（05）：66—72.

[94] 孙早，肖利平．产业特征、公司治理与企业研发投入——来自中国战略性新兴产业A股上市公司的经验证据［J］．经济管理，2015（08）：23—34.

[95] 唐清泉，易翠．高管持股的风险偏爱与R&D投入动机［J］．当代经济管理，2010（02）：20—25.

[96] 唐雪松，周晓苏，马如静．政府干预、GDP增长与地方国企过度投资［J］．金融研究，2010（08）：33—48.

[97] 王曾，符国群，黄丹阳，汪剑锋．国有企业CEO“政治晋升”与“在职消费”关系研究［J］．管理世界，2014（05）：157—171.

[98] 王东清，李静．市场化程度、超额在职消费与盈余管理［J］．中南大学学报（社会科学版），2017，23（04）：119—126.

[99] 王化成，高鹏，张修平．企业战略影响超额在职消费吗？［J］．会计研究，2019（03）：40—46.

[100] 王明虎，荣益辰．政治背景、廉政建设信号传递与在职消费［J］．商业经济与管理，2018（05）：87—97.

［101］王小龙，许敬轩．财政“省直管县”能够约束基层公职人员在职消费吗［J］．财贸经济，2017（06）：17—32.

［102］王小鲁，樊纲，余静文．中国分省份市场化指数报告（2016）［M］．北京：社会科学文献出版社，2017.

［103］王晓云，许家云．薪酬管制的创新效应——基于“限薪令”的准自然实验［J］．中国科技论坛，2019（12）：48—57.

［104］王新安，张春梅．媒体报道、会计信息透明度与管理者在职消费行为关系研究［J］．统计与信息论坛，2016，31（03）：97—103.

［105］温军，冯根福．异质机构、企业性质与自主创新［J］．经济研究，2012（03）：53—64.

［106］温忠麟，张雷，侯杰泰，刘红云．中介效应检验程序及其应用［J］．心理学报，2004（05）：614—620.

［107］夏立军，方轶强．政府控制、治理环境与公司价值——来自中国证券市场的经验证据［J］．经济研究，2005（05）：40—51.

［108］夏宁，董艳．高管薪酬、员工薪酬与公司的成长性——基于中国中小上市公司的经验数据［J］．会计研究，2014（09）：89—95＋97.

［109］夏芸，唐清泉．最终控制人、高管薪酬与技术创新［J］．山西财经大学学报，2011（05）：86—92.

［110］辛清泉，林斌，王彦超．政府控制、经理薪酬与资本投资［J］．经济研究，2007（08）：110—122.

［111］徐宁．高科技公司高管股权激励对R&D投入的促进效应——一个非线性视角的实证研究［J］．科学学与科学技术管理，2013（02）：12—19.

［112］徐欣，唐清泉．R&D活动、创新专利对企业价值的影响——来自中国上市公司的研究［J］．研究与发展管理，2010（04）：20—29.

［113］薛健，汝毅，窦超．“惩一”能否“儆百”？——曝光机制对高管超额在职消费的威慑效应探究［J］．会计研究，2017（05）：60—66＋89.

［114］薛云奎，白云霞．国家所有权、冗余雇员与公司业绩［J］．管理世界，2008（10）：96—105.

［115］杨婵，贺小刚，朱丽娜，王博霖．垂直薪酬差距与新创企业的创新精神［J］．财经研究，2017（07）：32—44＋69.

［116］杨德伟．股权结构影响企业技术创新的实证研究——基于我国中小板

上市公司的分析［J］. 财政研究，2011（08）：56—60.

［117］杨继伟，臧嘉琳．金融发展、高管激励与创新研发［J］. 会计之友，2018（17）：51—55.

［118］杨建君，王婷，刘林波．股权集中度与企业自主创新行为：基于行为动机视角［J］. 管理科学，2015（02）：1—11.

［119］杨蓉．契约参照点、高管薪酬激励与超额在职消费［J］. 华东师范大学学报（哲学社会科学版），2018，50（03）：113—125＋175—176.

［120］杨薇，孔东民．企业内部薪酬差距与人力资本结构调整［J］. 金融研究，2019（06）：150—168.

［121］杨兴全，陈飞，杨征．CEO 变更如何影响企业现金持有？［J］. 会计与经济研究，2020，34（02）：3—21.

［122］杨野，余应敏，陈文川．党的巡视、超额在职消费及其渠道效应——基于中共十八大反腐建设的研究［J］. 兰州大学学报（社会科学版），2019，47（04）：29—39.

［123］杨志强，王华．公司内部薪酬差距、股权集中度与盈余管理行为——基于高管团队内和高管与员工之间薪酬的比较分析［J］. 会计研究，2014（06）：57—65＋97.

［124］于双丽，权小锋．空气质量对高管在职消费的影响——基于中国上市公司的经验证据［J］. 苏州大学学报（哲学社会科学版），2020，41（01）：113—123.

［125］余明桂，钟慧洁，范蕊．业绩考核制度可以促进央企创新吗？［J］. 经济研究，2016（12）：104—117.

［126］虞义华，赵奇锋，鞠晓生．发明家高管与企业创新［J］. 中国工业经济，2018（03）：137—155.

［127］翟胜宝，徐亚琴，杨德明．媒体能监督国有企业高管在职消费么？［J］. 会计研究，2015（05）：57—63＋95.

［128］翟淑萍，毕晓方，李欣．薪酬差距激励了高新技术企业创新吗？［J］. 科学决策，2017（06）：1—28.

［129］张宏亮，王靖宇，王法锦．限薪背景下晋升激励与国企高管在职消费的实证研究［J］. 经济与管理，2018，32（01）：80—86.

［130］张洪辉，夏天，王宗军．公司治理对我国企业创新效率影响实证研究

[J]．研究与发展管理，2010（03）：44—50.

［131］张洪辉，章琳一．国有公司高管在职消费与风险承担：效率促进还是代理冲突？[J]．江西财经大学学报，2018（01）：50—58.

［132］张奇峰，戴佳君，樊飞．政治联系、隐性激励与企业价值——以民营企业在职消费为例［J］．会计与经济研究，2017，31（03）：56—71.

［133］张蕊，管考磊．高管薪酬差距会诱发侵占型职务犯罪吗？——来自中国上市公司的经验证据［J］．会计研究，2016（09）：47—54.

［134］张蕊，王洋洋，廖佳．关键下属高管晋升锦标赛的创新激励效应研究[J]．会计研究，2020（02）：143—153.

［135］张铁铸，沙曼．管理层能力、权力与在职消费研究［J］．南开管理评论，2014（05）：63—72.

［136］张文婷，郭淑娟．在职消费对技术创新投入的影响——基于高管权力视角［J］．领导科学，2017（29）：35—37.

［137］张晓亮，文雯，宋建波．学者型 CEO 更加自律吗？——学术经历对高管在职消费的影响［J］．经济管理，2020，42（02）：106—126.

［138］张兴亮，夏成才．非 CEO 高管患寡还是患不均［J］．中国工业经济，2016（09）：144—160.

［139］张修平，高鹏．公司财务行为的传染效应——基于在职消费的证据[J]．中央财经大学学报，2019（10）：68—80.

［140］张正堂．企业内部薪酬差距对组织未来绩效影响的实证研究［J］．会计研究，2008（09）：81—87.

［141］周军，吕晞雯，杨茗．外部监督对国企高管在职消费的治理效果研究[J]．财经问题研究，2018（01）：116—122.

［142］周铭山，张倩倩．“面子工程”还是“真才实干”？——基于政治晋升激励下的国有企业创新研究［J］．管理世界，2016（12）：116—132＋187—188.

［143］周玮，徐玉德，李慧云．政企关系网络、在职消费与市场化制度建设[J]．统计研究，2011（02）：53—58.

［144］周煌皓．我国企业创新融资约束结构性特征的表现、成因及治理研究[J]．管理世界，2017（04）：184—185.

［145］周泽将，汪帅．本地独立董事能否有效抑制国有企业高管在职消费？

[J]. 北京工商大学学报（社会科学版），2020，35（01）：35—49.

[146] 朱琪，关希如．高管团队薪酬激励影响创新投入的实证分析［J］. 科研管理，2019，40（08）：253—262.

[147] Adams, J. S.. Towards an understanding of inequity [J]. *The Journal of Abnormal and Social Psychology*, 1963, 67 (5): 422.

[148] Adithipyangkul, P., Alon, I., & Zhang, T.. Executive perks: Compensation and corporate performance in China [J]. *Asia Pacific Journal of Management*, 2011, 28 (2), 401—425.

[149] Al-edenat, M.. Reinforcing innovation through transformational leadership: Mediating role of job satisfaction [J]. *Journal of Organizational Change Management*, 2018, 31 (4), 810—838.

[150] Bai, C. E., & Xu, L. X. C.. Incentives for CEOs with multitasks: Evidence from Chinese state-owned enterprises [J]. *Journal of Comparative Economics*, 2005, 33 (3), 517—539.

[151] Balkin, D. B., Markman, G. D., & Gomez-Mejia, L. R.. Is CEO pay in high-technology firms related to innovation? [J]. *Academy of Management Journal*, 2000, 43 (6), 1118—1129.

[152] Baron, R. M., & Kenny, D. A.. The moderator-mediator variable distinction in social psychological research: Conceptual, strategic, and statistical considerations [J]. *Journal of Personality and Social Psychology*, 1986, 51 (6), 1173—1182.

[153] Bertrand, M., & Mullainathan, S.. Enjoying the Quiet Life? Corporate Governance and Managerial Preferences [J]. *Journal of Political Economy*, 2003, 111 (5), 1043—1075.

[154] Bradley, D., Kim, I., & Tian, X.. Do Unions Affect Innovation [J]. *Management Science*, 2017, 63 (7), 2251—2271.

[155] Bryson, A., Forth, J., & Zhou, M.. Same or different? The CEO labour market in China's public listed companies [J]. *The Economic Journal*, 2014, 124 (574), 90—108.

[156] Chen, D., Li, O. Z., & Liang, S.. Perk consumption as a suboptimal outcome under pay regulations [J]. *Asia-pacific Journal of Accounting & Economics*,

2015, 23 (4), 373—399.

[157] Connelly, B. L., Tihanyi, L., Crook, T. R., & Gangloff, K. A.. Tournament theory thirty years of contests and competitions [J]. *Journal of Management*, 2014, 40 (1), 16—47.

[158] Cornett, M. M., Mcnutt, J. J., & Tehranian, H.. Corporate governance and earnings management at large U. S. bank holding companies [J]. *Journal of Corporate Finance*, 2009, 15 (4), 412—430.

[159] Crosby, F.. Relative deprivation in organizational settings [J]. *Research in Organizational Behavior*, 1984.

[160] David, P., Hitt, M. A., & Gimeno, J.. The influence of activism by institutional investors on R&D [J]. *Academy of Management Journal*, 2001, 44 (1), 144—157.

[161] Eisfeldt, A. L., & Papanikolaou, D.. Organization capital and the cross-section of expected returns [J]. *The Journal of Finance*, 2013, 68 (4), 1365—1406.

[162] Eriksson, T.. Executive compensation and tournament theory: Empirical tests on danish data [J]. *Journal of Labor Economics*, 1999, 17 (2), 262—280.

[163] Faleye, O., Reis, E., & Venkateswaran, A.. The determinants and effects of CEO-employee pay ratios [J]. *Journal of Banking and Finance*, 2013, 37 (8), 3258—3272.

[164] Ferrer-i-Carbonell, A., & Frijters, P.. How important is methodology for the estimates of the determinants of happiness? [J]. *Economic Journal*, 2004, 114 (497), 641—659.

[165] Firth, M., Fung, P. M., & Rui, O. M.. Corporate performance and CEO compensation in China [J]. *Journal of Corporate Finance*, 2006, 12 (4), 693—714.

[166] Firth, M., Leung, T. Y., Rui, O. M., & Na, C.. Relative pay and its effects on firm efficiency in a transitional economy [J]. *Journal of Economic Behavior & Organization*, 2015, 110, 59—77.

[167] Francis, J., & Smith, A. J.. Agency costs and innovation some empirical evidence [J]. *Journal of Accounting and Economics*, 1995, 19 (2), 383—409.

[168] Hansen, B. E.. Threshold effects in non-dynamic panels: Estimation, testing and inference [J]. *Journal of Econometrics*, 1999, 93 (2), 345—368.

[169] Jensen, M. C., & Meckling, W. H.. Theory of the firm: Managerial behavior, agency costs and ownership structure [J]. *Journal of Financial Economics*, 1976, 3 (4), 305—360.

[170] Jia, N., Tian, X., & Zhang, W.. The real effects of tournament incentives: The case of firm innovation [J]. *SSRN Working Paper*, 2016.

[171] Kim, J., & Koo, K.. Does CEO pay disparity enhance or impede innovation performance? [J]. *Working Paper*, 2016.

[172] Kini, O., & Williams, R.. Tournament incentives, firm risk, and corporate policies [J]. *Journal of Financial Economics*, 2012, 103 (2), 350—376.

[173] Kochhar, R., & David, P.. Institutional investors and firm innovation: A test of competing hypotheses [J]. *Strategic Management Journal*, 1996, 11 (1), 73—84.

[174] Krusinskas, R., Norvaisiene, R., Lakstutiene, A., & Vaitkevicius, S.. Investment, innovation and firm performance: Empirical evidence from small manufacturing industries [J]. *Journal of Finance and Economics*, 2015, 3 (6), 122—131.

[175] Lambert, R. A., & Larcker, D. F.. The structure of organizational incentives [J]. *Administrative Science Quarterly*, 1993, 38 (3), 438—461.

[176] Lazear, E. P., & Rosen, S.. Rank-order tournaments as optimum labor contracts [J]. *Journal of Political Economy*, 1981, 89 (5), 841—864.

[177] Lin, C., Lin, P., Song, F. M., & Li, C.. Managerial incentives, CEO characteristics and corporate innovation in China's private sector [J]. *Journal of Comparative Economics*, 2009, 39 (2), 176—190.

[178] Luo, W., Zhang, Y., & Zhu, N.. Bank ownership and executive perquisites: New evidence from an emerging market [J]. *Journal of Corporate Finance*, 2011, 17 (2), 352—370.

[179] Main, B. G. M., Oreilly, C. A., & Wade, J. B.. Top executive pay: Tournament or teamwork? [J]. *Journal of Labor Economics*, 1993, 11 (4), 606—628.

[180] Maury, B., & Pajuste, A.. Multiple large shareholders and firm value [J]. *Journal of Banking and Finance*, 2005, 29 (7), 1813—1834.

[181] Rajan, R. G., & Wulf, J.. Are perks purely managerial excess [J]. *Journal of Financial Economics*, 2004, 79 (1), 1—33.

[182] Richardson, S. A.. Over-investment of free cash flow [J]. *Review of Accounting Studies*, 2006, 11, 159—189.

[183] Rosen, S.. Prizes and Incentives in Elimination Tournaments [J]. *The American Economic Review*, 1985, 76 (4).

[184] Shen, C. H., & Zhang, H.. Tournament incentives and firm innovation [J]. *Review of Finance*, 2017.

[185] Siegel, P., & Hambrick, D.. Business strategy and the social psychology of top management teams [J]. *Advances in Strategic Management*, 1996, 13, 91—119.

[186] Sobel, M. E.. Asymptotic confidence intervals for indirect effects in structural equation models [J]. *Sociological Methodology*, 1982, 13, 290—312.

[187] Tenev, S. V., Zhang, C., & Brefort, L. J.. *Corporate Governance and Enterprise Reform in China: Building the Institutions of Modern Markets* [M]. World Bank and International Finance Corporation, 2002.

[188] Wang, T., Zhao, B., & Thornhill, S.. Pay dispersion and organizational innovation: The mediation effects of employee participation and voluntary turnover [J]. *Human Relations*, 2015, 68 (7), 1155—1181.

[189] Williams, M. L., Mcdaniel, M. A., & Nguyen, N. T.. A meta-analysis of the antecedents and consequences of pay level satisfaction [J]. *Journal of Applied Psychology*, 2006, 91 (2), 392—413.

[190] Wong, T. J.. Corporate governance research on listed firms in China: institutions, governance and accountability [J]. *Foundations and Trends in Accounting*, 2016, 9 (4), 259—326.

[191] Wright, P., Ferris, S. P., Sarin, A., & Awasthi, V.. Impact of corporate insider, blockholder, and institutional equity ownership on firm risk taking [J]. *Academy of Management Journal*, 1996, 39 (2), 441—458.

[192] Xu, N., Li, X., Yuan, Q., & Chan, K. C.. Excess perks and stock

price crash risk: Evidence from China [J]. *Journal of Corporate Finance*, 2014, 25, 419—434.

[193] Yanadori, Y., & Cui, V.. Creating incentives for innovation? The relationship between pay dispersion in R&D groups and firm innovation performance [J]. *Strategic Management Journal*, 2013, 34 (12), 1502—1511.

[194] Yermack, D.. Flights of fancy: Corporate jets, CEO perquisites, and inferior shareholder returns [J]. *Journal of Financial Economics*, 2006, 80 (1), 211—242.

[195] Zhang, A., Zhang, Y., & Zhao, R.. A study of the R&D efficiency and productivity of Chinese firms [J]. *Journal of Comparative Economics*, 2003, 31 (3), 444—464.

附录一 《十八届中央政治局关于改进工作作风、密切联系群众的八项规定（摘要）》

（2012 年 12 月 4 日中共中央政治局会议审议通过）

2012 年 12 月 4 日，中共中央政治局召开会议，审议通过了《十八届中央政治局关于改进工作作风、密切联系群众的八项规定》，其主要内容如下：

一、要改进调查研究。到基层调研要深入了解真实情况，总结经验、研究问题、解决困难、指导工作，向群众学习、向实践学习，多同群众座谈，多同干部谈心，多商量讨论，多解剖典型，多到困难和矛盾集中、群众意见多的地方去，切忌走过场、搞形式主义；要轻车简从、减少陪同、简化接待，不张贴悬挂标语横幅，不安排群众迎送，不铺设迎宾地毯，不摆放花草，不安排宴请。

二、要精简会议活动。切实改进会风，严格控制以中央名义召开的各类全国性会议和举行的重大活动，不开泛泛部署工作和提要求的会，未经中央批准一律不出席各类剪彩、奠基活动和庆祝会、纪念会、表彰会、博览会、研讨会及各类论坛；提高会议实效，开短会、讲短话，力戒空话、套话。

三、要精简文件简报。切实改进文风，没有实质内容、可发可不发的文件、简报一律不发。

四、要规范出访活动。从外交工作大局需要出发合理安排出访活动，严格控制出访随行人员，严格按照规定乘坐交通工具，一般不安排中资机构、华侨华人、留学生代表等到机场迎送。

五、要改进警卫工作。坚持有利于联系群众的原则，减少交通管制，一般情况下不得封路、不清场闭馆。

六、要改进新闻报道。中央政治局同志出席会议和活动应根据工作需要、新闻价值、社会效果决定是否报道，进一步压缩报道的数量、字数、时长。

七、要严格文稿发表。除中央统一安排外，个人不公开出版著作、讲话单行本，不发贺信、贺电，不题词、题字。

八、要厉行勤俭节约。严格遵守廉洁从政有关规定，严格执行住房、车辆配备等有关工作和生活待遇的规定。

附录二 《关于合理确定并严格规范中央企业负责人履职待遇、业务支出的意见》

（2014年8月18日 中共中央办公厅中办发〔2014〕51号发布）

为贯彻落实党的十八届三中全会精神，根据中央八项规定精神和《党政机关厉行节约反对浪费条例》规定，现就合理确定并严格规范中央企业负责人（以下简称企业负责人）履职待遇、业务支出提出以下意见。

一、重要意义

近年来，各有关部门认真贯彻落实党中央、国务院的要求，积极指导中央企业建立健全企业负责人职务消费管理制度，不断规范管理并取得积极成效。但实践中仍然存在一些企业负责人配置豪华办公用房、超标准配备公务用车、违反业务财经纪律用公款为个人办理消费卡、招待铺张浪费等突出问题，社会对此反映强烈。合理确定并严格规范企业负责人履职待遇和业务支出，严肃财经纪律，严禁用公款支付个人消费，对于促进中央企业加强党风廉政建设，健全激励约束机制，树立良好社会形象，具有重要意义。各有关部门和中央企业要充分认识这项工作的重要性和紧迫性，紧密结合企业实际，加强组织领导和监督管理，切实把这项工作抓紧抓好，务求取得扎扎实实的效果。

二、适用范围和基本原则

（一）适用范围

本意见适用于党的机关、人大机关、行政机关、政协机关、审判机关、检察机关以及中央和国家机关各部委、各人民团体所属的中央企业。企业负责人是指上述中央企业的领导班子成员。

（二）基本原则

坚持依法依规。根据国家法律法规和相关规定，结合企业生产经营实际，坚决杜绝企业承担个人消费支出的行为。

坚持廉洁节俭。反对讲排场、比阔气，反对铺张浪费，坚决抵制享乐主义和奢靡之风。

坚持规范透明。通过完善制度、预算管理、加强监督，建立健全严格规范、公开、透明的企业负责人履职待遇、业务支出管理制度体系。

三、合理确定履职待遇

履职待遇是指为企业负责人履行工作职责提供的工作保障和条件，主要包括公务用车、办公用房、培训等。

（一）公务用车

企业负责人按照1人1车或多人1车配备公务用车，企业主要负责人公务用车配备（包括购置、租赁）标准为排气量2.5升（含）以下，购车价格（不含车辆购置税）在38万元以新配备公务用车要严格执行配备标准，选用国产汽车，优先选用新能源汽车，不得增加高档配置或豪华内饰。不得以任何方式换用、借用、占用子企业或其他有利益关系的单位和个人的车辆。企业负责人未配备公务用车而发放公务交通补贴的，企业要制定实施办法，合理确定补贴标准。

（二）办公用房

企业负责人原则上只能配置使用一处办公用房，确因异地工作需要另行配置办公用房的，应当严格履行企业内部审核程序。企业主要负责人办公用房使用面积标准按照不超过80平方米控制。严禁超标准新建办公用房，严禁豪华装饰办公用房，不得长期租用宾馆、酒店房间作为办公用房。

（三）培训

要围绕提高企业负责人政治和专业素质、创新和经营管理能力开展必要的培训。企业负责人参加各种学历教育以及为取得学位而参加在职教育的费用必须由个人承担。

四、严格规范业务支出

业务支出是指企业负责人在生产经营活动中因履行工作职责所发生的费用支出，主要包括业务招待、国内差旅、因公临时出国（境）、通信等方面的支出。

（一）业务招待。企业负责人开展商务和外事活动的请客、赠送纪念品等，要严格按照有关部门确定的标准执行。其他公务招待活动参照党政机关公务接待标准执行，不得赠送纪念品。不得将业务招待费用以会议、培训、调研等费用的名义虚列、隐匿。

（二）国内差旅和因公临时出国（境）企业要根据国家有关规定和财务会计制度，合理确定企业负责人国内差旅和因公临时出国（境）乘坐交通工具的类型和等级，以及住宿、就餐等标准。除特殊情况外，不得乘坐民航包机或私人、企业和外国航空公司的包机，不得租用商务机。严格规范国（境）外接待工作，严禁超标准接待。严禁用公款或变相用公款在国内和出国（境）旅游。

（三）通信。企业要参考电信市场资费标准合理确定企业负责人通信费用年度预算额度，在预算额度内按照财务制度严格规范执行。

五、严肃财经纪律，严禁公款用于个人支出

除按照本意见所规定的保障企业负责人履职待遇和业务支出之外，严禁违反财经纪律，用公款支付企业负责人个人支出。

（一）严禁按照职务为企业负责人个人设置定额消费。取缔企业用公款为企业负责人办理的理疗保健卡、运动健身卡、会所和俱乐部会员卡、高尔夫等各种消费卡。

（二）严禁用公款支付履行工作职责以外的、应当由个人承担的消费娱乐活动、宴请、赠送礼品及培训等各种费用，坚决制止用公款支付与企业经营管理无关的各种消费行为。

（三）严禁企业负责人向子企业和其他有利益关系的单位转移各种个人费用支出。

（四）企业负责人退休或调离本企业后，企业不得继续为其提供履职待遇、业务支出。

六、加强监督管理

（一）明确管理责任。各有关部门要按照监管职责对所属企业负责人履职待遇、业务支出管理进行指导监督。各企业要对本企业集团总部和各级子企业负责人履职待遇、业务支出进行规范管理和指导监督，通过制度规范和严格程序层层落实监管责任。企业主要负责人对此项工作负主要责任，分管负责人和总会计师负分管责任。

（二）健全管理制度。各有关部门要研究制定规范所属企业负责人履职待遇、业务支出的具体规定和相关标准。各企业要按照各有关部门要求，制定本企业集团总部和各级子企业负责人履职待遇、业务支出管理的实施细则，细化管理规定，严格审核程序，明确相关标准。

（三）实施预算管理。各企业要将企业负责人履职待遇业务支出纳入年度预算管理，明确预算编制、审核、调整、动态监测及执行等规定和程序。各有关部门要对所属企业负责人履职待遇、业务支出年度预算实行备案管理，并作为经济责任审计和企业内部审计的重要内容。企业内部要逐级实施预算管理，建立审批制度，将预算管理落实到位。

（四）坚持公开透明。企业各级负责人应当将个人履职待遇、业务支出年度预算及执行情况等，作为民主生活会、年度述职述廉的重要内容，接受监督和民主评议。企业各级负责人履职待遇和业务支出管理制度、年度预算及执行情况，要按照规定以向职工代表大会报告等形式定期公开，接受职工监督。

（五）加强监督检查。外派监事会、巡视组、审计部门等要将合理确定并严格规范企业负责人履职待遇、业务支出情况纳入工作范围，形成企业内外部、多层次、全方位的监督合力。企业要积极接受社会监督，及时解决存在的问题。建立健全责任追究制度，对违反本意见或者其他有关规定的企业负责人，给予党纪政纪处分和经济处罚；涉嫌犯罪的移送司法机关依法处理。

各省、自治区、直辖市及计划单列市和新疆生产建设兵团要按照本意见要求，结合本地区实际，制定本地区国有企业负责人履职待遇、业务支出管理具体办法，指导监督本地区国有企业合理确定并严格规范各级企业负责人履职待遇、业务支出，严禁公款用于个人支出。

附录三 《关于加强技术创新，发展高科技，实现产业化的决定》

（1999 年 8 月 20 日 中共中央国务院中发〔1999〕14 号发布）

我国即将进入实施现代化建设第三步战略的关键时期。在 21 世纪，把中国建设成为更加繁荣富强的社会主义现代化国家，是全党和全国各族人民肩负的伟大历史使命。当今世界，科学技术日新月异，以信息技术、生物技术为代表的高新技术及其产业迅猛发展，深刻影响着各国的政治、经济、军事、文化等方面。在以经济实力、国防实力和民族凝聚力为主要内容的日趋激烈的综合国力竞争中，能否在高新技术及其产业领域占据一席之地已经成为竞争的焦点，成为维护国家主权和经济安全的命脉所在。我们既面临着严峻的挑战，又拥有难得的机遇。新中国成立 50 年来特别是改革开放以来，我国科技事业取得了举世瞩目的巨大成就。科技体制改革取得明显进展，广大科技人员为社会主义现代化建设作出了突出贡献。但是，科技与经济脱节的问题还没有从根本上得到解决。科技向现实生产力转化能力薄弱、高新技术产业化程度低，依然是制约我国经济发展的一大障碍。我们必须按照党的十五大提出的要求，“要充分估量未来科学技术特别是高技术发展对综合国力、社会经济结构和人民生活的巨大影响，把加速科技进步放在经济社会发展的关键地位”，通过深化改革，从根本上形成有利于科技成果转化的体制和机制，加强技术创新，发展高科技，实现产业化。这既是解决我国经济发展面临的深层问题、进一步提高国民经济整体素质和综合国力、实现跨越式发展的紧迫要求，也是应对国际竞争、确保中华民族在新世纪立于不败之地的战略抉择。

一、加强技术创新，发展高科技，实现产业化，推动社会生产力跨越式发展

1. 创新是一个民族进步的灵魂，是国家兴旺发达的不竭动力。加强技术创

新，发展高科技，实现产业化，核心是全面落实邓小平同志关于“科学技术是第一生产力”“高科技领域的一个突破，带动一批产业的发展”“发展高科技，实现产业化”等重要思想，从体制、机制、政策等各方面，促进科技与经济的紧密结合，把我国的科技实力变成现实的第一生产力，使我国的综合国力迎头赶上国际先进水平。

技术创新，是指企业应用创新的知识和新技术、新工艺，采用新的生产方式和经营管理模式，提高产品质量，开发生产新的产品，提供新的服务，占据市场并实现市场价值。企业是技术创新的主体。技术创新是发展高科技、实现产业化的重要前提。

发展高科技，实现产业化，即高新技术成果商品化、产业化，要从体制改革入手，激活现有科技资源，加强面向市场的研究开发，大力推广、应用高新技术和适用技术，使科技成果迅速而有效地转化为富有市场竞争力的商品；改造传统产业，发展现有高新技术产业，形成一批由技术创新突破带动的新兴产业。

在推进技术创新和高新技术成果商品化、产业化的工作中，要把市场需求、社会需求和国家安全需求作为研究开发的基本出发点，强化企业的技术创新主体地位，充分发挥市场机制在配置科技资源、引导科技活动方面的基础性作用，推动大多数科技力量进入市场创新创业；要以改革为动力，深化经济体制、科技体制、教育体制的配套改革，推进国家创新体系建设，为高新技术成果商品化、产业化提供有效的体制保障。

加强技术创新，发展高科技，实现产业化，必须扩大对外开放，广泛开展国际合作与交流，在竞争中获得发展。要把自主研究开发与引进、消化吸收国外先进技术相结合，防止低水平重复，注意技术的集成，促进多学科的交叉、融合、渗透，联合攻关，实现在较高水平上的技术跨越，形成更多的自主知识产权；必须坚持近期目标与长远目标相结合，注重加强基础研究、战略高技术研究和重大社会公益科研工作。重大突破性创新要着眼于从基础研究抓起，不断形成新思想、新理论、新工艺，为应用研究和技术开发提供源泉，增强持续创新的能力。

2. 加强对技术创新和高新科技成果商品化、产业化的方向和重点的宏观引导。在充分运用市场机制的基础上，正确发挥政府的宏观调控作用，统筹规划，突出重点，在我国有优势、产业关联度大、市场前景好以及有利于解决国民经济重点、热点、难点问题的技术和产业领域，优选一批重大项目，集中力量，协同攻关，取得突破。

加快农业和农村经济发展中关键技术的创新和推广应用。加强信息技术、生物技术与传统农业技术的结合，研究开发一大批关键技术，特别要在优良品种培育和节水农业两大领域集中力量尽快实现新的突破，为我国农业现代化提供强有力的科技支撑。

突出高新技术产业领域的自主创新，培育新的经济增长点。在电子信息特别是集成电路设计与制造、网络及通信、计算机及软件、数字化电子产品等方面，在生物技术及新医药、新材料、新能源、航空航天、海洋等有一定基础的高新技术产业领域，加强技术创新，形成一大批拥有自主知识产权、具有竞争优势的高新技术企业。

加速传统产业的技术升级。注重电子信息等技术与传统产业的嫁接，大力开发有利于开拓国内外市场和有竞争力的新产品，提高产品的质量档次和技术附加值，开发和应用先进制造技术、工艺和装备，大幅度提高国产技术装备水平。

提高服务业的知识含量。大力推动电子商务、远程教育等新兴服务业的发展，加快高新技术在金融、咨询、贸易、文化等服务领域的应用与推广，强化服务业的竞争能力。

加强环境保护和资源综合开发利用领域的技术创新。大力发展环保技术及其产业，加快清洁能源、清洁生产相关技术及其产业的发展，加强灾害监测、预报与防治相关技术的开发和推广应用，依靠科技进步实现可持续发展战略。

大力发展军民两用技术。加快军用技术向民用领域的转移及其相关产业的发展，注重发挥高新技术在科技强军中的重要作用，军民团结协作，为国家安全提供高科技支持。

二、深化体制改革，促进技术创新和高新科技成果商品化、产业化

3. 促进企业成为技术创新的主体，全面提高企业技术创新能力。国有企业要把建立健全技术创新机制作为建立现代企业制度的重要内容，要把提高技术创新能力和经营管理水平作为企业走出困境、发展壮大的关键措施，使企业真正成为技术创新的主体。企业的生存和发展，必须以市场为导向，加强技术研究开发和科技成果的转化与应用，切实把提高经济效益转到依靠技术进步和产业升级的轨道上来。

大中型企业要建立健全企业技术中心，加速形成有利于技术创新和科技成果迅速转化的有效运行机制。要加强岗位技术培训，全面提高劳动者素质，鼓励职工广泛开展技术发明、技术革新活动。积极创造条件，以多种方式吸引更多的优

秀科技人员到企业工作，充分挖掘企业技术开发潜力。要面向市场需求不断开发新产品、新技术和新工艺，采用先进的经营管理方法和组织形式科学地组织生产、销售和服务。

要加强企业与高等学校、科研机构的联合协作。根据优势互补、利益共享的原则，建立双边、多边技术协作机制，通过相互兼职、培训等形式，加强不同单位科技人员的交流。企业研究开发经费要有一定比例用于产学研合作。要强化技术引进与消化吸收的有效衔接，提高技术配套和自主开发能力。

要促使企业主动增加科技投入。高新技术企业每年用于研究开发的经费要达到年销售额的5%以上。国家支持和鼓励大型企业集团提取一定数量的资金，集中用于共性、关键性和前沿性重大科技问题的研究开发和产业化的投入。

企业的技术改造要以市场为导向，注重发挥已有的基础和潜力，注重与高新技术产业发展相结合。技术改造起点要高，防止边改造边落后。国家每年要有重点地支持一批对国民经济有战略意义和有市场、有效益的国有大中型企业的技术改造项目，经过科学论证并获批准的可给予贴息支持。乡镇企业也要努力提高技术创新能力，在开发应用先进技术和改善经营管理方面迈出更大的步伐。

4. 推动应用型科研机构和设计单位实行企业化转制，大力促进科技型企业的发展。进一步深化科技体制改革，全面优化科技力量布局和科技资源配置。应用型科研机构和设计单位原则上要转为科技型企业、整体或部分进入企业、转为中介服务机构等。政府将通过科技项目招标方式，继续对这些科技型企业从事的共性、关键性、前沿性产业技术研究活动予以支持。现有社会公益型科研机构要实行分类改革：对于有面向市场能力的科研机构，要转为科技型企业、整体或部分进入企业，或转为企业性的中介服务机构；对于向社会提供公共服务、无法得到相应经济回报的科研机构，在调整结构、分流人员的基础上，按非营利性机构的机制运行和管理，政府主要通过扶持政策、竞争择优方式提供科研项目和基地建设经费。国务院部门所属科研机构（包括实行企业化转制的科研机构），除少数由中央管理外，一般要按属地化原则管理。

国家经贸委管理的10个国家局所属科研机构已经实施企业化转制，为整体推进科研机构体制改革提供了有益经验。科研机构转制为企业后，要建立现代企业制度，充分发挥面向市场研究开发和开展技术创新的优势，尽快形成一批拥有自主知识产权、具备国际竞争能力的高科技企业或企业集团，成长为富有活力的新的经济增长点。

5. 加强国家高新技术产业开发区建设，形成高新技术产业化基地。建设高新技术产业开发区，是我国经济和科技体制改革的重要成果，是符合我国国情的发展高新技术产业的有效途径。现阶段要进一步加大国家高新技术产业开发区综合配套改革的力度，增强为各类企业转化高新技术成果提供服务的功能，营造吸引、凝聚优秀科技人员和经营管理者创新创业的良好环境，成为技术创新、科技成果产业化和高新技术产品出口的重要基地，在区域经济发展中发挥辐射和带动作用。

要加强对国家高新技术产业开发区以及高新技术企业的监督、评估，对于少数不再具备条件、管理不善、在发展高新技术产业方面成效不大的开发区和企业，经评估审定后取消其国家高新技术产业开发区和高新技术企业的资格。

高等学校要充分发挥自身人才、技术、信息等方面的优势，鼓励教师和科研人员进入高新技术产业开发区从事科技成果商品化、产业化工作。支持发展高等学校科技园区，培育一批知识和智力密集、具有市场竞争优势的高新技术企业和企业集团，使产学研更加紧密地结合。

国家选择少数有基础、有条件、有优势的国家高新技术产业开发区，实行扶持政策，鼓励大胆探索，率先建立新的投融资机制和激励机制，尽快形成在国际上有影响的高新技术产业化基地，对全国高新技术产业开发区建设和高新技术产业发展提供有益的经验。

6. 支持发展多种形式的民营科技企业。民营科技企业是发展我国高新技术产业的一支新生力量，在我国经济和科技发展中起到越来越重要的作用。国家科技型中小企业技术创新基金要对民营科技企业给予支持。要从管理制度上保证民营科技企业能够平等地参与政府科技计划项目的竞标。

各级财政部门要帮助和支持民营科技企业解决产权关系不清的问题。对因历史原因造成的民营科技企业与国有企事业单位的产权纠纷，要本着保护国有资产权益、有利于鼓励成果转化、支持科技人员创业的原则妥善解决。在企业决策、管理、分配等方面要充分保障个人的合法权益。允许民营科技企业采用股份期权等形式，调动有创新能力的科技人才或经营管理人才的积极性。国有科研机构经有关部门批准，可以改组为股份制、股份合作制企业。

7. 大力发展科技中介服务机构。科技中介服务机构属非政府机构，它是科技与应用、生产与消费不可缺少的服务纽带。国家鼓励某些性质相似的科研机构转制为企业性的科技中介服务机构，也鼓励科技人员创办这类机构。要尽快制定和完善关于科技中介服务组织的法规，规范其行业行为，加强管理。要引导各种技术创新服务机构、技术评估机构以及技术经纪机构等中介机构，为加速科技成果的转让提供良好的服务。积极发展信息咨询服务机构，为企业特别是广大中小企业提供经营管理、技术、市场营销、信息、人才、财务、金融、法律等方面的服务。对以向社会提供公共服务为主的中介服务机构，经认定后可按非营利机构运作和管理。

要进一步培育和健全技术市场。加强重大技术供需信息库以及科技信息网络等基础设施建设。各地要根据资源和产业特点，健全区域中介服务体系，逐步实现中介服务的组织网络化、功能社会化、服务产业化，形成全国乃至国际的电子网络商务交易市场。

要通过改革，完善农业科技推广服务体系，建立农业科研机构、高等学校、各类技术服务机构和涉农企业紧密结合的农业科技推广服务网络。农业科研机构要面向农业生产，农业科研成果要尽快转化为生产力。国家赋予农业科研机构包括种子等研究开发产品的自营销售权，鼓励它们与各类农业经营企业进行多种形式的协作或联合。现有县（市）、乡（镇）属农业技术推广服务机构要进一步转变服务方式，不断提高服务功能和水平。要打破行政地域界限，积极发展龙头企业、中介服务机构与农户紧密结合的新型农业技术推广模式，提高农业产业化经营水平，引导广大农户及时调整结构、根据市场需求组织生产。

三、采取有效措施，营造有利于技术创新和发展高科技、实现产业化的政策环境

8. 实行财税扶持政策。各级财政部门要加大对科技投入的力度。财政对科技的投入方式，由对科研机构、科技人员的一般支持，改变为以项目为主的重点支持；国家科研计划实行课题制，大力推行项目招投标和中介评估制度；建立科技型中小企业技术创新基金，为高新技术成果转化活动提供资金支持。对高新技术产品实行税收扶持政策。实行政府采购政策，通过预算控制、招投标等形式，引导和鼓励政府部门、企事业单位择优购买国内高新技术及其设备和产品。国家对社会力量资助科研机构和高等学校的研究开发经费，可按一定的比例在计税所得额中扣除。

对技术转让、技术开发和与之相关的技术咨询、技术服务的收入，免征营业税。对开发生产软件产品的企业，其软件产品可按6%的征收率计算缴纳增值税，制定对软件销售企业的扶持政策，软件开发生产企业的工资支出可按实际发

生额在企业所得税税前扣除。对高新技术产品的出口，实行增值税零税率政策。对国内没有的先进技术和设备的进口实行税收扶持政策。

允许和鼓励技术、管理等生产要素参与收益分配。在部分高新技术企业中进行试点，从近年国有净资产增值部分中拿出一定比例作为股份，奖励有贡献的职工特别是科技人员和经营管理人员。

9. 实施金融扶持政策。金融机构要充分发挥信贷的支持作用，积极探索多种行之有效的途径，改进对科技型企业的信贷服务。依据企业的不同特点建立相应的授权授信制度，完善资金管理办法，增加信贷品种，拓展担保方式，扩大科技信贷投入。要尽快研究提出解决中小型科技企业贷款担保的办法。对符合条件、能提供合法担保的科技项目，要优先发放科技贷款与技改贷款；对于有市场发展前景、技术含量高、经济效益好、能替代进口的高新技术成果转化和技术改造项目，要提高贷款支持力度。国家对这类项目给予相应的贴息支持。国家对高新技术产品出口在信贷和贴息方面给予扶持。

要培育有利于高新技术产业发展的资本市场，逐步建立风险投资机制，发展风险投资公司和风险投资基金，建立风险投资撤出机制，加大对成长中的高新技术企业的支持力度。引进和培养风险投资管理人才，加速制定相关政策法规，规范风险投资的市场行为。优先支持有条件的高新技术企业进入国内和国际资本市场。在做好准备的基础上，适当时候在现有的上海、深圳证券交易所专门设立高新技术企业板块。

10. 完善科技人员管理制度，鼓励转化科技成果。科研机构转制为企业后，实行企业的劳动用人制度和工资分配制度。继续由政府支持的科研机构要实行以全员聘任制为主的多种用人制度。改革现行职称制度，推行岗位职务聘任制。对科研机构内部的职务结构比例，政府人事主管部门不再实行指标控制，由科研机构根据自身需要，自主设置专业技术岗位和职务等级，确定岗位责任和任职条件。科技人员竞争上岗，所取得的岗位职务和相应待遇仅在聘期内适用。科研机构实行按岗定酬、按任务定酬、按业绩定酬的分配制度，自主决定内部分配。

科研机构、高等学校要重视对技术创新带头人的培养和使用。要在科技人员中大力弘扬爱国主义、集体主义和求实创新、拼搏奉献的精神。造就一批适应市场竞争、善于经营管理、勇于开拓创新的技术和经营管理人才，努力为他们的成长创造良好的环境和条件，使他们有用武之地，促使优秀人才特别是青年人才脱颖而出，尽快走上关键岗位。

要进一步采取切实措施，以多种形式吸引优秀海外人才。除兑现国家已有优惠政策外，要在户籍、住房、子女入学等方面为他们提供便利。各有关部门要为从事高新技术国际合作与交流的中外人员提供往来方便。

在职务科技成果转化取得的收益中，企业、科研机构或高等学校应提取一定比例，用于奖励项目完成人员和对产业化有贡献的人员。

11. 对科研机构转制为企业的给予专项政策扶持。国家对下一步科研机构转制为企业的，继续实行国家经贸委管理的10个国家局所属科研机构转制所享受的扶持政策。科研机构转制时可以自主选择转为企业或进入企业的具体方式。转制时其全部资产（包括土地使用权）转作企业资产，全部资产减去负债转作国有资本金或股本金；原拨付的正常事业费，主要用于供养转制前离退休人员。转为企业的可将其原名称作为企业名称；进入企业的可继续以原名称从事科技开发等业务活动。

科研机构转制时，在职人员实行企业职工养老保险制度，纳入当地养老保障体系，建立基本养老保险个人账户，单位和职工从转制后开始按比例缴纳养老保险金，转制前视同已缴纳。其中，转制前参加工作的在职人员，按法定年龄退休后，领取的养老保险金低于原事业单位标准的，可由单位按原事业单位的标准给予补贴。

12. 正确评价科技成果和进行科技奖励。国家根据各种科技活动的不同特点，实行相应的评价标准和方法，精简奖项数目，提高奖励力度。在国家级科技奖项中，自然科学奖的评审标准要与国际标准一致，侧重科学水平、科学价值；技术发明奖要奖励重大技术发明，特别是战略高技术的发明者；科学技术进步奖要强化高技术成果产业化导向，侧重自主知识产权和经济社会效益；国际科学技术合作奖要设置双边、多边科技合作奖。特别设立国家最高科学技术奖，对在当代科学技术前沿取得重大突破或在科学技术发展中有卓越建树的，在技术创新、科技成果商品化和产业化中创造巨大经济效益或社会效益的杰出人才实行重奖。

鼓励和规范社会力量举办的各种科学技术奖励。同时加强对各地区、各部门和社会奖励的管理。要较大幅度地精简部门和地方的奖项及获奖数目，改变将科研人员待遇与科技奖励普遍挂钩的状况。对科学技术奖励要建立客观、公正的评审办法，完善评审机制，强化政策导向。

科技成果的价值，最终要看是否符合国家的需要，是否占领市场并获得良好效益。要改革和完善对研究开发成果或产品的鉴定办法。政府计划项目成果应委托有资格的社会中介服务机构进行客观评价，根据合同组织验收。

13. 加强对知识产权的管理和保护。对于政府财政资金支持的科技项目，要充分运用知识产权信息资源，选准高起点，避免低水平重复研究；对于取得的科研成果，要重视运用知识产权制度保护其合法权益；对于知识产权的职务发明人、设计人、作者以及主要实施者，要给予与其实际贡献相当的报酬和股权收益。要大力加强知识产权法律宣传和人才培训工作，引导企业、科研机构和高等学校建立和完善知识产权管理制度。要进一步提高全社会知识产权保护意识和法制观念，加大知识产权保护和执法力度，坚决查处和制裁各种侵权行为，及时有效地处理知识产权侵权和纠纷案件。

四、加强党和政府的领导，全面推进技术创新，发展高科技，实现产业化

14. 各级党委和政府以及有关部门要充分认识加强技术创新，发展高科技，实现产业化的必要性和紧迫性，切实加强对这项工作的领导。要认真调查研究，根据本地区、本部门的实际情况，解放思想，大胆创新，形成具有地方特色和优势的科技与经济发展战略。要具体部署科研机构企业化转制的工作，明确技术创新的工作目标与重点，制定切实可行的措施。要认真总结、宣传各地的成功经验，加强督促检查，积极务实地推进技术创新和科技成果商品化、产业化的工作。

15. 完善科技立法，加强国家创新体系建设，加强协作。各地区、各部门要进一步强化全局观念和法制观念，从经济、科技、教育和管理等各方面全方位加快技术创新和发展高科技，实现产业化进程。要充分发挥各民主党派、群众团体、民间组织的优势，鼓励他们积极贡献力量。国务院有关部门要紧密配合，采取积极措施，主动为技术创新和科技成果商品化、产业化服务。

加强技术创新，发展高科技，实现产业化，是坚定不移地实施党的十五大提出的科教兴国战略和可持续发展战略的重大举措。我们一定要在以江泽民同志为核心的党中央领导下，发扬当年搞“两弹一星”的那种团结协作和艰苦奋斗的精神，发挥科技第一生产力的强大作用，努力提高国民经济整体素质，增强综合国力，把我国社会主义现代化建设事业推向前进。

附录四　《关于实施科技规划纲要、增强自主创新能力的决定（2006—2020）》

（2006 年 1 月 26 日　中共中央国务院中发〔2006〕4 号发布）

为抓住和用好本世纪头 20 年发展的重要战略机遇期，坚持以邓小平理论和“三个代表”重要思想为指导，贯彻党的十六大和十六届三中、四中、五中全会精神，全面落实科学发展观，组织实施《国家中长期科学和技术发展规划纲要（2006—2020 年）》（以下简称《规划纲要》），增强自主创新能力，努力建设创新型国家，特作如下决定。

一、实施《规划纲要》，努力建设创新型国家

科学技术是第一生产力，是推动人类文明进步的革命力量。进入 21 世纪，科学技术发展日新月异，科技进步和创新愈益成为增强国家综合实力的主要途径和方式，依靠科学技术实现资源的可持续利用、促进人与自然的和谐发展愈益成为各国共同面对的战略选择，科学技术作为核心竞争力愈益成为国家间竞争的焦点。我国已进入必须更多依靠科技进步和创新推动经济社会发展的历史阶段。科学技术作为解决当前和未来发展重大问题的根本手段，作为发展先进生产力、发展先进文化和实现最广大人民群众根本利益的内在动力，其重要性和紧迫性愈益凸显。按照党的十六大要求，国务院在充分调查研究的基础上组织制定了《规划纲要》。这一纲要立足国情、面向世界，以增强自主创新能力为主线，以建设创新型国家为奋斗目标，对我国未来 15 年科学和技术发展作出了全面规划与部署，是新时期指导我国科学和技术发展的纲领性文件。

中央确定，全面实施《规划纲要》，经过 15 年努力，到 2020 年使我国进入创新型国家行列。建设创新型国家，核心就是把增强自主创新能力作为发展科学技术的战略基点，走出中国特色自主创新道路，推动科学技术的跨越式发展；就

是把增强自主创新能力作为调整产业结构、转变增长方式的中心环节，建设资源节约型、环境友好型社会，推动国民经济又快又好发展；就是把增强自主创新能力作为国家战略，贯穿到现代化建设各个方面，激发全民族创新精神，培养高水平创新人才，形成有利于自主创新的体制机制，大力推进理论创新、制度创新、科技创新，不断巩固和发展中国特色社会主义伟大事业。

实施《规划纲要》，建设创新型国家，是全面落实科学发展观、开创社会主义现代化建设新局面的重大战略举措。这必将有利于提升我国自主创新能力和增强国家核心竞争力，改变关键技术依赖于人、受制于人的局面；必将有利于转变发展观念、创新发展模式、提高发展质量，加快推进新型工业化的步伐；必将有利于弘扬以爱国主义为核心的民族精神和以改革创新为核心的时代精神，大大增强民族自信心和凝聚力，促进全面建设小康社会宏伟目标的实现和中华民族的伟大复兴。全党同志特别是各级领导干部务必深刻认识建设创新型国家的极端重要性和紧迫性，切实把完成这项任务作为关系全局的大事抓紧抓好。

二、坚持自主创新，全面提升国家竞争力

新时期我国科学技术发展的指导方针是：自主创新、重点跨越、支撑发展、引领未来。这一方针，是我国半个多世纪科技事业发展实践经验的概括总结，是面向未来、实现中华民族伟大复兴的重要抉择，必须贯穿于我国科技事业发展的全过程。

从现在起到2020年，我国科学和技术发展要以提升国家竞争力为核心，实现以下重要目标：一是掌握一批事关国家竞争力的装备制造业和信息产业核心技术，使制造业和信息产业技术水平进入世界先进行列。二是农业科技整体实力进入世界前列，促进农业综合生产能力的提高，有效保障国家食物安全。三是能源开发、节能技术和清洁能源技术取得突破，促进能源结构优化，主要工业产品单位能耗指标达到或接近世界先进水平。四是在重点行业和重点城市建立循环经济的技术发展模式，节约资源、保护环境，为建设资源节约型、环境友好型社会提供科技支持。五是重大疾病防治水平显著提高，新药创制和关键医疗器械研制取得突破，全面提升产业发展的技术能力。六是国防科技基本满足现代武器装备自主研制和信息化建设的需要，为维护国家安全提供保障。七是涌现出一批具有世界水平的科学家和研究团队，在科学发展的主流方向上取得一批具有重大影响的创新成果，信息、生物、材料和航天等领域的前沿技术达到世界先进水平。八是建成若干世界一流的科研院所和大学以及具有国际竞争力的企业研究开发机构，形成比较完善的中国特色国家创新体系。

“十一五”期间，必须把增强自主创新能力放在更加突出的位置。一要把解决经济社会发展的瓶颈制约放在优先位置，力争在能源、资源、环境、农业、信息等关键领域取得重大技术突破。二要积极发展对经济增长有重大带动作用、具有自主知识产权的核心技术和关键技术，协力攻关，形成一批市场占有率高的产品和国际知名品牌，提高重大技术装备国产化水平，推动高技术产业加快从加工装配为主向自主研发制造延伸。三要加强基础研究和前沿技术研究，在信息、生命、空间、海洋、纳米、新材料等战略领域超前部署，加大投入力度，增强科技和经济持续发展的后劲。四要加强重大科技基础设施和条件平台建设，实施若干重大科学工程，支撑科学技术创新。五要按照有所为有所不为的原则，集中优势力量，启动一批重大专项，力争取得重要突破，提高国家核心竞争力。

三、创新体制机制，走中国特色自主创新道路

实施《规划纲要》，体制机制是关键。必须深化科技体制改革和经济体制改革，进一步消除制约科技进步和创新的体制性、机制性障碍，有效整合全社会科技资源，推动经济与科技的紧密结合，形成技术创新、知识创新、国防科技创新、区域创新、科技中介服务等相互促进、充满活力的国家创新体系。要继续推进科技体制改革，充分发挥政府的主导作用，充分发挥市场在科技资源配置中的基础性作用，充分发挥企业在技术创新中的主体作用，充分发挥国家科研机构的骨干和引领作用，充分发挥大学的基础和生力军作用，在实践中走出中国特色自主创新道路。

增强自主创新能力，关键是强化企业在技术创新中的主体地位，建立以企业为主体、市场为导向、产学研相结合的技术创新体系。采取更加有力的措施，营造更加良好的环境，使企业真正成为研究开发投入的主体、技术创新活动的主体和创新成果应用的主体。鼓励国有大型企业加快研究开发机构建设和加大研究开发投入，努力形成一批集研究开发、设计、制造于一体，具有国际竞争力的大型骨干企业。重视和发挥民营科技企业在自主创新、发展高新技术产业中的生力军作用，创造公平竞争的环境，支持其做大做强并参与国际竞争。支持有条件的企业承担国家研究开发任务，主持或参与重大科技攻关。加强创新创业服务体系建设，为中小企业特别是科技型中小企业的技术创新提供良好条件。大力推进产学研相结合，鼓励和支持企业同科研院所、高等院校联合建立研究开发机构、产业技术联盟等技术创新组织。

深化科研体制改革，形成开放、流动、竞争、协作的知识创新体系。进一步深化应用开发类科研机构企业化转制改革，鼓励和支持其在行业共性关键技术研究开发与推广应用中发挥骨干作用。继续推进社会公益类科研机构分类改革。稳定支持从事基础研究、前沿高技术研究和社会公益研究的科研机构，建立健全现代科研院所制度。充分发挥高等院校学科综合、人才荟萃、教学科研紧密结合等优势，建设一批高水平的研究型大学。根据国家重大需求，填补研究领域空白，建设一批高水平的国家研究基地。

深化国防科研体制改革，建设军民结合、寓军于民的国防科技创新体系。统筹军民科技计划和军民两用科技发展，建立健全科技资源共享、军民互动合作的协调机制，实现从基础研究、应用研究开发、产品设计制造到技术和产品采购的有机结合。

建设各具特色和优势的区域创新体系，促进中央与地方科技力量的有机结合，促进区域内科技资源的合理配置和高效利用。东部地区要努力提高自主创新能力。支持中西部地区加强科技发展能力建设。推进国家高新技术产业开发区以增强自主创新能力为核心的“二次创业”。

建设社会化、网络化的科技中介服务体系，加强先进适用技术推广应用。加快农业技术推广体系改革与创新，完善社会化服务机制，鼓励各类农科教机构和社会力量参与多元化的农业技术推广服务，促进各类先进适用技术在农村推广应用，为社会主义新农村建设提供支撑。

四、制定配套政策，激励自主创新

为确保《规划纲要》顺利实施，必须从财税、金融、政府采购、知识产权保护、人才队伍建设等方面制定一系列政策措施，加强经济政策和科技政策的相互协调，形成激励自主创新的政策体系。

（一）加大财政科技投入力度，确保财政科技投入增幅明显高于财政经常性收入增幅。形成多元化、多渠道、高效率的科技投入体系，使全社会研究开发投入占国内生产总值的比例逐年提高。（二）推进增值税转型改革，统一各类企业税收制度，加大对企业研究开发投入的税收激励。（三）改善对高新技术企业的信贷服务和融资环境，加大对高新技术产业化的金融支持，发展支持高新技术产业的创业投资和资本市场。（四）实施扶持自主创新的政府采购政策，建立财政性资金采购自主创新产品制度，制定将国家重大建设项目纳入政府采购主体范围的办法，对具有自主知识产权的重要高新技术装备与产品实施政府首购政策和订购制度。（五）在继续引进先进技术的同时，高度重视和切实加强对引进技术的消化、吸收与再创新。建立统筹协调机制，对引进技术的消化、吸收与再创新给予政策支持。依托国家和地方重点工程建设项目，积极推进重大装备的自主研究开发与制造。定期发布禁止和限制引进的重大技术装备和重大产业技术目录，防止盲目重复引进。（六）建设严格保护知识产权的法治环境。健全法律制度，依法严厉打击各种侵犯知识产权的行为，为知识产权的产生与转移提供切实有效的法律保障。重视自主知识产权的应用和保护，支持以我为主形成重大技术标准。（七）健全人才激励机制，结合国家重大科技工程和重点任务的实施，大胆启用青年人才，培养高水平的创新人才。积极引进海外高层次人才。（八）深化教育改革，加快教育发展，推进素质教育和创新教育，为建设创新型国家培养结构合理、素质优良的各级各类人才。（九）加强科技创新基地与平台建设，建立科技资源的共享机制。（十）充分利用对外开放的有利条件，在更宽领域、更深层次上开展国际科技合作与交流，在高起点上推进自主创新。

五、动员全党全社会力量，为建设创新型国家而奋斗

增强自主创新能力，建设创新型国家，是一项极其广泛而深刻的社会变革，是我们党在新的历史条件下提高执政能力的必然要求。各级领导干部务必站在时代的前列，解放思想、实事求是、与时俱进，全面落实科学发展观，深化改革、扩大开放，大力实施科教兴国战略和人才强国战略，出色完成建设创新型国家的各项任务。

各级党委和政府必须充分认识自主创新的长期性、复杂性和艰巨性，切实加强对科技工作的领导，切实把提高自主创新能力作为一件大事来抓，努力为自主创新创造良好的法治环境、政策环境、市场环境和舆论环境。各级党政主要负责同志要高度重视科技工作，并把提高自主创新能力的成效作为落实科学发展观和正确政绩观的重要内容。中央各有关部门和各级管理部门要紧密配合，加强对《规划纲要》落实工作的具体指导，加强统筹协调，强化政策支持，及时研究、解决重大专项和其他重点任务实施过程中遇到的困难和问题。要抓紧制定配套政策的实施细则。各地区各部门要依据《规划纲要》，抓紧制定并认真实施切合本地区本部门实际的科技发展规划。要在全社会广为传播科学知识、科学方法、科学思想、科学精神，提高全民族的科学文化素质。大力发展创新文化，努力培养创新精神。鼓励各行各业广泛开展群众性的小发明、小革新。大力宣传献身科技事业并作出重大贡献的科学家、工程师和其他科技人员。倡导学术平等和自由探

索，遏制学术不端行为，大力营造勇于创新、尊重创新和激励创新的文化氛围。大力繁荣发展哲学社会科学，促进哲学社会科学与自然科学相互渗透，为建设创新型国家提供更好的理论指导。

建设创新型国家，是全党全社会的共同事业。新中国成立以来，经过几代人艰苦卓绝的不懈努力，我国科学技术发展取得了举世瞩目的伟大成就。比较完整的学科体系，丰富的科技人力资源，持续增长的国内市场需求，集中力量办大事的制度优势，博大精深的优秀传统文化，都为建设创新型国家奠定了坚实的基础。广大科技工作者行动起来，广大企业、科研院所和高等院校行动起来，社会各界行动起来，高举邓小平理论和“三个代表”重要思想伟大旗帜，在以胡锦涛同志为总书记的党中央领导下，继承和发扬“两弹一星”精神和载人航天精神，统一思想、坚定信心、奋发努力、扎实苦干，坚持走中国特色自主创新道路，以只争朝夕的精神为建设创新型国家而努力奋斗。

附录五 《国家中长期科学和技术发展规划纲要（2006—2020）若干配套政策》

（2006 年 2 月 7 日 国务院国发〔2006〕6 号发布）

为实施《国家中长期科学和技术发展规划纲要（2006—2020 年）》（国发〔2005〕44 号，以下简称《规划纲要》），营造激励自主创新的环境，推动企业成为技术创新的主体，努力建设创新型国家，特制定如下配套政策：

一、科技投入

（一）大幅度增加科技投入。建立多元化、多渠道的科技投入体系，全社会研究开发投入占国内生产总值的比例逐年提高，使科技投入水平同进入创新型国家行列的要求相适应。

（二）确保财政科技投入的稳定增长。各级政府把科技投入作为预算保障的重点，年初预算编制和预算执行中的超收分配，都要体现法定增长的要求。2006 年中央财政科技投入实现大幅度增长，在此基础上，“十一五”期间财政科技投入增幅明显高于财政经常性收入增幅。

（三）切实保障重大专项的顺利实施。《规划纲要》确定的重大专项的实施，要遵循“成熟一个、启动一个”的原则，组织专家进一步进行全面深入的技术、经济等可行性论证，并根据国家发展需要和实施条件的成熟度，报经国务院批准后，统筹落实专项经费，以专项计划的形式逐项启动实施。

（四）优化财政科技投入结构。财政科技投入重点支持基础研究、社会公益研究和前沿技术研究。合理安排科研机构正常运转、政府科技计划（基金）和科研条件建设等资金。重视公益性行业科研能力建设，建立对公益性行业科研的稳定支持机制。优化政府科技计划体系，明确支持方向，重点解决国家、行业和区域经济社会发展中的重大科技问题。

（五）发挥财政资金对激励企业自主创新的引导作用。创新投入机制，整合政府资金，加大支持力度，激励企业开展技术创新和对引进先进技术的消化吸收与再创新。要引导和支持大型骨干企业开展竞争前的战略性关键技术和重大装备的研究开发，建立具有国际先进水平的技术创新平台；加强面向企业技术创新的服务体系建设。加大对科技型中小企业技术创新基金等的投入力度，鼓励中小企业自主创新。

（六）创新财政科技投入管理机制。在科研基地布局、人才队伍建设、政府科技计划设立、科研条件建设等方面，建立协调高效的管理平台，优化资源配置，使财政科技投入效益最大化。改革和强化科研经费管理，对科研课题及经费的申报、评审、立项、执行和结果的全过程，建立严格规范的监管制度。建立财政科技经费的绩效评价体系，明确设立政府科技计划和应用型科技项目的绩效目标，建立面向结果的追踪问效机制。

二、税收激励

（七）加大对企业自主创新投入的所得税前抵扣力度。允许企业按当年实际发生的技术开发费用的150%抵扣当年应纳税所得额。实际发生的技术开发费用当年抵扣不足部分，可按税法规定在5年内结转抵扣。企业提取的职工教育经费在计税工资总额2.5%以内的，可在企业所得税前扣除。研究制定促进产学研结合的税收政策。

（八）允许企业加速研究开发仪器设备折旧。企业用于研究开发的仪器和设备，单位价值在30万元以下的，可一次或分次摊入管理费，其中达到固定资产标准的应单独管理，但不提取折旧；单位价值在30万元以上的，可采取适当缩短固定资产折旧年限或加速折旧的政策。

（九）完善促进高新技术企业发展的税收政策。推进对高新技术企业实行增值税转型改革。国家高新技术产业开发区内新创办的高新技术企业经严格认定后，自获利年度起两年内免征所得税，两年后减按15%的税率征收企业所得税。继续完善鼓励高新技术产品出口的税收政策。完善高新技术企业计税工资所得税前扣除政策。

（十）支持企业加强自主创新能力建设。对符合国家规定条件的企业技术中心、国家工程（技术研究）中心等，进口规定范围内的科学研究和技术开发用品，免征进口关税和进口环节增值税；对承担国家重大科技专项、国家科技计划重点项目、国家重大技术装备研究开发项目和重大引进技术消化吸收再创新项目的企业进口国内不能生产的关键设备、原材料及零部件免征进口关税和进口环节增值税。

（十一）完善促进转制科研机构发展的税收政策。对整体或部分企业化转制科研机构免征企业所得税、科研开发自用土地、房产的城镇土地使用税、房产税的政策到期后，根据实际需要加以完善，以增强其自主创新能力。

（十二）支持创业风险投资企业的发展。对主要投资于中小高新技术企业的创业风险投资企业，实行投资收益税收减免或投资额按比例抵扣应纳税所得额等税收优惠政策。

（十三）扶持科技中介服务机构。对符合条件的科技企业孵化器、国家大学科技园自认定之日起，一定期限内免征营业税、所得税、房产税和城镇土地使用税。对其他符合条件的科技中介机构开展技术咨询和技术服务，研究制定必要的税收扶持政策。

（十四）鼓励社会资金捐赠创新活动。企事业单位、社会团体和个人，通过公益性的社会团体和国家机关向科技型中小企业技术创新基金和经国务院批准设立的其他激励企业自主创新的基金的捐赠，属于公益性捐赠，可按国家有关规定，在缴纳企业所得税和个人所得税时予以扣除。

三、金融支持

（十五）加强政策性金融对自主创新的支持。政策性金融机构对国家重大科技专项、国家重大科技产业化项目的规模化融资和科技成果转化项目、高新技术产业化项目、引进技术消化吸收项目、高新技术产品出口项目等提供贷款，给予重点支持。

国家开发银行在国务院批准的软贷款规模内，向高新技术企业发放软贷款，用于项目的参股投资。中国进出口银行设立特别融资账户，在政策允许范围内，对高新技术企业发展所需的核心技术和关键设备的进出口，提供融资支持。中国农业发展银行对农业科技成果转化和产业化实施倾斜支持政策。

（十六）引导商业金融支持自主创新。政府利用基金、贴息、担保等方式，引导各类商业金融机构支持自主创新与产业化。商业银行对国家和省级立项的高新技术项目，应根据国家投资政策及信贷政策规定，积极给予信贷支持。商业银行对有效益、有还贷能力的自主创新产品出口所需的流动资金贷款要根据信贷原则优先安排、重点支持，对资信好的自主创新产品出口企业可核定一定的授信额度，在授信额度内，根据信贷、结算管理要求，及时提供多种金融服务。

（十七）改善对中小企业科技创新的金融服务。商业银行与科技型中小企业建立稳定的银企关系，对创新活力强的予以重点扶持。加快建设企业和个人征信体系，促进各类征信机构发展，为商业银行改善对科技型中小企业的金融服务提供支持。

政府引导和激励社会资金建立中小企业信用担保机构，建立担保机构的资本金补充和多层次风险分担机制。探索创立多种担保方式，弥补中小企业担保抵押物不足的问题。政策性银行、商业银行和其他金融机构开展知识产权权利质押业务试点。

（十八）加快发展创业风险投资事业。制定《创业投资企业管理暂行办法》配套规章，完善创业风险投资法律保障体系。依法对创业风险投资企业进行备案管理，促进创业风险投资企业规范健康发展。鼓励有关部门和地方政府设立创业风险投资引导基金，引导社会资金流向创业风险投资企业，引导创业风险投资企业投资处于种子期和起步期的创业企业。在法律法规和有关监管规定许可的前提下，支持保险公司投资创业风险投资企业。允许证券公司在符合法律法规和有关监管规定的前提下开展创业风险投资业务。允许创业风险投资企业在法律法规规定的范围内通过债权融资方式增强投资能力。

完善创业风险投资外汇管理制度，规范法人制创业风险投资企业外汇管理，明确对非法人制外资创业风险投资企业的有关外汇管理问题。

（十九）建立支持自主创新的多层次资本市场。支持有条件的高新技术企业在国内主板和中小企业板上市。大力推进中小企业板制度创新，缩短公开上市辅导期，简化核准程序，加快科技型中小企业上市进程。适时推出创业板。

推进高新技术企业股份转让工作。启动中关村科技园区未上市高新技术企业进入证券公司代办系统进行股份转让试点工作。在总结试点经验的基础上，逐步允许具备条件的国家高新技术产业开发区内未上市高新技术企业进入代办系统进行股份转让。在有条件的地区，地方政府应通过财政支持等方式，扶持发展区域性产权交易市场，拓宽创业风险投资退出渠道。支持符合条件的高新技术企业发行公司债券。

（二十）支持开展对高新技术企业的保险服务。支持保险公司发展企业财产保险、产品责任保险、出口信用保险、业务中断保险等险种，为高新技术企业提供保险服务。

（二十一）完善高新技术企业的外汇管理政策。国家外汇管理局根据高新技术企业的实际需要，充分满足高新技术企业货物贸易和服务贸易用汇需求。深化境外投资外汇管理改革，支持国内企业设立海外研究开发设计机构、收并购国外研究开发机构或高新技术企业。

四、政府采购

（二十二）建立财政性资金采购自主创新产品制度。建立自主创新产品认证制度，建立认定标准和评价体系。由科技部门会同综合经济部门按照公开、公正的程序对自主创新产品进行认定，并向全社会公告。财政部会同有关部门在获得认定的自主创新产品范围内，确定政府采购自主创新产品目录（以下简称目录），实行动态管理。

加强预算控制，优先安排自主创新项目。各级政府机关、事业单位和团体组织（以下统称采购人）用财政性资金进行采购的，必须优先购买列入目录的产品。采购人在编制年度部门预算时，应当标明自主创新产品。财政部门在预算审批过程中，在采购支出项目已确定的情况下，优先安排采购自主创新产品的预算。发挥财政、审计与监察部门的监督作用，督促采购人自觉采购自主创新产品。

国家重大建设项目以及其他使用财政性资金采购重大装备和产品的项目，有关部门应将承诺采购自主创新产品作为申报立项的条件，并明确采购自主创新产品的具体要求。在国家和地方政府投资的重点工程中，国产设备采购比例一般不得低于总价值的60%。不按要求采购自主创新产品，财政部门不予支付资金。

（二十三）改进政府采购评审方法，给予自主创新产品优先待遇。在政府采购评审方法中，须考虑自主创新因素。以价格为主的招标项目评标，在满足采购需求的条件下，优先采购自主创新产品。其中，自主创新产品价格高于一般产品的，要根据科技含量和市场竞争程度等因素，对自主创新产品给予一定幅度的价格扣除。自主创新产品企业报价不高于排序第一的一般产品企业报价一定比例的，将优先获得采购合同。以综合评标为主的招标项目，要增加自主创新评分因素并合理设置分值比重。

经认定的自主创新技术含量高、技术规格和价格难以确定的服务项目采购，可以在报经财政部门同意后，采用竞争性谈判采购方式，将合同授予具有自主创新能力的企业。

完善自主创新产品政府采购合同管理，拒绝接受或提供合同约定自主创新产品的，财政部门应责令其纠正，否则不予支付采购资金。

（二十四）建立激励自主创新的政府首购和订购制度。国内企业或科研机构生产或开发的试制品和首次投向市场的产品，且符合国民经济发展要求和先进技术发展方向，具有较大市场潜力并需要重点扶持的，经认定，政府进行首购，由采购人直接购买或政府出资购买。

政府对于需要研究开发的重大创新产品或技术，应当通过政府采购招标方式，面向全社会确定研究开发机构，签订政府订购合同，并建立相应的考核验收和研究开发成果推广机制。

（二十五）建立本国货物认定制度和购买外国产品审核制度。采购人应根据《中华人民共和国政府采购法》规定，优先购买本国产品。财政部会同有关部门制定本国货物认定标准。采购人需要的产品在中国境内无法获取或者无法以合理的商业条件获取的（在中国境外使用除外），在采购活动开始前，需由国家权威认证机构予以确认并出具证明。采购外国产品时，坚持有利于企业自主创新或消化吸收核心技术的原则，优先购买向我转让技术的产品。

（二十六）发挥国防采购扶持自主创新的作用。国防采购应立足于国内自主创新产品和技术。自主创新产品和技术满足国防或国家安全需求的，应优先采购。政府部门对于涉及国家安全的采购项目，应首先采购国内自主创新产品，采购合同应优先授予具有自主创新能力的企业或科研机构。

五、引进消化吸收再创新

（二十七）加强对技术引进和消化吸收再创新的管理。凡由国家有关部门和地方政府核准或使用政府投资的重点工程项目中确需引进的重大技术装备，由项目业主联合制造企业制定引进消化吸收再创新方案，作为工程项目审批和核准的重要内容，报请国家有关主管部门审批（核准）后实施。

加强对引进技术工作的咨询和评估。重大技术和重大装备的引进消化吸收和再创新方案须经有关部门联合组织的专家委员会进行咨询论证，明确消化吸收和再创新的计划、目标和进度。将通过消化吸收是否形成了自主创新能力，作为对引进项目验收和评估的重要内容。

（二十八）鼓励引进国外先进技术，定期调整鼓励引进技术目录。

对国内尚不能提供、且多家企业需要引进的重大装备，国家鼓励统一招标，引导外商联合国内企业投标；在进口装备的同时，应当引进先进设计制造技术，并支持国内企业尽可能多地参与分包和实现本地制造。

（二十九）限制盲目、重复引进。定期调整禁止进口限制进口技术目录。限制进口国内已具备研究开发能力的关键技术；禁止或限制进口高消耗、高污染和已被淘汰的落后装备和技术。

（三十）对企业消化吸收再创新给予政策支持。对消化吸收再创新形成的先进装备和产品，纳入政府优先采购的范围。对订购和使用国产首台（套）重大装备的国家重点工程，国家优先予以安排。建立由项目业主、装备制造企业和保险公司风险共担、利益共享的重大装备保险机制，引导项目业主和装备制造企业对国产首台（套）重大装备投保。

（三十一）支持产学研联合开展消化吸收和再创新。对重大装备的引进，用户单位应吸收制造企业、高等学校和科研院所参与，共同跟踪国际先进技术的发展，并在消化吸收的基础上，共同开展自主创新活动。在国家科技基础设施建设中，优先支持在重点产业中由产学研合作组建的技术平台，承担重大引进技术消化吸收再创新任务。

（三十二）实施促进自主制造的装备技术政策。针对国民经济、社会重点发展领域和重点工程，由综合经济部门牵头，并由使用部门和制造部门共同参与制定国家装备技术政策，积极推进重大装备的自主制造。国家和地方重点工程建设项目采用重大装备和技术，应符合装备技术政策。

六、创造和保护知识产权

（三十三）掌握关键技术和重要产品的自主知识产权。国家科技部门、综合经济部门会同有关部门按照行业和领域特点共同编制并定期发布应掌握自主知识产权的关键技术和重要产品目录，国家科技计划和建设投资应当对列入目录的技术和产品的研制予以重点支持。对开发目录中技术和产品的企业在专利申请、标准制定、国际贸易和合作等方面予以支持，形成一批拥有自主知识产权、知名品牌和较强国际竞争力的优势企业。

国家科技部门会同知识产权管理部门建立知识产权信息服务平台，支持开展知识产权信息加工和战略分析，为自主知识产权的创造和市场开拓提供知识产权信息服务。

（三十四）积极参与制定国际标准，推动以我为主形成技术标准。国家科技计划支持重要技术标准的研究，引导产学研联合研制技术标准，促使标准与科研、开发、设计、制造相结合。政府主管部门加强对行业协会等制定重要技术标准的指导协调，支持企业、社团自主制定和参与制定国际技术标准，鼓励和推动我国技术标准成为国际标准。国家建立标准服务平台，支持加快国外先进标准向国内标准的转化，重点支持企业通过再创新推动以我为主形成技术标准。

（三十五）切实保护知识产权。建立健全知识产权保护体系，加大保护知识产权的执法力度，营造尊重和保护知识产权的法治环境。科研机构、高等学校和政府有关部门要加强从事知识产权保护和管理工作的力量。国家科技计划和各类创新基金对所支持项目在国外取得自主知识产权的相关费用，按规定经批准后给予适当补助。切实保障科技人员的知识产权权益，职务技术成果完成单位应对职务技术成果完成人和在科技成果转化中作出突出贡献人员依法给予报酬。依法保护非职务发明成果完成人的合法权益。

建立重大经济活动的知识产权特别审查机制。有关部门组织建立专门委员会，对涉及国家利益并具有重要自主知识产权的企业并购、技术出口等活动进行监督或调查，避免自主知识产权流失和危害国家安全。同时，也要注意防止滥用知识产权制约创新。

（三十六）缩短发明专利审查周期。改革发明专利审查方式，提高专利实质审查工作效率，缩短审查周期。对国家科技、经济、社会发展有重大影响的或具有国际竞争力的自主创新成果，发挥专利制度的积极作用，依法维护国家利益。

（三十七）加强技术性贸易措施体系建设。加快建立我国符合国际通行规则的技术性贸易措施体系。政府有关部门应建立和完善技术性贸易措施的通报协调机制、快速反应机制和研究评议体系。政府部门、行业协会、地方和企业联合建立包括技术预警在内的国外技术性贸易措施预警机制，密切跟踪我国产品目标出口国的技术法规、标准及合格评定程序和检验检疫要求的变化，对出口可能遭遇的技术性贸易措施进行实时监测和发布预警。

七、人才队伍

（三十八）加快培养一批高层次创新人才。实施国家高层次创新人才培养工程，在基础研究、高技术研究、社会公益研究等若干关系国家竞争力和安全的战略科技领域，着力培养造就一批创新能力强的高水平学科带头人，形成具有中国特色的优秀创新人才群体和创新团队。打破论资排辈的现象，改进和完善学术交流制度，健全同行认可机制，使中青年优秀科技人才脱颖而出。

（三十九）结合重大项目的实施加强对创新人才的培养。制定人才培养规划，实施国家重大工程和重大科技计划项目，要重视和做好相关的创新人才培养工作。在国家科技计划项目评审、验收、国家重点实验室评审、科研基地建设综合绩效评估中，把创新人才培养作为重要的考评指标。

（四十）支持企业培养和吸引创新人才。改革和完善企业分配和激励机制，支持企业吸引科技人才，允许国有高新技术企业对技术骨干和管理骨干实施期权等激励政策。在高等学校和科研机构中设立面向企业创新人才的客座研究员岗位，选聘企业高级专家担任兼职教授或研究员。制定和规范科技人才兼职办法，引导和规范高等学校或科研机构科技人才到企业兼职。支持企业为高等学校和职业院校建立学生实习、实训基地。推进企业博士后科研工作，吸引优秀博士到企业从事科技创新。企业招聘高等学校毕业生和吸引优秀人才不受户籍限制。制定相应的政策支持军工等特殊岗位的创新人才培养和使用。

明确国有企业负责人对企业自主创新的领导职责。将企业技术创新投入和创新能力建设作为国有企业负责人业绩考核的重要内容。

（四十一）支持培养农村实用科技人才。对科技人员面向农村和贫困地区开展技术创新服务予以政策支持。充分利用广播、电视、网络等远程教育资源，提高广大农民采用实用、先进农业技术的水平和职业技能。

（四十二）积极引进海外优秀人才。制定和实施吸引优秀留学人才和海外科技人才回国（来华）工作和为国服务计划，结合国家自主创新战略、重大科技专项和重点创新项目，采取团队引进、核心人才带动引进等多种方式引进海外优秀人才。海外高层次留学人才回国工作不受用人单位编制、增人指标、工资总额和出国前户籍所在地限制。外籍杰出科技人才申请来华工作许可、在华永久居留的条件可适当放宽，在其居留证件有效期内可办理多次入境有效签证。制定保障具有永久居留资格的在华外籍高层次人才合法权益的办法。妥善解决好海外优秀人才回国（来华）工作的医疗保险、配偶就业、子女上学等问题。

（四十三）改革和完善科研事业单位人事制度。改革专业技术人才管理体制，分类推进专业技术职务制度改革。深化科研事业单位人事制度改革，全面实行聘用制度和岗位管理制度。科研事业单位可以自主设立各级创新岗位，自主聘用。实行固定岗位与流动岗位相结合，人员使用与项目、课题相结合的制度。除涉密岗位外，推行关键岗位和科研项目负责人面向国内外公开招聘制度。对科研机构的新进人员可实行人事代理制度。鼓励科研单位及其工作人员参加社会保险，积极推进事业单位养老保险制度改革，完善科技人员向企业流动的社会保险关系接续办法。按照事业单位工资改革的要求，改革和规范科研单位工资分配制度，建立以岗位工资、绩效工资为主要内容的收入分配制度，禁止违反规定将国家科研项目经费用于分配。

（四十四）建立有利于激励自主创新的人才评价和奖励制度。建立符合科技人才规律的多元化考核评价体系，对科学研究、科研管理、技术支持、行政管理等各类人员实行分类管理，建立不同领域、不同类型人才的评价体系，明确评价的指标和要素。改革和完善国家科技奖励制度，建立政府奖励为导向、社会力量奖励和用人单位奖励为主体的激励自主创新的科技奖励制度，把发现、培养和凝聚科技人才特别是尖子人才作为国家科技奖励的重要内容。建立和完善科技信用制度，对承担国家科技计划项目和从事相关管理的人员、机构进行信用监督，增强道德规范，促进学风建设。

八、教育与科普

（四十五）充分发挥高等学校在自主创新中的重要作用。深化高等教育改革，调整高等教育结构，加强重点学科建设。主动适应经济社会发展对各类专门人才的需求，优化学科专业布局，促进学科交叉融合，抓紧培养紧缺人才。扎实推进高水平大学建设，提高高等学校创新能力和社会服务能力，建成若干所世界一流大学和一批高水平研究型大学。创新研究生培养机制，着力培养创新精神与实践能力。坚持产学研结合，鼓励和支持高等学校同企业、科研机构建立多渠道、多形式的紧密型合作关系，共同培养创新人才，联合开展创新活动。扩大研究生派出规模，完善选派办法，在更高层次上开展国际科技和高层次人才培养合作。

（四十六）大力发展与改革职业教育。加快技能型紧缺人才的培养和农村转移劳动力的培训。切实加强职业教育基础能力建设，扩大中等职业教育的办学规模，提高高等职业院校的办学质量，大力推行工学结合、校企合作的人才培养模式。

（四十七）全面推进素质教育。大力推进基础教育课程改革和教学改革，加强和改进德育、智育、体育和美育，使青少年主动地生动活泼地得到发展。大力倡导启发式教学，注重培养学生动手能力，从小养成独立思考、追求新知、敢于创新、敢于实践的习惯。切实加强科技教育。广泛运用现代远程教育手段，倡导新的学习方式和教学方式。积极开发并合理利用校内外各种课程资源，发挥图书馆、实验室、专用教室及各类教学设施和实践基地的作用，广泛利用校外的展览馆、科技馆等丰富的资源，加强中小学生科技活动场所建设，拓宽中小学生知识面和锻炼实践能力。

（四十八）大力发展科普事业。实施全民科学素质行动计划，形成尊重科学、崇尚创新的浓厚社会氛围。加强国家科普能力建设。建立科普事业的良性运行机制。建立科研机构、大学定期向社会公众开放制度。鼓励著名科学家和其他专家学者参与科普创作。切实加强科普场馆建设。

九、科技创新基地与平台

（四十九）加强实验基地、基础设施和条件平台建设。围绕经济社会发展和国家安全的重大战略需求，在新兴交叉前沿领域的战略空白领域建设若干学科交叉、综合集成、机制创新的国家实验室。以国家实验室、国家重点实验室、国家工程实验室、国防科技重点实验室、国家工程（技术研究）中心、企业技术中心或研究开发中心等为依托，组织实施重大自主创新项目，吸引和凝聚高水平人才，推动项目、基地、人才的有机结合。

重点建设一批科研基础设施和大型科学仪器、设备共享平台，自然科技资源共享平台，科学数据共享平台，科技文献共享平台，成果转化公共服务平台，网络科技环境平台等，全面加强对自主创新的支撑。

（五十）加大对公益类科研机构的稳定支持力度。进一步推进和完善公益类科研机构管理体制和运行机制改革。对已实行分类改革的国务院部门属公益类科研机构，经验收合格后，按照重新核定的非营利科研编制，从2006年起大幅度提高投入力度，达到与其承担国家科研和公益服务相适应的水平。

（五十一）加强企业和企业化转制科研机构自主创新基地建设。国家支持企业特别是大企业建立研究开发机构。依托具有较强研究开发和技术辐射能力的转制科研机构或大企业，集成高等学校、科研院所等相关力量，在重点领域建设一批国家工程实验室，开展面向行业的竞争前技术、前沿技术和军工配套、军民两用技术研究。

完善转制科研机构业绩考核办法，建立起促进其技术创新的业绩考核指标体系。在经营业绩考核指标（国有资本保值增值率、净资产收益率）中，合理剔除非经营性资产的影响因素。

（五十二）加强国家高新技术产业开发区建设。国家高新技术产业开发区要推进“二次创业”，深化管理体制改革，加强软环境建设，努力成为促进技术进步和增强自主创新能力的重要载体，成为带动区域经济结构调整和经济增长方式转变的强大引擎，成为高新技术企业“走出去”参与国际竞争的服务平台，成为抢占世界高技术产业制高点的前沿阵地。

（五十三）推进科技创新基地与条件平台的开放共享。扩大科技创新基地与条件平台向全社会的开放，建立和完善国家科研基地和科研基础设施向企业和社会开放共享的机制和制度。把面向企业和社会提供服务，作为考核其运行绩效的重要指标。

十、加强统筹协调

（五十四）建立和健全合理配置科技资源的统筹机制。完善财政部门与科技等部门科技资源配置的协调机制。完善统计方法，提高研究与开发统计数据质量。强化科技预算的执行监督，确保财政科技投入目标的实现。建立创新资源配置的信息交流制度，防止重复立项和资源分散、浪费。

（五十五）建立政府采购自主创新产品的协调机制。由财政部门牵头，科技、发展改革等相关部门参加组成协调机构，制定政府采购自主创新产品的具体办法，审查实施情况，协调和解决实施中遇到的困难和问题。

（五十六）建立引进技术消化吸收和再创新的协调机制。由国家综合经济部门牵头，科技、教育、财政、商务、税务、海关、质检、知识产权等相关部门参加组成协调机构，制定重大产业技术和装备引进政策，组织协调并监督重大引进技术的消化吸收和创新工作。

（五十七）促进“军民结合、寓军于民”。建立促进军民科技资源协调配置的联席会议制度。加强军民科技计划的衔接与协调。建立军用、民用自主创新信息共享平台，促进军用、民用技术研究开发需求的互通交流及创新成果的双向转移。

根据相关法律法规，起草、制定促进军民结合、寓军于民的国防科研生产和武器装备采购法等法律法规以及相关配套制度。制定军品承研、承制单位资格审查认证办法，引入基于资格审查的军品市场准入制度，扩大军品市场的准入范围，将符合条件的民口科研机构和企业纳入装备承研承制单位名录。

在满足军用要求的前提下，积极采用先进适用的民用标准用于武器装备研制，建立国家标准、军用标准和行业标准协调互补的标准体系。对承担武器装备科研生产任务的民口企事业单位给予必要的政策支持。

（五十八）要认真做好实施《规划纲要》、建设创新型国家的宣传工作。

（五十九）国务院各有关部门要依据本书件要求制定必要的实施细则。

（六十）各省、自治区、直辖市人民政府要结合本地实际，依照法定权限制定相应的具体政策措施。

附录六 《关于深化科技体制改革加快国家创新体系建设的意见》

（2012 年 9 月 23 日 中共中央国务院中发〔2012〕6 号发布）

为加快推进创新型国家建设，全面落实《国家中长期科学和技术发展规划纲要（2006—2020 年）》（以下简称科技规划纲要），充分发挥科技对经济社会发展的支撑引领作用，现就深化科技体制改革、加快国家创新体系建设提出如下意见。

一、充分认识深化科技体制改革、加快国家创新体系建设的重要性和紧迫性

科学技术是第一生产力，是经济社会发展的重要动力源泉。党和国家历来高度重视科技工作。改革开放 30 多年来，我国科技事业快速发展，取得历史性成就。特别是党的十六大以来，中央作出增强自主创新能力、建设创新型国家的重大战略决策，制定实施科技规划纲要，科技投入持续快速增长，激励创新的政策法律不断完善，国家创新体系建设积极推进，取得一批重大科技创新成果，形成一支高素质科技人才队伍，我国整体科技实力和科技竞争力明显提升，在促进经济社会发展和保障国家安全中发挥了重要支撑引领作用。

当前，我国正处在全面建设小康社会的关键时期和深化改革开放、加快转变经济发展方式的攻坚时期。国际金融危机深层次影响仍在持续，科技在经济社会发展中的作用日益凸显，国际科技竞争与合作不断加强，新科技革命和全球产业变革步伐加快，我国科技发展既面临重要战略机遇，也面临严峻挑战。面对新形势新要求，我国自主创新能力还不够强，科技体制机制与经济社会发展和国际竞争的要求不相适应，突出表现为：企业技术创新主体地位没有真正确立，产学研结合不够紧密，科技与经济结合问题没有从根本上解决，原创性科技成果较少，关键技术自给率较低；一些科技资源配置过度行政化，分散重复封闭低效等问题

突出，科技项目及经费管理不尽合理，研发和成果转移转化效率不高；科技评价导向不够合理，科研诚信和创新文化建设薄弱，科技人员的积极性创造性还没有得到充分发挥。这些问题已成为制约科技创新的重要因素，影响我国综合实力和国际竞争力的提升。因此，抓住机遇大幅提升自主创新能力，激发全社会创造活力，真正实现创新驱动发展，迫切需要进一步深化科技体制改革，加快国家创新体系建设。

二、深化科技体制改革、加快国家创新体系建设的指导思想、主要原则和主要目标

（一）指导思想。高举中国特色社会主义伟大旗帜，以邓小平理论和“三个代表”重要思想为指导，深入贯彻落实科学发展观，大力实施科教兴国战略和人才强国战略，坚持自主创新、重点跨越、支撑发展、引领未来的指导方针，全面落实科技规划纲要，以提高自主创新能力为核心，以促进科技与经济社会发展紧密结合为重点，进一步深化科技体制改革，着力解决制约科技创新的突出问题，充分发挥科技在转变经济发展方式和调整经济结构中的支撑引领作用，加快建设中国特色国家创新体系，为 2020 年进入创新型国家行列、全面建成小康社会和新中国成立 100 周年时成为世界科技强国奠定坚实基础。

（二）主要原则。一是坚持创新驱动、服务发展。把科技服务于经济社会发展放在首位，大力提高自主创新能力，发挥科技支撑引领作用，加快实现创新驱动发展。二是坚持企业主体、协同创新。突出企业技术创新主体作用，强化产学研用紧密结合，促进科技资源开放共享，各类创新主体协同合作，提升国家创新体系整体效能。三是坚持政府支持、市场导向。统筹发挥政府在战略规划、政策法规、标准规范和监督指导等方面的作用与市场在资源配置中的基础性作用，营造良好环境，激发创新活力。注重发挥新型举国体制在实施国家科技重大专项中的作用。四是坚持统筹协调、遵循规律。统筹落实国家中长期科技、教育、人才规划纲要，发挥中央和地方两方面积极性，强化地方在区域创新中的主导地位，按照经济社会和科技发展的内在要求，整体谋划、有序推进科技体制改革。五是坚持改革开放、合作共赢。改革完善科技体制机制，充分利用国际国内科技资源，提高科技发展的科学化水平和国际化程度。

（三）主要目标。到 2020 年，基本建成适应社会主义市场经济体制、符合科技发展规律的中国特色国家创新体系；原始创新能力明显提高，集成创新、引进消化吸收再创新能力大幅增强，关键领域科学研究实现原创性重大突破，战略性

高技术领域技术研发实现跨越式发展，若干领域创新成果进入世界前列；创新环境更加优化，创新效益大幅提高，创新人才竞相涌现，全民科学素质普遍提高，科技支撑引领经济社会发展的能力大幅提升，进入创新型国家行列。

“十二五”时期的主要目标：一是确立企业在技术创新中的主体地位，企业研发投入明显提高，创新能力普遍增强，全社会研发经费占国内生产总值2.2%，大中型工业企业平均研发投入占主营业务收入比例提高到1.5%，行业领军企业逐步实现研发投入占主营业务收入的比例与国际同类先进企业相当，形成更多具有自主知识产权的核心技术，充分发挥大型企业的技术创新骨干作用，培育若干综合竞争力居世界前列的创新型企业和科技型中小企业创新集群。二是推进科研院所和高等学校科研体制机制改革，建立适应不同类型科研活动特点的管理制度和运行机制，提升创新能力和服务水平，在满足经济社会发展需求以及基础研究和前沿技术研发上取得重要突破。加快建设若干一流科研机构，创新能力和研究成果进入世界同类科研机构前列；加快建设一批高水平研究型大学，一批优势学科达到世界一流水平。三是完善国家创新体系，促进技术创新、知识创新、国防科技创新、区域创新、科技中介服务体系协调发展，强化相互支撑和联动，提高整体效能，科技进步贡献率达到55%左右。四是改革科技管理体制，推进科技项目和经费管理改革、科技评价和奖励制度改革，形成激励创新的正确导向，打破行业壁垒和部门分割，实现创新资源合理配置和高效利用。五是完善人才发展机制，激发科技人员积极性创造性，加快高素质创新人才队伍建设，每万名就业人员的研发人力投入达到43人年；提高全民科学素质，我国公民具备基本科学素质的比例超过5%。六是进一步优化创新环境，加强科学道德和创新文化建设，完善保障和推进科技创新的政策措施，扩大科技开放合作。

三、强化企业技术创新主体地位，促进科技与经济紧密结合

（四）建立企业主导产业技术研发创新的体制机制。加快建立企业为主体、市场为导向、产学研用紧密结合的技术创新体系。充分发挥企业在技术创新决策、研发投入、科研组织和成果转化中的主体作用，吸纳企业参与国家科技项目的决策，产业目标明确的国家重大科技项目由有条件的企业牵头组织实施。引导和支持企业加强技术研发能力建设，“十二五”时期国家重点建设的工程技术类研究中心和实验室，优先在具备条件的行业骨干企业布局。科研院所和高等学校要更多地为企业技术创新提供支持和服务，促进技术、人才等创新要素向企业研发机构流动。支持行业骨干企业与科研院所、高等学校联合组建技术研发平台和

产业技术创新战略联盟，合作开展核心关键技术研发和相关基础研究，联合培养人才，共享科研成果。鼓励科研院所和高等学校的科技人员创办科技型企业，促进研发成果转化。

进一步强化和完善政策措施，引导鼓励企业成为技术创新主体。落实企业研发费用税前加计扣除政策，适用范围包括战略性新兴产业、传统产业技术改造和现代服务业等领域的研发活动；改进企业研发费用计核方法，合理扩大研发费用加计扣除范围，加大企业研发设备加速折旧等政策的落实力度，激励企业加大研发投入。完善高新技术企业认定办法，落实相关优惠政策。建立健全国有企业技术创新的经营业绩考核制度，落实和完善国有企业研发投入的考核措施，加强对不同行业研发投入和产出的分类考核。加大国有资本经营预算对自主创新的支持力度，支持中央企业围绕国家重点研发任务开展技术创新和成果产业化。营造公平竞争的市场环境，大力支持民营企业创新活动。加大对中小企业、微型企业技术创新的财政和金融支持，落实好相关税收优惠政策。扩大科技型中小企业创新基金规模，通过贷款贴息、研发资助等方式支持中小企业技术创新活动。建立政府引导资金和社会资本共同支持初创科技型企业发展的风险投资机制，实施科技型中小企业创业投资引导基金及新兴产业创业投资计划，引导创业投资机构投资科技型中小企业。完善支持中小企业技术创新和向中小企业技术转移的公共服务平台，健全服务功能和服务标准。支持企业职工的技术创新活动。

（五）提高科研院所和高等学校服务经济社会发展的能力。加快科研院所和高等学校科研体制改革和机制创新。按照科研机构分类改革的要求，明确定位，优化布局，稳定规模，提升能力，走内涵式发展道路。公益类科研机构要坚持社会公益服务的方向，探索管办分离，建立适应农业、卫生、气象、海洋、环保、水利、国土资源和公共安全等领域特点的科技创新支撑机制。基础研究类科研机构要瞄准科学前沿问题和国家长远战略需求，完善有利于激发创新活力、提升原始创新能力的运行机制。对从事基础研究、前沿技术研究和社会公益研究的科研机构和学科专业，完善财政投入为主、引导社会参与的持续稳定支持机制。技术开发类科研机构要坚持企业化转制方向，完善现代企业制度，建立市场导向的技术创新机制。

充分发挥国家科研机构的骨干和引领作用。建立健全现代科研院所制度，制定科研院所章程，完善治理结构，进一步落实法人自主权，探索实行由主要利益相关方代表构成的理事会制度。实行固定岗位与流动岗位相结合的用人制度，建立开放、竞争、流动的用人机制。推进实施绩效工资。对科研机构实行周期性评估，根据评估结果调整和确定支持方向和投入力度。引导和鼓励民办科研机构发展，在承担国家科技任务、人才引进等方面加大支持力度，符合条件的民办科研机构享受税收优惠等相关政策。

充分发挥高等学校的基础和生力军作用。落实和扩大高等学校办学自主权。根据经济社会发展需要和学科专业优势，明确各类高等学校定位，突出办学特色，建立以服务需求和提升创新能力为导向的科技评价和科技服务体系。高等学校对学科专业实行动态调整，大力推动与产业需求相结合的人才培养，促进交叉学科发展，全面提高人才培养质量。发挥高等学校学科人才优势，在基础研究和前沿技术领域取得原创性突破。建立与产业、区域经济紧密结合的成果转化机制，鼓励支持高等学校教师转化和推广科研成果。以学科建设和协同创新为重点，提升高等学校创新能力。大力推进科技与教育相结合的改革，促进科研与教学互动、科研与人才培养紧密结合，培育跨学科、跨领域的科研教学团队，增强学生创新精神和创业能力，提升高等学校毕业生就业率。

（六）完善科技支撑战略性新兴产业发展和传统产业升级的机制。建立科技有效支撑产业发展的机制，围绕战略性新兴产业需求部署创新链，突破技术瓶颈，掌握核心关键技术，推动节能环保、新一代信息技术、生物、高端装备制造、新能源、新材料、新能源汽车等产业快速发展，增强市场竞争力，到 2015 年战略性新兴产业增加值占国内生产总值的比重力争达到 8% 左右，到 2020 年力争达到 15% 左右。以数字化、网络化、智能化为重点，推进工业化和信息化深度融合。充分发挥市场机制对产业发展方向和技术路线选择的基础性作用，通过制定规划、技术标准、市场规范和产业技术政策等进行引导。加大对企业主导的新兴产业链扶持力度，支持创新型骨干企业整合创新资源。加强技术集成、工艺创新和商业模式创新，大力拓展国内外市场。优化布局，防止盲目重复建设，引导战略性新兴产业健康发展。在事关国家安全和重大战略需求领域，进一步凝炼重点，明确制约产业发展的关键技术，充分发挥国家重点工程、科技重大专项、科技计划、产业化项目和应用示范工程的引领和带动作用，实现电子信息、能源环保、生物医药、先进制造等领域的核心技术重大突破，促进产业加快发展。加大对中试环节的支持力度，促进从研究开发到产业化的有机衔接。

加强技术创新，推动技术改造，促进传统产业优化升级。围绕品种质量、节能降耗、生态环境、安全生产等重点，完善新技术新工艺新产品的应用推广机制，提升传统产业创新发展能力。针对行业和技术领域特点，整合资源构建共性技术研发基地，在重点产业领域建设技术创新平台。建立健全知识转移和技术扩散机制，加快科技成果转化应用。

（七）完善科技促进农业发展、民生改善和社会管理创新的机制。高度重视农业科技发展，发挥政府在农业科技投入中的主导作用，加大对农业科技的支持力度。打破部门、区域、学科界限，推进农科教、产学研紧密结合，有效整合农业相关科技资源。面向产业需求，围绕粮食安全、种业发展、主要农产品供给、生物安全、农林生态保护等重点方向，构建适应高产、优质、高效、生态、安全农业发展要求的技术体系。大力推进农村科技创业，鼓励创办农业科技企业和技术合作组织。强化基层公益性农技推广服务，引导科研教育机构积极开展农技服务，培育和支持新型农业社会化服务组织，进一步完善公益性服务、社会化服务有机结合的农业技术服务体系。

注重发展关系民生的科学技术，加快推进涉及人口健康、食品药品安全、防灾减灾、生态环境和应对气候变化等领域的科技创新，满足保障和改善民生的重大科技需求。加大投入，健全机制，促进公益性民生科技研发和应用推广。加快培育市场主体，完善支持政策，促进民生科技产业发展，使科技创新成果惠及广大人民群众。加强文化科技创新，推进科技与文化融合，提高科技对文化事业和文化产业发展的支撑能力。

加快建设社会管理领域的科技支撑体系。充分运用信息技术等先进手段，建设网络化、广覆盖的公共服务平台。着力推进政府相关部门信息共享、互联互通。建立健全以自主知识产权为核心的互联网信息安全关键技术保障机制，促进信息网络健康发展。

四、加强统筹部署和协同创新，提高创新体系整体效能

（八）推动创新体系协调发展。统筹技术创新、知识创新、国防科技创新、区域创新和科技中介服务体系建设，建立基础研究、应用研究、成果转化和产业化紧密结合、协调发展机制。支持和鼓励各创新主体根据自身特色和优势，探索多种形式的协同创新模式。完善学科布局，推动学科交叉融合和均衡发展，统筹目标导向和自由探索的科学研究，超前部署对国家长远发展具有带动作用的战略先导研究、重要基础研究和交叉前沿研究。加强技术创新基地建设，发挥骨干企业和转制院所作用，提高产业关键技术研发攻关水平，促进技术成果工程化、产业化。完善军民科技融合机制，建设军民两用技术创新基地和转移平台，扩大民

口科研机构和科技型企业对国防科技研发的承接范围。培育、支持和引导科技中介服务机构向服务专业化、功能社会化、组织网络化、运行规范化方向发展，壮大专业研发设计服务企业，培育知识产权服务市场，推进检验检测机构市场化服务，完善技术交易市场体系，加快发展科技服务业。充分发挥科技社团在推动全社会创新活动中的作用。建立全国创新调查制度，加强国家创新体系建设监测评估。

（九）完善区域创新发展机制。充分发挥地方在区域创新中的主导作用，加快建设各具特色的区域创新体系。结合区域经济社会发展的特色和优势，科学规划、合理布局，完善激励引导政策，加大投入支持力度，优化区域内创新资源配置。加强区域科技创新公共服务能力建设，进一步完善科技企业孵化器、大学科技园等创新创业载体的运行服务机制，强化创业辅导功能。加强区域间科技合作，推动创新要素向区域特色产业聚集，培育一批具有国际竞争力的产业集群。加强统筹协调，分类指导，完善相关政策，鼓励创新资源密集的区域率先实现创新驱动发展，支持具有特色创新资源的区域加快提高创新能力。以中央财政资金为引导，带动地方财政和社会投入，支持区域公共科技服务平台建设。总结完善并逐步推广中关村等国家自主创新示范区试点经验和相关政策。分类指导国家自主创新示范区、国家高新技术产业开发区、国家高技术产业基地等创新中心完善机制，加强创新能力建设，发挥好集聚辐射带动作用。

（十）强化科技资源开放共享。建立科研院所、高等学校和企业开放科研设施的合理运行机制。整合各类科技资源，推进大型科学仪器设备、科技文献、科学数据等科技基础条件平台建设，加快建立健全开放共享的运行服务管理模式和支持方式，制定相应的评价标准和监督奖惩办法。完善国家财政资金购置科研仪器设备的查重机制和联合评议机制，防止重复购置和闲置浪费。对财政资金资助的科技项目和科研基础设施，加快建立统一的管理数据库和统一的科技报告制度，并依法向社会开放。

五、改革科技管理体制，促进管理科学化和资源高效利用

（十一）加强科技宏观统筹。完善统筹协调的科技宏观决策体系，建立健全国家科技重大决策机制，完善中央与地方之间、科技相关部门之间、科技部门与其他部门之间的沟通协调机制，进一步明确国家各类科技计划、专项、基金的定位和支持重点，防止重复部署。加快转变政府管理职能，加强战略规划、政策法规、标准规范和监督指导等方面职责，提高公共科技服务能力，充分发挥各类创

新主体的作用。完善国家科技决策咨询制度，重大科技决策要广泛听取意见，将科技咨询纳入国家重大问题的决策程序。探索社会主义市场经济条件下的举国体制，完善重大战略性科技任务的组织方式，充分发挥我国社会主义制度集中力量办大事的优势，充分发挥市场在资源配置中的基础性作用，保障国家科技重大专项等顺利实施。

（十二）推进科技项目管理改革。建立健全科技项目决策、执行、评价相对分开、互相监督的运行机制。完善科技项目管理组织流程，按照经济社会发展需求确定应用型重大科技任务，拓宽科技项目需求征集渠道，建立科学合理的项目形成机制和储备制度。建立健全科技项目公平竞争和信息公开公示制度，探索完善网络申报和视频评审办法，保证科技项目管理的公开公平公正。完善国家科技项目管理的法人责任制，加强实施督导、过程管理和项目验收，建立健全对科技项目和科研基础设施建设的第三方评估机制。完善科技项目评审评价机制，避免频繁考核，保证科研人员的科研时间。完善相关管理制度，避免科技项目和经费过度集中于少数科研人员。

（十三）完善科技经费管理制度。健全竞争性经费和稳定支持经费相协调的投入机制，优化基础研究、应用研究、试验发展和成果转化的经费投入结构。完善科研课题间接成本补偿机制。建立健全符合科研规律的科技项目经费管理机制和审计方式，增加项目承担单位预算调整权限，提高经费使用自主权。建立健全科研经费监督管理机制，完善科技相关部门预算和科研经费信息公开公示制度，通过实施国库集中支付、公务卡等办法，严格科技财务制度，强化对科技经费使用过程的监管，依法查处违法违规行为。加强对各类科技计划、专项、基金、工程等经费管理使用的综合绩效评价，健全科技项目管理问责机制，依法公开问责情况，提高资金使用效益。

（十四）深化科技评价和奖励制度改革。根据不同类型科技活动特点，注重科技创新质量和实际贡献，制定导向明确、激励约束并重的评价标准和方法。基础研究以同行评价为主，特别要加强国际同行评价，着重评价成果的科学价值；应用研究由用户和专家等相关第三方评价，着重评价目标完成情况、成果转化情况以及技术成果的突破性和带动性；产业化开发由市场和用户评价，着重评价对产业发展的实质贡献。建立评价专家责任制度和信息公开制度。开展科技项目标准化评价和重大成果产出导向的科技评价试点，完善国家科技重大专项监督评估制度。加强对科技项目决策、实施、成果转化的后评估。发挥科技社团在科技评价中的作用。

改革完善国家科技奖励制度，建立公开提名、科学评议、实践检验、公信度高的科技奖励机制。提高奖励质量，减少数量，适当延长报奖成果的应用年限。重点奖励重大科技贡献和杰出科技人才，强化对青年科技人才的奖励导向。根据不同奖项的特点完善评审标准和办法，增加评审过程透明度。探索科技奖励的同行提名制。支持和规范社会力量设奖。

六、完善人才发展机制，激发科技人员积极性创造性

（十五）统筹各类创新人才发展和完善人才激励制度。深入实施重大人才工程和政策，培养造就世界水平的科学家、科技领军人才、卓越工程师和高水平创新团队。改进和完善院士制度。大力引进海外优秀人才特别是顶尖人才，支持归国留学人员创新创业。加强科研生产一线高层次专业技术人才和高技能人才培养。支持创新人才到西部地区特别是边疆民族地区工作。支持35岁以下的优秀青年科技人才主持科研项目。鼓励大学生自主创新创业。鼓励在创新实践中脱颖而出的人才成长和创业。重视工程实用人才、紧缺技能人才和农村实用人才培养。

建立以科研能力和创新成果等为导向的科技人才评价标准，改变片面将论文数量、项目和经费数量、专利数量等与科研人员评价和晋升直接挂钩的做法。加快建设人才公共服务体系，健全科技人才流动机制，鼓励科研院所、高等学校和企业创新人才双向交流。探索实施科研关键岗位和重大科研项目负责人公开招聘制度。规范和完善专业技术职务聘任和岗位聘用制度，扩大用人单位自主权。探索有利于创新人才发挥作用的多种分配方式，完善科技人员收入分配政策，健全与岗位职责、工作业绩、实际贡献紧密联系和鼓励创新创造的分配激励机制。

（十六）加强科学道德和创新文化建设。建立健全科研活动行为准则和规范，加强科研诚信和科学伦理教育，将其纳入国民教育体系和科技人员职业培训体系，与理想信念、职业道德和法制教育相结合，强化科技人员的诚信意识和社会责任。发挥科研机构和学术团体的自律功能，引导科技人员加强自我约束、自我管理。加强科研诚信和科学伦理的社会监督，扩大公众对科研活动的知情权和监督权。加强国家科研诚信制度建设，加快相关立法进程，建立科技项目诚信档案，完善监督机制，加大对学术不端行为的惩处力度，切实净化学术风气。

引导科技工作者自觉践行社会主义核心价值体系，大力弘扬求真务实、勇于创新、团结协作、无私奉献、报效祖国的精神，保障学术自由，营造宽松包容、

奋发向上的学术氛围。大力宣传优秀科技工作者和团队的先进事迹。加强科学普及，发展创新文化，进一步形成尊重劳动、尊重知识、尊重人才、尊重创造的良好风尚。

七、营造良好环境，为科技创新提供有力保障

（十七）完善相关法律法规和政策措施。落实科技规划纲要配套政策，发挥政府在科技投入中的引导作用，进一步落实和完善促进全社会研发经费逐步增长的相关政策措施，加快形成多元化、多层次、多渠道的科技投入体系，实现2020年全社会研发经费占国内生产总值2.5%以上的目标。

完善和落实促进科技成果转化应用的政策措施，实施技术转让所得税优惠政策，用好国家科技成果转化引导基金，加大对新技术新工艺新产品应用推广的支持力度，研究采取以奖代补、贷款贴息、创业投资引导等多种形式，完善和落实促进新技术新产品应用的需求引导政策，支持企业承接和采用新技术、开展新技术新工艺新产品的工程化研究应用。完善落实科技人员成果转化的股权、期权激励和奖励等收益分配政策。

促进科技和金融结合，创新金融服务科技的方式和途径。综合运用买方信贷、卖方信贷、融资租赁等金融工具，引导银行等金融机构加大对科技型中小企业的信贷支持。推广知识产权和股权质押贷款。加大多层次资本市场对科技型企业的支持力度，扩大非上市股份公司代办股份转让系统试点。培育和发展创业投资，完善创业投资退出渠道，支持地方规范设立创业投资引导基金，引导民间资本参与自主创新。积极开发适合科技创新的保险产品，加快培育和完善科技保险市场。

加强知识产权的创造、运用、保护和管理，“十二五”期末实现每万人发明专利拥有量达到3.3件的目标。建立国家重大关键技术领域专利态势分析和预警机制。完善知识产权保护措施，健全知识产权维权援助机制。完善科技成果转化为技术标准的政策措施，加强技术标准的研究制定。

认真落实科学技术进步法及相关法律法规，推动促进科技成果转化法修订工作，加大对科技创新活动和科技创新成果的法律保护力度，依法惩治侵犯知识产权和科技成果的违法犯罪行为，为科技创新营造良好的法治环境。

（十八）加强科技开放合作。积极开展全方位、多层次、高水平的科技国际合作，加强内地与港澳台地区的科技交流合作。加大引进国际科技资源的力度，围绕国家战略需求参与国际大科学计划和大科学工程。鼓励我国科学家发起和组

织国际科技合作计划，主动提出或参与国际标准制定。加强技术引进和合作，鼓励企业开展参股并购、联合研发、专利交叉许可等方面的国际合作，支持企业和科研机构到海外建立研发机构。加大国家科技计划开放合作力度，支持国际学术机构、跨国公司等来华设立研发机构，搭建国内外大学、科研机构联合研究平台，吸引全球优秀科技人才来华创新创业。加强民间科技交流合作。

八、加强组织领导，稳步推进实施

（十九）加强领导，精心组织。各级党委和政府要把深化科技体制改革、加快国家创新体系建设工作摆上重要议事日程，把科技体制改革作为经济体制改革的重要内容，同部署、同落实、同考核。发挥专家咨询作用，充分调动广大科技工作者和全社会积极参与，共同做好深化科技体制改革工作。

（二十）明确责任，落实任务。在国家科技教育领导小组的领导下，建立健全工作协调机制，分解任务，明确责任，狠抓落实。各有关方面要增强大局意识、责任意识，加强协调配合，抓好各项任务实施。加强分类指导和评价考核，定期督促检查。各有关部门和单位要按照任务分工和要求，结合实际制定具体改革方案和措施，按程序报批。有关职能部门要尽快制定完善相关配套政策，加强政策落实情况评估。

（二十一）统筹安排，稳步推进。注重科技体制改革与其他方面改革的衔接配合，处理好改革发展稳定关系，把握好改革节奏和进度，认真研究和妥善解决改革中遇到的新情况新问题，对一些重大改革措施要做好试点工作，积极稳妥地推进改革。加强宣传和舆论引导，大力宣传科技发展的重大成就，宣传深化科技体制改革的重要意义、工作进展和先进经验，及时回应社会关切，引导社会舆论，形成支持改革的良好氛围。

致　谢

本书是在本人博士毕业论文的基础上修改完善而成的。在此非常感谢我的博士生导师田存志教授给予的读博机会。田存志教授对做事做人要求严格，在学期间会不定时地要求我到他办公室接受指导、交流，包括周末在内，所以我都不敢随意回家、不敢随意离开校园。现在看来，我非常感谢田存志教授三年的严格管理，不然我很可能不能顺利地按时毕业。三年的学习生涯，我也犯过一些错误，感谢田存志教授的包容和原谅。

现在应用计量经济学方法得到了广泛传播，读者可以在较短时间内掌握相关方法，而“理论之树常青”，对经济领域数理模型的掌握非一朝一夕，必须经过严格的长期训练。为了追求自己的按时顺利毕业，可惜没有好好地跟着田老师学习，至今我对数理模型的掌握非常有限。其实，我比较喜欢既有数理模型、基于现有理论和文献的逻辑分析，也有基于现实数据的对理论和模型的检验。我想，如果硕士研究生一年级，甚至本科阶段能够与田老师相识该多好，那样就可以义无反顾、心无旁骛地从基础理论详细学起。我还清楚地记得田老师说过“我的培养理念是重过程轻结果”。坚持这样的理念要舍去很多，起码不会希望硕士和博士在学期间取得多少成果以提高导师的业绩，这需要导师舍去不少眼前的利益，给予我们学生的是受益一辈子的培养。可能迫于博士毕业要求发表论文、我年龄偏大、我的家庭等压力，当然这一切都是借口，我深知我在数理模型的学习方面离老师的期望相差十万八千里，我辜负了老师的教导。真心希望自己在理论模型方面有所提高。

感谢杜金岷教授、蒋海教授、刘少波教授、苏冬蔚教授、王聪教授、杨星教授、叶德珠教授等（按姓氏首字母为序）老师对我的帮助和指导，感谢论文开题和预答辩中提出宝贵意见的陈少凌老师、陈旺老师、杜金岷老师、蒋海老师、沈军老师、时旭辉老师、田秋生老师、张方方老师（按姓氏首字母为序）。

感谢刘啟仁老师学术上给予的指导、生活上给予的帮助和鼓励，同时也感谢梁文泉老师，他们是我学习的好榜样。感谢刘可师兄三年来对我的学习和生活经常给予的关心和帮助。感谢程富强、容宇恩师兄在博士入学之初的引导，在学习和生活中为我们树立榜样。感谢王冠男师妹、许荷东师弟在三年的学习中提供的帮助，在会计、数量模型领域得多向他们学习。感谢焦世泰同学，与他的交流即有学术上的也有生活上的交流，交流总是能取得一定的成果还能谈笑风生。感谢我的室友种照辉博士、温录亮博士、高鹏博士。感谢 2015 级金融学博士班的同学：陈霄、丁肖丽、窦泽群、金连珠、廖婧琳、罗丽萍、吕寒、潘涛、王雪、张锦意、周超、朱纬纬（按姓氏首字母为序），与大家一起度过了人生重要的三年。

身体是革命的本钱，我是个喜欢运动的人，对篮球更是喜欢，打篮球可以释放我的学习压力，感谢我的篮球伙伴曹翔、陈瑞华、梁文泉老师、孙博文、张锦意（按姓氏首字母为序），有了篮球伙伴，打篮球充满了乐趣。

感谢我的父亲、母亲和妻子的支持和理解，三年来大家相互包容、相互理解，使我顺利地完成三年的博士学习生涯。最后，感谢博士后合作导师章卫东教授指导我继续深入学术研究。章老师身兼行政职务、也有了些年纪，但是他对学术的热情和追求依然强烈，持续地关注最新研究趋势，这是我们学习的榜样。章老师对我们弟子关爱有加，非常感谢章老师给予的理解和无私帮助。

刘张发

2020 年 7 月 22 日